Andreas Schweizer
Der erschreckende Gott

Andreas Schweizer

Der erschreckende Gott

Tiefenpsychologische
Wege zu einem
ganzheitlichen
Gottesbild

Kösel

Für René Malamud in dankbarer Freundschaft

ISBN 3-466-36545-7
© 2000 Kösel-Verlag GmbH & Co., München
Printed in Germany. Alle Rechte vorbehalten
Druck und Bindung: Kösel, Kempten
Umschlag: Elisabeth Petersen, München
Umschlagmotiv: Heidi Edwards, SuperStock Bildagentur München
1 2 3 4 5 · 04 03 02 01 00

Gedruckt auf umweltfreundlich hergestelltem Werkdruckpapier
(säurefrei und chlorfrei gebleicht)

Inhalt

1. Kapitel
Spurensuche   9

Das neue Gottesbild 9
Göttliche Gewalt: der Gott, der tötet und
   wieder lebendig macht 16
Der Uroboros: Selbstvernichtung und Selbstbefruchtung . 19
Rilkes Gottesbild 22
Vom Mysterium des Bewusstseins 29
Träume – Spuren Gottes in der Seele 32
Umbruch und kollektive Neuorientierung 36
Holocaust 40

2. Kapitel
Gottesfurcht   42

Gottes Schweigen 44
Das Schweigen des Menschen 48
Der unheimliche Gott 58
Visionen vom dunklen Gott 65

3. Kapitel
Christus und der Engel Satans   81

Paulus – ein Visionär 84
Die Skepsis des offiziellen Christentums gegenüber
    der mystischen Erfahrung des Einzelnen 85
Der jüdisch-apokalyptische Hintergrund und
    die Abwertung des Weiblichen 88
Der Engel Satans 92
Die Kreuzigung des Ich 98
Körper und Geist 103

4. Kapitel
Vom Jubel und Leiden der Seele
in der Mystik   105

Plotin 106
Scholastik 108
Die Johannesapokalypse 109
Die Vision von der Gottesgeburt im Menschen 111
  1. Marguerite Porete (1250/60–1310):
    Die vom Eros vernichtete Seele 119
    Verabschiedung der Tugenden – ein Stein des Anstoßes 121
    Die Vereinigung in der Liebe (l'Amour) 126
    Die sieben Seinsformen – Marguerites Lehre
    vom Aufstieg der Seele zu Gott 133
  2. Johannes Tauler (um 1300–1366):
    Höllenfahrt der Selbsterkenntnis 140
    Jubilacio 141
    Bedrängnis – Arbeit der Nacht 142
    Ubervart – die Vereinigung mit Gott oder der
    Sturz in den göttlichen Abgrund 150

Durst Gottes – Durst nach Gott 155
Der ortlose Raum 158

5. Kapitel
An der Schwelle zur Neuzeit 162

Der irdische Mensch 162
Der dunkle Gott 164

1. Teresa von Avila (1515–1582) 166
   Schweigen 173
   Gelassenheit in Gott 176
   Das Problem des weiblichen Gottesbildes 177
   Gespräche mit Gott 179
   Der Gekreuzigte 180
   Vereinigung mit Gott 182
   Selbstvergessenheit der Seele 183
   Liebesmystik – Liebeskrieg 188
   Der Wahnsinn des Deus absconditus 190

2. Martin Luther (1483–1546):
Der Mensch im Widerspruch 192
   Das Leiden an Gottes Zorn 192
   »Fare hin mit deim geist an galgen« –
   Vom Licht des Evangeliums 197
   Die Einsamkeit des Menschen vor Gott 200
   Die Freiheit des neuzeitlichen Menschen 204
   Die Einsamkeit des schöpferischen Menschen 207
   Der Gott, der uns nichts angeht 211
   Die Realität des Bösen 213
   Die nicht zu erforschende Wirklichkeit Gottes . . . 215
   Der an der Welt leidende Gott 218

6. Kapitel
Der Deus absconditus und die Hochzeit des Lammes 227

Weltzerstörendes Feuer 227
Die fortschreitende Inkarnation. 230
Aktiv im göttlichen Drama 234
Mysteria Dei 239
Der fernnahe Geliebte 245
Ganzheitsbilder – Raum für den dunklen Gott. 251

Anhang 256

Anmerkungen. 256
Literaturverzeichnis 271
Abkürzungen 276
Register. 277

1. Kapitel
Spurensuche

Das neue Gottesbild

In der »Aurora consurgens«, dem, wie sie mir einmal sagte, wichtigsten ihrer Bücher, kommentiert Marie-Louise von Franz einen alchemistischen Text aus dem 13. Jahrhundert, in welchem eine weibliche Gestalt in die rein patriarchal-männliche Trinität hineinbricht. Psychologisch betrachtet repräsentiert diese zunächst die Anima des Mannes und das Selbst der Frau, verkörpert darüber hinaus aber als »eine rein archetypische Animagestalt« den weiblichen Aspekt des Gottesbildes[1]. Der Verfasser des Textes erlebt diese Gestalt »wie eine Braut, die für ihren Bräutigam geschmückt ist«, was nichts anderes bedeutet, als »*dass das archetypische Motiv der Coniunctio, welches von jeher auf göttliche und königliche Figuren projiziert war, in den Bereich des gewöhnlichen Menschen einbricht und dadurch letzteren zum Rex Gloriae erhöht*« (§ 160).
Es ist das große Verdienst der Forschungen von Carl Gustav Jung und Marie-Louise von Franz, das wohl kaum hoch genug eingeschätzt werden kann, gezeigt zu haben, dass und vor allem wie der gewöhnliche Mensch seit dem ausgehenden Mittelalter zum Ort der Gottesgeburt geworden ist. »In ihm inkarniert sich nicht nur (wie in Christo) die lichte Seite Jahwes, sondern in ihm gebiert sich Gott als Ganzheit in seinem lichten und dunklen Aspekt von neuem. Der einzelne

Mensch aber wird dadurch – wie die Aurora sagt – zum Sohne Gottes und erhoben ›zu allerhöchst von den Königen auf Erden‹« (§ 198).

Dass sich darin eine beträchtliche Gefahr verbirgt, zeigt die tiefe Verunsicherung des heutigen Menschen, dessen Schwanken zwischen Resignation auf der einen und inflatorischer Überheblichkeit auf der andern Seite. In beiden Fällen ist er sich seiner Aufgabe, am göttlichen Drama *aktiv* teilnehmen zu müssen, nicht bewusst, weshalb er der einen oder andern Seite des Gottesbildes unbewusst verfällt.

Wie aber können wir uns dieser Aufgabe verantwortlich stellen? – Nur wer fähig ist, aus der Vergangenheit zu lernen, sagt Jung am Schluss seines umfassenden Werkes über die Alchemie (GW 12, § 563), kann das gegenwärtige Geschehen begreifen und die richtigen Schlüsse für die Zukunft ziehen. Eine eingehende Beschäftigung mit der Entwicklung des jüdisch-christlichen Gottesbildes ist darum unumgänglich. Denn nur so kann die bahnbrechende Erneuerung, welche die Jung'sche Psychologie in diesem dunklen Gebiet gebracht hat, wirklich verstanden werden. Jungs Art, das Unbewusste zu sehen, vor allem aber seine praktischen Hinweise, wie wir dieses konkret in unser Leben einbeziehen können, sind im Vergleich zum Bisherigen so grundsätzlich anders, dass wir nicht zögern sollten, von einem *neuen Gottesbild* zu sprechen, wobei dieses nicht der Sache nach, wohl aber in der Form, in der es sich im heutigen Menschen verwirklicht, neu ist. Jung hat uns einen Weg aufgezeigt, wie wir dem sich im Menschen inkarnierenden Gott begegnen können. Wem immer der Glaube abhanden gekommen ist, kann diesen Weg beschreiten und dabei entdecken, dass Gott *in ihm selbst* erkannt werden will.

»In der Beziehung des Menschen zu Gott«, schreibt C.G. Jung in einem Brief aus dem Jahre 1956[2], »muss sich wahrscheinlich eine bedeutende Wandlung vollziehen! Unsere Gottesverehrung und unsere Beziehung zu Gott werden nicht mehr ... in Kindergebeten zu einem liebenden Vater Ausdruck finden, sondern im verantwortlich gelebten Leben und in der Erfüllung des göttlichen Willens in uns Gestalt gewinnen. Gottes Güte bedeutet Gnade und Licht und Seine dunkle Seite die schreckliche Versuchung der Macht.« Die bevorstehende Wandlung der Beziehung zu Gott auferlegt dem Menschen der Gegenwart eine ungeheure Mitverantwortung an Gottes Schöpfung, was sich unter anderem darin zeigt, dass ihm die göttliche Möglichkeit in die Hände gelegt ist, die Erde vollständig zu zerstören. Damit setzt er sich den Göttern gleich, denn diesen war die Zerstörung der Welt bisher vorbehalten. Davon erzählt etwa die Sintflutgeschichte: Als Jahwe die Bosheit der Menschen sieht, reut ihn seine Schöpfungstat, weshalb er für sich beschließt, Menschen und Vieh zu vernichten (Genesis 6); oder der elfte Gesang der Bhagavadgita, in welchem sich Vishnu in der Gestalt Krishnas als allwirkender und allvernichtender Gott offenbart.

»Du bist's, der dieses All gestaltet.
Über Sein und Nichts erhaben,
Unvergänglich ewig waltet.«[3]

Wie Jung in dem erwähnten Brief ausführt, »kann damit gerechnet werden, dass wir Sphären eines bisher noch nicht gewandelten Gottes berühren, wenn unser Bewusstsein sich in den Bereich des Unbewussten auszudehnen beginnt« (S. 40). Da aber ein im Unbewussten konstelliertes und nicht verstandenes archetypisches Bild zur Besessenheit des Menschen führt, ist die Arbeit an der Bewusstwerdung desselben von größter Wichtigkeit. So stellt sich die Frage, wie wir uns diesem im Unbewussten schlummernden Gottesbild annähern können.
Der Entstehung eines neuen archetypischen Bildes geht eine jahrhundertelange Wandlungsgeschichte voraus. Wie die Frucht eines Baumes eines langen Entwicklungsprozesses bedarf, so ist die geistige Frucht eines neuen religiösen Symbols das Ergebnis des seelischen Ringens unzähliger Generationen. Je besser wir die alten Traditionen kennen, umso heller wird sich das Neue davon abheben.

Die jüdische Auffassung von dem aktiv auf die Menschheit bezogenen Gott hat der polytheistischen Vielfalt der lebendig miteinander verbundenen Gottheiten – manchmal im Frieden, dann wieder im Streit – ein Ende bereitet. Diese Entwicklung hat aber auch die Erfahrung einer fatalen Unzuverlässigkeit Jahwes ins Bewusstsein des jüdischen Volkes gebracht. Die Menschen des Alten Testamentes wussten mit der Paradoxie Gottes umzugehen, indem sie dessen Zorn immer wieder besänftigen und dessen Güte erfahren konnten. Dennoch sahen sich Einzelne wie Ezechiel, Daniel oder Henoch, denen die Abgründigkeit Gottes stärker bewusst war, genötigt, der furchtbaren Antinomie Gottes die Gestalt eines Mittlers entgegenzusetzen. In der Vision des Ezechiel (Ezechiel 1f.) erscheint dieser erstmals unter dem Namen des Menschensohnes, der als »Lehrer der Gerechtigkeit« (Henoch) berufen ist, zwischen Gott und seinem Volk vermittelnd einzugreifen. Auch Christus bezeichnet sich als Menschensohn und stellt dem Zorn Jahwes das Bild des liebenden Vaters gegenüber, eine Auffassung, die allerdings mit seinem Opfertod am Kreuz nur schwer zu vereinbaren ist! Im tragischen Ende des Sohnes sind die Güte und Liebe des Vaters jedenfalls nur mehr schwer zu erkennen.
Während sich die Gottheiten anderer Religionen insofern wandeln, als sie sich in immer neuen Gestalten offenbaren – man denke etwa an den hinduistischen Gott Vishnu und seine zahllosen Avataras, das heißt Manifestationen –, ist die Wandlung des jüdisch-christlichen Gottesbildes durch den Gedanken der Evolution innerhalb der Geschichte charakterisiert. Aus der Vielheit der Götter wird die paradoxe Einheit Jahwes. Durch das Auftreten des Sohnes wird dieser zum guten Vater, »gefolgt von der zweiten Person der Trinität, Christus, d.h. dem im Menschen inkarnierten Gott. Der Hinweis auf den Heiligen Geist ist eine dritte Form, die zu Beginn der zweiten Hälfte des christlichen Zeitalters (verstärkt) auftaucht, und schließlich sind wir mit dem durch die Manifestation des Unbewussten offenbarten Aspekt konfrontiert.«[4] Letzteres, das heißt die Auseinandersetzung mit dem sich im Unbewussten

offenbarenden Gottesbild, ist die Aufgabe derjenigen Menschen, die ihre religiöse Heimat verloren haben, weil sie die Antworten der christlichen Kirchen auf die Gottesfrage nicht mehr verstehen. So fällt es beispielsweise vielen Menschen schwer zu glauben, dass Christus für uns gestorben sei und uns mit seinem Opfertod von der Last des Bösen erlöst habe. Überhaupt bereitet der christliche Glaube an die einmalige und endgültige Heilstat vielen Schwierigkeiten, weil sie mehr oder weniger bewusst spüren, dass das göttliche Drama, in welchem Gott und Mensch näher und in immer größerer gegenseitiger Verantwortung aneinander rücken, noch lange nicht abgeschlossen ist.

Die Jung'sche Psychologie kann nicht auf die Aufgabe der rein persönlichen Entfaltung des Ich reduziert werden. Insofern ist der gängige Ausdruck der »Selbstverwirklichung« irreführend. Mit dem Selbst ist eine umfassende Wirklichkeit gemeint, in welcher der Einzelne das Göttliche berührt, beziehungsweise an dieses angeschlossen ist. Wo wir psychologisch von Gott oder vom Göttlichen sprechen, ist ein dynamisches, innerpsychisches Bild von größter Wirksamkeit gemeint, das heißt die psychische Realität einer, wie immer gearteten, transzendenten Wirklichkeit. Dabei ist der Begriff der Transzendenz nicht metaphysisch zu verstehen, sondern im Sinne der objektiven Psyche, deren Inhalte nicht unmittelbar, sondern nur in ihrer objektiven Wirkung auf das Ich erfahren werden können. C.G. Jung war immer der Ansicht, dass das heutige Christentum nicht die letzte Wahrheit darstellt, weshalb er eine grundlegende Weiterentwicklung desselben für unabdingbar hielt. Diese wird aber nicht ohne die sorgfältige Beachtung der Psychologie des Unbewussten möglich sein.[5] Im Unbewussten nämlich liegen jene verborgenen, heilenden Bilder, denen der bewusste Zeitgeist keine Beachtung schenkt, Keime einer zukünftigen Entwicklung, die als »Weiterführung der göttlichen Selbstverwirklichung« betrachtet werden können. Dieser Entwicklung nachzuspüren, ist die faszinierende Aufgabe der Individuation. »Individuation bedeutet nicht nur, dass der Mensch,

im Unterschied zum Tier, wahrhaft menschlich geworden ist, sondern dass er auch teilweise göttlich werden soll. Das heißt praktisch, dass er erwachsen wird, verantwortlich für seine Existenz, wissend, dass nicht nur er von Gott abhängt, sondern *dass Gott auch vom Menschen abhängt.*«[6]
Diese Einsicht hat sich Jung im Jahre 1951 in voller Klarheit aufgedrängt, als er inmitten einer fieberhaften Erkrankung seine »Antwort auf Hiob« (GW 11) in kürzester Zeit niedergeschrieben hat. Das Buch wurde ihm gleichsam vom Unbewussten diktiert. Kaum abgeschlossen, war auch seine Krankheit vorüber. Es ist, wie Jung in den »Erinnerungen« erzählt, das einzige Buch, das er nicht neu schreiben würde. Kurz vorher hat er seinen »Aion« (GW 9,2) publiziert, in welchem er den Wandlungsformen des christlichen Mythos nachgeht. Jung meint, dass dieser Mythos »auch in den Jahrhunderten der Vernunft und Aufklärung nichts an Lebendigkeit eingebüßt« (GW 9,2, § 67) habe. Lediglich die metaphysischen Begriffe haben ihre Fähigkeit und Kraft verloren, die religiöse Urerfahrung auszudrücken, sodass sie sich als eigentliche Hindernisse auf dem Wege einer weiteren Entwicklung erweisen (§ 65). Dieser lebendigen Urerfahrung im Laufe der jüdisch-christlichen Bewusstseinsentwicklung nachzuspüren ist die Aufgabe der vorliegenden Untersuchung. Sie ist, wie mir scheint, immer mit der Erfahrung eines zu liebenden und zu fürchtenden Gottes verbunden, den ich im Folgenden unter dem Begriff des *Deus absconditus*, des verborgenen und schwer zu fassenden Gottes, subsumiere.
Die Erfahrung der hellen und der dunklen Seite Gottes ist keine Frage philosophischer oder theologischer Debatten, vielmehr eine dem Einzelnen vom Leben her aufgezwungene Aufgabe. Wer vom lebendigen Gott heimgesucht wird, was oft schon im Kindesalter etwa in der Form von nächtlichen Alpträumen und Schreckensvisionen geschieht, wird sich ihm früher oder später stellen müssen, um dann, aller Voraussicht nach, ein Leben lang um ihn zu ringen. Zwar hat die Kirche alles getan, die Angehörigen ihrer Gemeinde von der Furcht

Gottes durch Glaubenszuversicht abzusichern, doch befreit das nicht alle ihre Glieder von der dunklen, autonomen Gewalt des göttlichen Geistes. Denn »das Wirken des Heiligen Geistes begegnet einem nicht in der Atmosphäre eines normalen bürgerlichen (oder proletarischen!), wohl behüteten, geordneten Lebens, sondern nur in der Ungewissheit jenseits menschlicher Planung, im grenzenlosen Raum, wo man mit der *providentia Dei* (der Vorsehung Gottes, A.S.) allein ist. Man sollte nie vergessen, dass Christus ein Erneuerer und Revolutionär war, *mit den Verbrechern hingerichtet*. Die Reformatoren und die großen religiösen Genies waren Häretiker. Hier findet man die Spuren des Heiligen Geistes ...«[7]

Wo der lebendige göttliche Geist im Unbewussten auftaucht, erscheint er oft in der archetypischen Gestalt des unbekannten Besuchers, und zwar immer dann, »wenn eine persönliche Begegnung und individuelle Beziehung zum Göttlichen nötig geworden ist«[8]. Die wohl bekannteste Geschichte dieses Motivkreises ist diejenige von Philemon und Baucis in Ovids Metamorphosen (VIII, 620f.). Sie erzählt vom Besuch zweier als besitz- und heimatlose Wanderer verkleideter Götter – Jupiter und Mercurius –, die von den beiden Alten trotz ihrer Armut gastfreundlich bewirtet werden. Zum Dank dafür verwandeln die göttlichen Besucher ihre armselige Hütte in einen prächtigen Tempel, wo Philemon und Baucis fortan als Priester und Priesterin leben dürfen.

Wie diese Erzählung und ähnliche Geschichten zeigen, erscheint der verborgene Gott nicht in Kirchen oder auf öffentlichen Plätzen, sondern ganz im Gegenteil in der Abgeschiedenheit von der großen Welt. Um Weltanschauungen, Lehrmeinungen und politische Überzeugungen scheint er sich wenig zu kümmern, wohl aber um ein für das Göttliche offenes Herz. Es ist, wie Marie-Louise von Franz am Schluss ihres Aufsatzes schreibt, »das größte Verdienst Jungs und seines Werkes, dass er uns gelehrt hat, die Türe für den ›unbekannten Besucher‹ offen zu halten«. Dabei habe »er uns auch eine Haltung beizubringen versucht, durch die wir den Zorn dieses Besuchers vermeiden können«. Von dieser unserer Haltung scheint es abzuhängen, »ob dieses Kommen der Götter zu einem segensreichen Besuch oder zu einer bösen Heimsuchung wird« (S. 89).

Göttliche Gewalt: der Gott, der tötet und wieder lebendig macht

Der Einbruch des noch unbewussten Gottesbildes in die Welt des Bewusstseins trägt oft jene Spuren der Gewalt, wie sie von vielen alttestamentlichen Propheten, vor allem aber von Hiob, eindrücklich geschildert worden sind. So klagt der zum Gelächter und Gespött der Leute gewordene Jeremia: »Du hast mich betört, o Herr, und ich habe mich betören lassen; du bist mit Gewalt über mich gekommen und hast obsiegt« (Jeremia 20,7). Die Folgen bleiben nicht aus: »Verflucht der Tag, an dem ich geboren!«, denn lieber wäre er schon im Mutterleib gestorben (20,14-18). Dennoch: In der dunklen Nacht der Sinne, in einer Finsternis, in der *kein* Licht erkennbar ist, liegt das Mysterium der Erneuerung verborgen, eine geheimnisvolle Mitte, aus der heraus alles Leben strömt.
Zwar geht es im Folgenden in erster Linie um das jüdisch-christliche Gottesbild. Als archetypisches Symbol aber ist dieses wie jedes Gottesbild allgemein und ewig, sodass es sich nicht auf einen Kulturkreis beschränken lässt. Da es bis in tiefste archaische Schichten hinabgreift, sind auch polytheistische Religionen wie etwa diejenige der alten Ägypter, das religiöse Leben Palästinas im Umfeld des alten Israel, der klassische Hinduismus oder der chinesische Taoismus weit besser geeignet, um das paradoxe Wesen des verborgenen Gottes zu veranschaulichen. Auch die oft skurrilen Vorstellungen der Alchemisten, die, wie C.G. Jung in verschiedenen seiner Werke gezeigt hat, die offizielle christliche Lehre in fruchtbarer Weise

kompensiert haben, vermögen uns einen tiefen Einblick ins Mysterium des Deus absconditus zu geben.
Ein Beispiel kann das veranschaulichen. Zwar sagt Jahwe von sich selbst:
»Ich bin's, der tötet
und der lebendig macht;
ich habe zerschlagen,
ich werde auch heilen,
und niemand errettet
aus meiner Hand.« (Deuteronomium 32,39)
Doch finden sich solche Aussagen in dieser Klarheit relativ selten im Alten Testament, vor allem aber fehlt ihnen der Bilderreichtum und die Lebendigkeit, denen wir etwa in der hinduistischen Mythologie begegnen. Auch Rudra, die vedische Gottheit, die später mit Shiva verschmolzen ist, tötet, um lebendig zu machen. Er, der göttliche Bogenschütze, der immer ein Opfer sucht, das er verschlingen kann, »schießt seine Pfeile auf wen er will, und seine Pfeile bringen Tod und Krankheit, Fieber, Husten und Gift«[9]. Sein Zorn ist unstillbar und selbst die Götter fürchten sich vor ihm; er, der »schwarz, dunkelhäutig, mordlustig und fürchterlich« ist. »Aber Rudra hat auch eine andere Seite: Er verletzt, *um heilen zu können* ... Er ist nämlich nicht nur der große Zerstörende, er ist auch der göttliche Arzt, dem tausend Heilmittel zu Gebote stehen.«[10]
Eine ähnliche Vorstellung finden wir im alten Ägypten, nur ist es hier eine *Göttin*, Isis, die mit ihrer Zaubermacht eine Sonderstellung unter den Göttern einnimmt.[11] Wie der Mythos von der »List der Isis« erzählt, bringt ihr tödliches Gift selbst den größten aller Götter, den alt gewordenen Sonnengott Re, in arge Bedrängnis, denn »ihr Herz war listiger als das von Millionen Göttern, ... es gab nichts, was sie nicht gewusst hätte im Himmel und auf Erden ...«, bis eben auf den Letzten seiner Namen, den sie noch nicht kennt. Um auch diesen zu erfahren, erschafft sie von dem aus dem Mund des »göttlichen Alten« auf die Erde tropfenden Speichel eine giftige Schlange, die diesen umgehend in den Fuß beißt. Das Gift ergreift den Leib

des ehrwürdigen Alten wie ein Feuer, das diesen alsbald mit schrecklichen Schmerzen heimsucht. Auf diese Weise erpresst Isis das letzte Geheimnis, das der Sonnengott vor ihr hat, und heilt ihn schließlich durch ihren Zauberspruch von seinem qualvollen Leiden. So gefürchtet Isis auch sein mag, so ist sie dennoch die große Heilerin, die nicht nur Krankheiten heilt, sondern auch über die Macht verfügt, den zukünftigen König zu bestimmen.

Psychologisch betrachtet taucht hier ein weibliches Prinzip auf, das durch sein tödliches Gift das alt gewordene Gottesbild und damit die kollektive männliche Einstellung bedroht beziehungsweise zerstört, um einer neuen, höheren Bewusstseinsorientierung – mythisch gesprochen: dem künftigen König – Platz zu machen. Ihr Schlangenfeuer verkörpert ein übermächtiges Naturphänomen, das noch jenseits der Götterwelt liegt, eine Art letztgültige Schicksalsmacht, die immer dann eingreift, wenn das seelische und religiöse Leben von einer Erstarrung bedroht ist. Dann tritt die »Königsmacherin« auf und sorgt in ihrer Weise für die Erneuerung des geistigen Zentrums.

Wir befinden uns heute, am Ende des Fischzeitalters, erneut in der vom Mythos angesprochenen Situation. Die kulturellen Errungenschaften des Abendlandes und damit die heiligsten religiösen Offenbarungen, die ethischen Wertsysteme nicht ausgenommen, sind einem ewigen Wandel unterworfen, wobei es eben Zeitperioden gibt, in denen sich dieser Wandel in besonders drastischer und gefährlicher Weise manifestiert. Dann stürzen die höchsten Werte von ihrem Thron, ein geistiges und realpolitisches Chaos verbreitend, das ganze Kulturen zerstören kann. Viele Menschen spüren die Gefahr, in der wir uns gegenwärtig befinden. So machen sich Untergangsstimmungen breit, gleich einer kollektiven Depression, in welcher die heilenden Kräfte nicht mehr gesehen werden können. In seinem bereits erwähnten Werk »Aion« ist Jung ausführlich auf diese Gefahr eingegangen. Er tut das, wie er in der Vorrede schreibt, in der Hoffnung, durch eine Aufhellung der psychischen Hinter- und Untergründe des christlichen Äons unserer weltanschaulichen Desorientiertheit zu Hilfe zu kommen (S. 10). Denn, so Jung in einem Brief aus dem Jahre 1955, »in unserer apokalyptischen Zeit liegen auch Keime einer anderen, unerhörten und noch unfassbaren Zukunft, die sich im christlichen Geist, wenn dieser sich ebenfalls erneuern könnte, wohl aufnehmen ließen, wie dies seinerzeit mit den in der zerfallenden antiken Kultur liegenden Keimen geschah. Aber hier liegt, wie mir scheint, eine große Schwierigkeit. Das kommende Neue ist so ungeheuer anders, wie die Welt des 19. Jahrhunderts vom 20. Jahrhundert mit seiner Atomphysik und seiner Psychologie des Unbewussten verschieden ist. Noch nie zuvor war die Menschenwelt dermaßen in zwei Hälften gerissen, und noch nie lag die Möglichkeit der absoluten Zerstörung in der Hand des Menschen selber. Es ist eine ›göttliche‹ Möglichkeit, die in menschliche Hände gefallen ist.« (Briefe 2, 22.2.1955)

Der Uroboros: Selbstvernichtung und Selbstbefruchtung

In der Alchemie ist die uralte, archetypische Idee der zerstörenden und heilenden Gottheit in das aus Ägypten stammende Bild des Uroboros, vom Drachen, der sich in den eigenen Schwanz beißt, eingeflossen. Mit ihm verbinden sich zwei völlig gegensätzliche Anschauungen, diejenige des Sich-selber-Auffressens, das heißt der *Selbstvernichtung* auf der einen, und die der Vereinigung mit sich selbst, das heißt der *Selbstbefruchtung* auf der andern Seite. Darum sagen die alten Texte von ihm: »Er tötet sich selbst, heiratet sich selbst und befruchtet sich selbst« (GW 13, § 104). Die *complexio oppositorum*, das Zusammenfallen der Gegensätze, ist durchaus beabsichtigt, denn nur das Paradoxe vermag dem Kreislauf von Leben und Tod gerecht zu werden. Damit ist auf die Doppelnatur des Mercurius hingewiesen, der einerseits als ein tödliches Gift, andrerseits als Heilmittel für alle Krankheiten, selbst für den Tod gilt.[12] Wegen dieser seiner Doppelnatur verkörpert er sowohl den Anfangsprozess des alchemistischen Opus, die chaotische Fülle der *prima materia*, als auch dessen Endstadium, den *lapis philosophorum*, die gesuchte Kostbarkeit. Die Betonung der sinistren Seite scheint den Alchemisten allerdings mehr am Herzen gelegen zu haben. So nennen sie ihn ein *ignis infernalis*, ein Höllenfeuer, was nichts anderes ist als der Deus absconditus (GW 9,2, § 209)! Es scheint also, schreibt Jung in seiner Arbeit über den Geist Mercurius, »dass unsere › Philosophen‹ die Hölle, respektive deren Feuer nicht als absolut außer- oder widergöttlich verstanden, sondern vielmehr als *innergöttliche* Anordnung aufgefasst haben, was auch so sein muss, wenn anders Gott als *coincidentia oppositorum* gelten soll« (GW 13, § 256).

In Anlehnung an Deuteronomium 4,24: »Denn der Herr, dein Gott, ist ein *verzehrendes Feuer*, ein eifersüchtiger Gott« wird Gott von Pseudo(?)-Philon als ein »Wohltätig verzehrendes Feuer« bezeichnet, als ein »schöpferisches Feuer«, das »die göttlichen Ebenbilder schafft«, »nicht zur Vernichtung, sondern zur Rettung; denn Retten, nicht Zerstören ist Gottes Art.«[13]

Die alchemistischen Schilderungen des Mercurius in seinem zweideutigen, dunklen und paradoxen Wesen heben sich deutlich von der Reinheit und Eindeutigkeit der symbolischen Gestalt des Christus ab, weshalb Mercurius einen Aspekt der menschlichen Seele repräsentiert, der jedenfalls nicht christlich geformt ist. Manches weist auf den Teufel hin, der ja seit uralter Zeit auch als Luzifer, das heißt als ein Lichtbringer, gegolten hat. So hat Mercurius »als *deus terrestris* etwas an sich von einem deus absconditus, welcher einen wesentlichen Teil des psychologischen Selbst bildet, das ja von einem Gottesbild nicht unterschieden werden kann« (GW 13, § 289).

Immer wenn die Spekulationen über Gott etwas zu philosophisch und die damit verknüpften ethischen Forderungen etwas zu menschenfeindlich werden, greift das Unbewusste ein. Dann meldet sich Mercurius als ein dem Irdischen zugewandter Gott, der die hohen Ideale und Einseitigkeiten des zu sehr nach dem Guten strebenden Menschen zerstört. Das Ziel des Unruhestifters scheint *der* Mensch zu sein, dem nichts Menschliches fremd ist, das heißt der ganzheitliche Mensch, der um seine Gegensätzlichkeit weiß.

Hinter der Gestalt des Mercurius verbirgt sich der Archetyp des göttlichen Arztes.[14] In ihm manifestiert sich das letztlich unauflösbare Geheimnis von Krankheit, Tod und Genesung, dem alle Menschen und selbst die Götter unterworfen sind. So will es das Gesetz der ewigen Erneuerung des Kosmos durch die gewaltsame Zerstörung der alten, einst fruchtbaren und hilfreichen Ordnung.

Jedes Gottesbild sinkt, um wirksam zu bleiben, von Zeit zu Zeit in jene chaotische Tiefe hinab, von wo es verwandelt und mit neuer Wirksamkeit ausgestattet, wieder auftauchen kann. Die in diesem Prozess wirkende Macht aber bleibt notwendigerweise verborgen. Was immer sich von ihm aussagen lässt, ist bloß eine Annäherung an ein letztlich unaussprechbares, unbegreifliches, durch keine Worte und Bilder je zu erfassendes Mysterium. Alle in einer konkreten Gottheit Gestalt gewordenen Bilder sind lediglich Ent-Würfe, gewissermaßen ein aus der Ewigkeit hingeworfenes Bild in der Zeit, das früher oder später wieder verschwindet, freilich nicht ohne eine Spur hinterlassen zu haben, die sich in der Seele einzelner Menschen ebenso wie in den unerschöpflichen Schätzen der Kultur- und Geistesgeschichte niederschlagen kann.

Die uns überlieferten Mythen, die heiligen Schriften der Welt zeugen ebenso von einer gewaltigen dichterischen Leistung, wie die Texte der Hermetiker und Alchemisten. Der Einbruch des dunklen Gottes ins Bewusstsein provoziert eine Gegenbewegung im Unbewussten und ruft hier ein schöpferisches Potential wach, das nach einem künstlerischen Ausdruck drängt. Wenn das unbewusste Spannungspotential unter dem Bewusstseinsfeld nicht abgeschöpft wird, kann dieses gefährlich werden und den menschlichen Geist beträchtlich verdunkeln.[15] Es ist dies die Gefährlichkeit des präschöpferischen Zustandes, wie ihn schöpferische Menschen und religiöse Lehrer aller Zeiten erfahren haben und wohl immer neu erfahren werden. Sie sind es, die um die Existenz des verborgenen Gottes »wissen«.

Rilkes Gottesbild

Ein Beispiel aus der Gegenwart möge das illustrieren. Rainer Maria Rilke (1875-1926) ist zeit seines Lebens vom dunklen, unbekannten Gott von einem Ort zum andern getrieben worden. Fast in jeder Zeile des »Stundenbuches«[16] ist seine Ergriffenheit und Suche nach einem neuen, von keinerlei Vorurteilen überschatteten Gottesbild spürbar. Das Werk entstand in den Jahren 1899-1903, in denen Rilke von seiner Liebe zu Lou Andreas-Salomé erfüllt war. Ihr ist es denn auch gewidmet; mit ihr besuchte er jene russischen Kirchen, deren religiöse Ausstrahlung ihn tief berührt hat. In immer neuen Formulierungen versucht er sich dem verborgenen Gott anzunähern, diesem »Unbekannten« und »Hergereisten«. Kein Gott der »Liebe des Lichts« ist es, den der Dichter da erfährt, »denn dir (Gott) liegt nichts an den Christen« (S. 75); auch kein Gott
»der Kirchen, welche Gott umklammern
wie einen Flüchtling und ihn dann bejammern
wie ein gefangenes und wundes Tier« (S. 85).
Dieser Gott ist ganz im Gegenteil ein »Ausgestoßener«, und wer ihn im nächtlichen Gebet berührt, erfährt bloß dies:
»Du bist der Gast,
der wieder weiter geht« (S. 95).
Da muss man immer neu von vorne anfangen und von den Dingen lernen »wie ein Kind«. Denn hier offenbart sich der verborgene Gott, in den einfachen, alltäglichen Dingen, denen die Kinder ihre Beachtung schenken, »weil sie, die Gott am Herzen hingen, / nicht von ihm fort gegangen sind« (S. 77).

Ein »Ausgestoßener« also ist er, dieser Gott, einer, der sich »den Trägen und den Träumerischen« verschließt, denn sie
>»misstrauen ihren eigenen Gluten
und wollen, dass die Berge bluten,
denn eher glauben sie dich nicht.
Du aber senkst dein Angesicht« (S. 74).

Das Misstrauen gegenüber den eigenen Gluten ist nach Rilke das Charakteristikum der »Trägen und Träumerischen«, was, um es etwas prosaischer zu sagen, eine seelische Stagnation umschreibt, in welcher die belebenden und schöpferischen Kräfte des Unbewussten vom Bewusstsein abgeschnitten sind. Es ist eine paradoxe Situation: in Erwartung von Wundern – »sie wollen, dass die Berge bluten« –, in der Hoffnung auf Abenteuer und Sensationen verschließt sich die Seele dem nach innen gekehrten Bewusstsein, das doch allein den Schatz zu heben vermöchte. Da bleibt Gott – so Rilke – draußen, ein aus der Seele des Menschen Ausgestoßener, aus seiner Heimat vertriebener Gott.

Ganz im Gegensatz zu der leidenschaftlichen Hoffnung auf ein Wunder, erfordert die Annäherung an den unbekannten Gott und damit die wirklich schöpferische Einstellung eine Bewusstseinsdisziplin, die auch im Leiden die täglichen Pflichten nicht vernachlässigt, ein Bewusstsein also, das sich *aktiv* in den Konflikt hineinbegibt.[17] Darum sagt der Alchemist Morienus: »Diese Sache, die du suchst, kann nicht durch Gewalt oder Leidenschaft erworben oder durchgesetzt werden. Sie wird nur durch Geduld und Demut und durch eine entschlossene und vollkommene Liebe erworben.«[18] Und im Rosarium, einem Dokument aus dem 16. Jahrhundert, heißt es: »Er (der *artifex*, das ist der Künstler) dürfe keinen groben und harten Geist haben, noch dürfe er gierig und habsüchtig, noch unentschiedenen Geistes sein. Auch dürfe er es nicht eilig haben, noch eingebildet sein. Dagegen müsse er festen Vorsatzes, ausdauernd, geduldig, milde, langmütig und mäßig sein.«[19] Die wohl schwierigste Aufgabe dabei ist das geduldige Aushalten des Konfliktzustandes, der *afflictio animae*, der Anfechtung der Seele, denn niemand, sagt Morienus, wird Frieden finden »außer durch das Leiden der Seele (*nisi per animae afflictionem*)« (GW 12, § 386).

Allem Anschein nach braucht es ein ruhiges Gemüt und die Fähigkeit, seine hitzigen Emotionen unter Kontrolle zu halten, um den Krieg innen zu führen und bei allen äußeren und inneren Anfechtungen ein klares Bewusstsein zu wahren, und so den feurigen Geist eines Mercurius oder Rudras, der Isis oder Jahwes zu besänftigen und dem menschlichen Bewusstsein zu assimilieren. Hiobs Schweigen jedenfalls wirkt exemplarisch, denn es scheint Jahwes Zorn schließlich doch beruhigt zu haben.

Doch zurück zu Rilke. »Tu mir kein Wunder zulieb«, sagt er im Wissen darum, dass sich der unbekannte Gott nur selten in einem großartigen Wunder ankündigt, weil eine wirkliche Änderung notwendig mit den eigenen Gluten beginnt, mit einem kleinen, glühenden Bewusstsein, das bereit ist, das mit der seelischen Wandlung verbundene Leiden auf sich zu nehmen. Wer Dramatisches fordert – »auf dass die Berge bluten« –, weiß nicht um die Abgründigkeit der Seele, das heißt um die Gefährlichkeit des unbewussten Spannungspotenziales. Wer umgekehrt gar nichts mehr fordert – die Trägen und die Träumerischen –, dem wird sich die schöpferische Quelle des seelischen Lebens verschließen. Die Götter, das heißt die archetypischen Faktoren im kollektiven Unbewussten, wollen vom Menschen entdeckt werden, weil sie sich nach dem Licht des Bewusstseins sehnen, aber nicht mit Gewalt, sondern mit jener unglaublich schwierigen Mischung aus der Spontaneität eines Kindes und der Bewusstseinsstärke einer reifen Persönlichkeit.

Oft fehlt es an beidem, was zu einer Stagnation führt, in welcher das Ich in Eigeninteressen gefangen bleibt, nachdem es den Sinn für größere, kosmische Dimensionen verloren hat. Dabei verbirgt sich die geistige Armut gerne unter dem Deckmantel der Bescheidenheit, die nach außen hin etwas langweilig wirkt, weil die Schattenaspekte und das Böse, die einer großen Persönlichkeit stets eigen sind, abgespalten bleiben. Dann lauert der Wolf im Schafspelz und bedroht das Individuum mit seinen unaufhörlichen Attacken von dunklen und depressiven Gedanken von innen her. Hier beginnt ein *circulus vitiosus*, ein Teufelskreis, der einen Menschen immer tiefer in ein Leiden an sich selbst hineinzieht, was dann unfruchtbar bleibt, wenn sich der Einzelne, nun selbst zum »gefangenen und wunden Tier« (Rilke) geworden, nur um die eigene Achse dreht.

Das ist, um es in einem grandiosen Bild der östlichen Geisteswelt zu sagen, die Verfallenheit an »ein Meer von Leiden, trügerischen Freuden, täuschenden Versprechungen und entmutigenden Erkenntnissen: wahrlich das Meer des fruchtbaren, sich selbst erhaltenden, sich selbst verschlingenden Wahnsinns der Fische«[20]. Alles bleibt an die Fesseln der Zeit und des Verlangens gekettet (*karma*), weshalb es das erklärte Ziel der östlichen Religionen ist, dem Rad der Zeit und des Handelns (*samsara*) zu entrinnen, um sich aus dem Zauber der Selbstvergessenheit zu befreien. Das Ziel dieser Erlösung oder geistigen Befreiung (*moksha*)[21] kann – je nach religiöser Orientierung – auf verschiedenen Wegen erreicht werden, sei es auf dem mehr asketischen Weg der reinen Hingabe an Gott, auf dem Weg der Erkenntnis (Wissen) oder auf dem der selbstlosen Erfüllung der täglichen Pflichten. Psychologisch gesehen, führen all diese Wege zur Befreiung von der Selbstbefangenheit des Ich, wodurch dem Selbst (*atman*) die Führung überlassen wird.

Das ist nun freilich keine Angelegenheit des Glaubens, vielmehr eine gnadenhafte Erkenntnis, die durch die jahrelange Erfahrung in der Auseinandersetzung mit dem Unbewussten, das heißt durch Introspektion gewonnen werden kann. Mit der Befreiung vom Kreislauf der Zeit und des Handelns ist in den Schriften der Upanishaden und vor allem in der Bhagavadgita nämlich nicht gemeint, dass der Mensch nicht tätig sein soll. Gott selbst ist ja tätig und entfaltet sich im Makrokosmos ebenso wie im Mikrokosmos. »Bedenke nichts als deine Tat«, belehrt Krishna als Inkarnation Vishnus seinen Gesprächspartner Arjuna, »doch niemals ihre Früchte und lass dich nicht zur Tatenlosigkeit verleiten.«[22] Gute und auch »erfolgreiche« Werke gehören zur Bewusstseinsstärke eines reifen Menschen, aber er soll sie nicht beachten. Das ist ein Gedanke, dem wir bei den Mystikern wieder begegnen werden. Hier geht es, wie Marie-Louise von Franz einmal geäußert hat, um den Übergang von der Ichhaftigkeit zur Ichfestigkeit, welch Letztere ihre Kraft aus der Ausrichtung auf das Selbst bezieht, was einer eigentlichen »Wiedergeburt des bisherigen Ichbewusstseins des Menschen« entspricht.[23]

Um auf den Dichter zurückzukommen, fragen wir nun, wie denn dieser ausgestoßene und unbekannte Gott begriffen werden kann. Rilkes Antwort überrascht:

»Ich aber will dich begreifen
wie dich die Erde begreift;
mit meinem Reifen
reift dein Reich« (75).

Nur das Eine ist gefordert: das zu werden, was einer ist, indem er seinem Schicksal treu bleibt. Jedes Wesen kann nur zu dem werden, was es ist, und dann ist es vollkommen.

In einem alchemistischen Text, der vermutlich aus dem ersten nachchristlichen Jahrhundert stammt, enthüllt die Prophetin Isis ihrem Sohn Horus das ganze Geheimnis der Mysterien, das heißt die volle Wahrheit, die sie ihrerseits von einem Engel Gottes erfahren hat[24]: »Komm und schau und frage den Bauern Acharontos. Lerne von ihm, der sät und erntet, und verstehe, dass der, welcher Gerste sät, Gerste ernten wird, und der, welcher Weizen sät, Weizen ernten wird. Nun mein Kind oder mein Sohn, du hörst dies als Einführung und jetzt lerne daraus, dass dies die ganze Schöpfung und der ganze Entstehungsprozess des Seins ist. Wisse, dass ein Mensch nur einen Menschen hervorbringen kann, ein Löwe einen Löwen, ein Hund einen Hund, und wenn etwas gegen die Natur geschieht, dann ist das ein Wunder, das nicht weiter existieren kann ... Wie ich eben sagte, Weizen erzeugt Weizen, ein Mensch wird zum Menschen, und so wird auch Gold Gold ernten, (denn) Gleiches produziert Gleiches. Jetzt habe ich (dir) das Mysterium offenbart.«[25]

Dass Gleiches immer nur Gleiches hervorbringen kann, ist eine alte Weisheit, die auf den griechischen Philosophen Empedokles zurückgeht. Er lehrte im 5. Jahrhundert v. Chr. in Sizilien, wo eine blühende griechische Kultur bestand. Er sagte: »Denn durch Erde schauen wir die Erde, durch Wasser das Wasser, durch Äther den göttlichen Äther, aber durch Feuer das vernichtende Feuer, die Liebe ferner durch unsere Liebe und den Hass durch unseren Hass« (Fragment 109). Dieses tief dem Wesen der kreatürlichen Welt verbundene Denken erwartet keine die Grenzen der Natur sprengenden Wunder, denn sie hätten keinen Bestand. Dem verborgenen Gott nachspüren heißt vielmehr, sich auf das Werden und Reifen dessen zu beschränken, was naturgegeben ist, bereit von den Dingen zu lernen »wie ein Kind«. Ein anderer alchemistischer Text aus dem 16. Jahrhundert sagt das so: »Haltet euch also an die verehrungswürdige Natur, denn die Natur lässt sich nur innerhalb ihrer eigenen Natur verbessern. Führt ihr nichts Fremdes zu ...«[26]
All diese Texte umschreiben den Kern der Individuation, den psychischen und geistigen Wachstumsprozess, der aus unbekannten und dunklen Anfangsgründen heraus zu einer Erhellung des Bewusstseins und damit zu einer Stärkung und Festigung der Gesamtpersönlichkeit führt. Rilkes Formulierung ist in höchstem Maße psychologisch: »mit *meinem* Reifen/ reift/ dein Reich«. Dass die Selbst-Erkenntnis mit der Erkenntnis Gottes gleichgesetzt wird, ist eine auch der kirchlichen Tradition bekannte Auffassung. Dass aber das Reifen des Gottesreiches dem Reifen des inneren Menschen parallel gesetzt wird, geht weit darüber hinaus. Er stellt die seelisch-geistige Entfaltung des Menschen, das heißt den Individuationsprozess dem inneren Entwicklungsprozess Gottes gleich. Wenn es stimmt, wie die Bibel behauptet, dass das Reich Gottes im Menschen ist (Lukas 17,21), dann setzt das Reifen des Gottesreiches dasjenige des Menschen notwendig voraus. Dass dieser Gedanke als anstößig empfunden worden ist, zeigt die eindeutig falsche Übersetzung der zitierten Stelle in der Zürcher Bibel, was umso weniger ein Zufall sein kann, als sich diese Übertragung sonst gerade durch ihre beson-

dere Nähe zum Urtext auszeichnet. Von den Pharisäern danach befragt, wann das Reich Gottes komme, antwortet Jesus, dass man dieses nicht einfach beobachten könne. Nicht hier und dort sei es, sondern »in eurer Mitte«. Im griechischen Text jedoch steht »entos hymon«, was nur mit »in euch«, lateinisch *intra vos*, übersetzt werden kann. Damit hat die Tradition den radikalen Gedanken vom Reifen Gottes im Menschen dahingehend abgeschwächt, dass sich Gottes Reich in der Gemeinschaft der Christen verwirkliche. Aus der unmittelbaren Gottesbegegnung wird eine mittelbare, vermittelt eben durch die christliche Gemeinschaft derer, die *gemeinsam* zu Gott beten.
Das jedenfalls ist nicht Rilkes Intention. In dem Brief an einen jungen Dichter schreibt er: »Wir müssen unser Dasein so weit, als es irgend geht, annehmen; alles, auch das Unerhörte, muss darin möglich sein. Das ist im Grunde der einzige Mut, den man von uns verlangt: mutig zu sein zu dem Seltsamsten, Wunderlichsten und Unaufklärbarsten, das uns begegnen kann.«[27] Kurz: den Mut aufbringen, dem in der Welt und in der Seele verborgenen Gott zu begegnen. Rilkes Bekenntnis zum Seltsamsten, Wunderlichen und Fremdartigen, zur Wahrheit, die im Verborgenen liegt und auch dort belassen werden soll, ist nicht zeitgemäß. Der kollektive Zeitgeist bekennt sich zum Sichtbaren, Messbaren und Beweisbaren. Alles muss statistisch erfasst und wissenschaftlich überprüft werden. Wir leiden an einer *Überschätzung des Bewusstseins* und damit der eigenen Gegenwart. In Wirklichkeit aber ist das Bewusstsein jenes Danaergeschenk, das bewirkt, dass der Mensch, im Unterschied zum Tier, von seinem Weg abweichen und gegenüber Gottes Willen ungehorsam werden kann. »Auf seine Weise ist das Tier frömmer als der Mensch«, schreibt Jung in einem Brief vom 8. Januar 1948 (Bd. 2, 106), »denn es erfüllt den göttlichen Willen besser, als es sich der Mensch je träumen ließe ... Bewusstheit ist einerseits Triumph und Segen, anderseits unser schlimmster Teufel, der uns hilft, alle nur denkbaren Gründe und Mittel zu ersinnen, dem göttlichen Willen gegenüber ungehorsam zu sein.«

Vom Mysterium des Bewusstseins

Das Drama der Aurora consurgens, der Bewusstwerdung der Menschheit, ist an einem gefährlichen Wendepunkt angelangt, was Katastrophen großen Ausmaßes heraufbeschwört. Jung hat diesem Drama seine jahrzehntelangen alchemistischen Studien gewidmet. Der seit der Aufklärung herrschende wissenschaftliche Rationalismus jedoch hat mit seinem mechanistischen Welt- und Menschenbild den Einzelnen von seiner lebendigen seelischen Matrix abgespalten und ihn damit von den geistesgeschichtlichen und religiösen Wurzeln entfremdet. Seither starrt ihn eine seelenlos gewordene Welt aus unzähligen Augen, die jeglichen Glanz verloren haben, an, und der vereinsamte Mensch wird immer mehr auf sich selbst zurückgeworfen.
Kompensiert wird diese Entfremdung durch eine übersteigerte Betonung der Subjektivität und des individuellen Bewusstseins, was zu einer Inflation führt, die Nietzsche intuitiv in der Gestalt des Übermenschen angekündigt hat (»Also sprach Zarathustra«). Dabei identifiziert sich das subjektive Ich mit dem objektiven, schöpferischen Geist des unbewussten Seelenhintergrundes, anstatt sich als dessen Partner oder Gefäß zu betrachten. Dadurch gerät alles in die Sphäre persönlich-psychologischen Erlebens (GW 12, § 559), was eine Entwertung der archetypischen Welt der objektiven Psyche mit der entsprechenden Aufblähung (*inflatio*) des Ichbewusstseins zur Folge hat. Ein derart aufgeblasenes Bewusstsein ist immer egozentrisch, um nicht zu sagen: neurotisch.
Gemäß dem Gesetz der Enantiodromie (Heraklit), wonach jedes Extrem notwendig in sein Gegenteil umschlägt, führt die Überbetonung der Subjektivität zu jenen Mammutorganisationen wirtschaftlicher und politischer Prägung, wie sie unsere Welt weltweit umspannen. Die darin einsetzende Entwertung des Einzelnen steht in merkwürdigem Gegensatz zur vermeintlichen Freiheit, die dieser scheinbar genießt. »Dieser be-

sessene und unbewusste Zustand«, schreibt Jung im Nachwort zu seinem Werk »Psychologie und Alchemie«, »geht unentwegt weiter, bis es dem Europäer einmal ›vor seiner Gottähnlichkeit bange‹ wird. Diese Wandlung kann nur beim Einzelnen anfangen, denn Massen sind blinde Tiere, was man zur Genüge weiß. Deshalb scheint es mir von einiger Wichtigkeit zu sein, wenn wenigstens Einzelne oder die Einzelnen einzusehen beginnen, dass es Inhalte gibt, die der Ichpersönlichkeit mindestens nicht zugehören, sondern einem psychischen Non-Ego zuzuschreiben sind ... Allerdings ist das, was man dort findet, nichts, was man den Massen vorhalten kann, sondern immer nur etwas Verborgenes, das man sich selber in der Stille vorsetzt« (GW 12, § 563). Dieses »Verborgene, das man sich selber in der Stille vorsetzt«, sind jene dunklen, oft bizarren Bilder des Unbewussten, deren Erforschung C.G. Jung sein ganzes Leben gewidmet hat. In ihnen nähern wir uns dem verborgenen Gott, freilich ohne ihn je von Angesicht zu Angesicht sehen zu können (1 Korinther 13,12). So beginnt alle wahre Erkenntnis, auch die wahre Gotteserkenntnis, im Verborgenen, Unbekannten und Fremden, das heißt mit der Erkenntnis der Verborgenheit Gottes, denn, so der Kirchenvater Augustinus, »wenn du verstehst, ist es nicht Gott« (Sermo 117, 3, 5).

Die Gotteserkenntnis ist für viele Alchemisten die unumgängliche Voraussetzung wahrer Selbsterkenntnis. »Wenn der Mensch nämlich zum höchsten Gut gelangen will, muss er zuerst Gott und dann sich selber erkennen«, heißt es im Museum hermeticum (1678) (GW 14,2, § 322, Anm. 19), womit eigentlich die Selbsterkenntnis derjenigen Gottes gleichgesetzt wird. Die Erklärung dafür gibt eine Stelle bei Dorneus, der wie kaum einer sonst die psychologische Tiefendimension des alchemistischen Werkes durchschaut hat. Die Stelle lautet: »Niemand kann sich selber erkennen, wenn er nicht weiß, *was* (er selber ist), und nicht *wer* er selber ist« (*... nisi sciat quid, et non quis ipse sit*)[28]. Wie Jung zu dieser Stelle ausführt, ist die Unterscheidung zwischen dem neutrischen *quid* und der Maskulin-

form *quis* bezeichnend. Die Erkenntnis, wer er sei, hat unverkennbar einen persönlichen Aspekt und bezieht sich auf das Ich. Sie ist bloße Ich-Erkenntnis. Mit dem Neutrum quid dagegen ist etwas ganz anderes gemeint, nicht das subjektive Ichbewusstsein der Psyche, vielmehr sie selber ist das unbekannte, dunkle und noch zu erforschende Objekt. »Quid bezieht sich auf das neutrale Selbst, auf die *objektive Gegebenheit der Totalität* ...« (GW 9,2, § 252). Insofern als diese eine dem Bewusstsein übergeordnete Ganzheit ist, muss sie dieses notwendigerweise transzendieren. Eine Realisierung des Selbst als Inhalt des Bewusstseins ist deshalb stets nur in symbolischer Weise möglich (vgl. § 264). Das heißt mit anderen Worten, dass »das einzig wahrhaft Seiende ... das transzendentale Selbst (ist), welches mit der Gottheit identisch ist« (9, 2, § 265).
Die Gedanken des Dorneus sind für das christliche Abendland höchst ungewöhnlich, um nicht zu sagen, »ketzerisch« – ein Umstand übrigens, dessen sich mancher Alchemist sehr bewusst war, weshalb er seine Kunst auch heimlich betrieben hat. Dem östlichen Geist dagegen sind sie durchaus vertraut, weil die Mikro-Makro-Kosmos-Parallele und die Einheit aller Gegensätze als solche im Denken und Fühlen des Ostens tief verwurzelt sind.
So finden wir etwa in der brahmanischen Philosophie Indiens die Anschauung vom *brahman* als dem Einen Sein oder dem makrokosmischen Selbst. Das *brahman* trans-zendiert selbst die Welt der Götter, steht also über ihnen. Dennoch kann es in wahrer Selbsterkenntnis erfasst werden. »Es ist die Erkenntnis eines unsterblichen *Etwas* innerhalb der menschlichen Seele (*atman*), das am unsterblichen Brahman, welches den gesamten gegenständlichen Kosmos erhält und beseelt, teilhat, mit ihm wesensgleich oder tatsächlich identisch ist.«[29]
Sowohl den Alchemisten als auch den indischen Brahmanen gilt dieses unsterbliche »Etwas« oder »Es« als eine feinstoffliche mikro-makro-kosmische Substanz, die unerschöpflich, unwandelbar und unzerstörbar ist. »Was diese feine Substanz ist«, belehrt der ehrwürdige Vater und Brahmane seinen Sohn, »die

ganze Welt erhält es als ihr Selbst. Das ist das Wirkliche. Das ist Atman. Das bist du!«[30] Psychologisch würden wir von einer Projektion des kollektiven Unbewussten auf die (feinstoffliche) Materie reden, in welcher, wie Marie-Louise von Franz schreibt, die Alchemisten jenen unbekannten, lebendigen Faktor vermutet haben, den wir heute mit dem »Verlegenheitsbegriff des Unbewussten« bezeichnen.[31]
Die Leichtigkeit, ja Eleganz der dichterischen Aussage »mit meinem Reifen, reift dein Reich«, könnte leicht darüber hinwegtäuschen, dass es sich dabei um eine äußerst komplizierte Materie handelt. Es ist das Privileg der Dichter, auch der Mythen-Dichter, in ihrer bildhaften Sprache das den dunklen, verborgenen Gott umhüllende Geheimnis so zu formulieren, dass es jedermann intuitiv einleuchtet. Wir aber müssen versuchen zu verstehen, auch wenn wir dabei auf Hypothesen angewiesen sind und eben nur einer vagen Spur folgen können.

Träume – Spuren Gottes in der Seele

Von einer solchen Spur erzählt der Traum einer Analysandin in eindrücklicher Weise. Wie viele Frauen in der Lebensmitte ist sie einer starken Zerrissenheit ausgesetzt: Ihre Familie, Berufstätigkeit und Ausbildung fordern sie an manchen Tagen bis an die Grenze des Möglichen. Doch vielleicht darf man sich gar nicht auf die Suche nach dem unbekannten Gott machen, wenn man nicht bereit ist, diese Zerrissenheit in sich selbst auszuhalten; vielleicht sind es gerade diese Grenzsituationen, in welcher wir dem Geheimnis unseres Lebens auf die Spur kommen.

»Ich bin in einer kargen, gebirgigen Landschaft. Der Boden ist ziemlich steinig, z.T. mit Gras und Moos bewachsen. Hier zieht sich eine weiße Spur durch die Steine, fortlaufend von ei-

nem Stein zum nächsten. Ich bin daran, diese Spur freizulegen, die zu einem kleinen Teil sichtbar, mehrheitlich aber von Erde und Gras verdeckt ist. Als Hilfsmittel habe ich ein kleines, staubsaugerähnliches Gerät.«
Da haben wir nun also eine solche Spur Gottes. Gleich einer weißen, klaren Marmorspur führt sie mitten durch die öde, karge Gebirgslandschaft. Deren Stille und Kargheit, ihre Abgeschiedenheit hoch über den »Niederungen des Alltags« bilden einen wohltuenden Kontrast zur gedrängten Fülle des alltäglichen Lebens der Träumerin. Es gehört zum Wesen der Bilderwelt des Unbewussten, dass sie sich kompensatorisch zum bewussten Erleben verhält, weil sich das Ich gerne und in einseitiger Weise mit Letzterem identifiziert in völliger Missachtung der anderen Seite, der anderen Wahrheit. So aber, sagen die Zen-Meister, kann es keine Befreiung, keine Erlösung geben, denn diese setzt ein Erwachen »der das andere Ufer erreichenden Weisheit« (*Prajnaparamita* = Satori)[32] notwendig voraus.
Das geduldige Freilegen der weißen Spur, von dem der vorliegende Traum berichtet, ist ein treffliches Bild für die allmähliche Bewusstwerdung des Individuationsweges. Nicht darum geht es, wie wir vielleicht annehmen würden, die Spur selbst legen zu müssen, sondern darum, dem nachzuspüren, was längst gelegt ist. Während das Ich stets meint, das Leben selbst in die Hand nehmen zu müssen (was für junge Menschen, die noch über ein relativ schwaches Ich verfügen, tatsächlich wichtig ist), kann es vom Selbst her gesehen, d.h. aus der Sicht des ewigen, inneren spirituellen Kerns, nur darum gehen, dem Weg zu folgen, der hintergründig bereits angelegt ist. Das ist die psychologische Wahrheit dessen, was Paulus in seinem Brief an die Korinther schreibt: »Einen anderen Grund kann niemand legen als den, der (schon) gelegt ist, welcher Jesus Christus ist« (1 Korinther 3,11). Ihm folgen kann nur heißen, jener Spur nachzugehen, die sich wie ein weißer (!) Faden durchs Leben zieht, was zu einer allmählichen Erhellung (weiß) des Bewusstseins führt.

Da gilt es nun, Gras, Moos und Erde wegzuräumen, in psychologischer Sprache ausgedrückt: die Spur von der der Natur eigenen Unbewusstheit zu reinigen. Ein staubsaugerähnliches, das heißt ein technisches, von Menschenhand verfertigtes Gerät leistet dabei gute Dienste. Bewusstwerdung hat immer auch diesen künstlich-technischen Aspekt, weil wir der Unbewusstheit der Natur unsere Denkvorstellungen und -modelle entgegensetzen müssen. Doch wie der Traum sagt, sollten diese nicht für absolut genommen, sondern lediglich als Hilfsmittel angewandt werden. Eine psychologische Theorie zu haben, ist unumgänglich, bloß darf sie nicht mit der Sache selbst, mit der weißen Spur, verwechselt werden. Jedes wissenschaftliche Modell ist hypothetisch und macht nur solange Sinn, als es dem Leben dient.

Das Traummotiv vom Freilegen der Spur entspricht den Reinigungsprozeduren, mittels welcher die Alchemisten die massa confusa, den dunklen, chaotischen Anfangszustand, solange von allem Überflüssigen befreit haben, bis sie zur Essenz, zur Arkan- oder Wandlungssubstanz, und damit zum wahren Gold vorgedrungen sind (was freilich nur wenigen gelungen sein soll!). In dieser Phase des Prozesses geht es darum, der eigenen Persönlichkeit, dem eigenen Wesen, dadurch zum Durchbruch zu verhelfen, dass wir uns von allen unnötigen Gedanken, Sorgen und Ängsten, von falschen, einengenden Vorstellungen über uns selbst und von neurotischen Verhaltensweisen lossagen, weil diese wie das Gras und Moos des Traumes den eigenen Lebensweg stets von neuem zu überwuchern drohen. Wir dürfen allerdings nicht vergessen, dass es oft gerade das Leiden an den dunklen, quälenden Emotionen und Phantasien ist, welches uns zwingt, uns in der Abgeschiedenheit des Gebirges ans Werk zu machen. Auch darum haben die Alchemisten gewusst. So sagt Khunrath, ein Meister des 16. Jahrhunderts: dass das »Salz-Feuer« (das heißt: die der Bitterkeit des Lebens entspringende feurige Emotion) »das leibliche metallische Gold zu einem lauteren Geist« verwandelt.[33] Diesem sozusagen natürlichen Purgatorium der Seele ist der ausgesetzt, den die

Suche nach dem in seinem Innern verborgenen Gott nicht mehr loslässt. Doch glücklicherweise ist da ab und zu ein etwas größerer Stein, der einer Wegmarke gleich die Spur hin und wieder etwas deutlicher markiert. Das sind jene erhellenden Momente des Individuationsprozesses, in welchen uns eine entscheidende Einsicht geschenkt wird, eine *illuminatio* oder Erhellung des Bewusstseins, die einen nicht korrumpierbaren (Stein) Wert darstellt.

So wird die weiße Spur mehr und mehr freigelegt, bis sich langsam zwar, doch immer deutlicher ein eigentlicher Weg abzuzeichnen beginnt. Wir dürfen daher damit rechnen, dass die Bemühungen um Bewusstwerdung von bleibender Wirkung sind. Je mehr es uns nämlich gelingt, Inhalte aus dem Unbewussten ins Bewusstsein zu heben, desto stärker werden wir die Luminosität, das heißt die dem Unbewussten eigene Sehnsucht nach Bewusstheit erfahren können. Damit treten die Inhalte des Unbewussten künftig leichter über die Schwelle des Bewusstseins, was zu einer Belebung der Gesamtpersönlichkeit und zu einer geistigen Erweiterung und Bereicherung führen kann. Doch das Leben gibt nichts her, es sei denn, dass wir den entsprechenden Preis dafür bezahlen, und so wird die geistige Vertiefung mit einem Opfer gesühnt werden müssen. Dieses Opfer, das es zu leisten gilt, ist wiederum mit der Kargheit und Öde der Gebirgslandschaft angedeutet. Es ist das Opfer einer gewissen äußeren Lebendigkeit und Vitalität, wie sie besonders jungen Menschen eigen ist: die faszinierende Möglichkeit, sich dem Leben in seiner schillernden Vielfalt voll und ganz hinzugeben (ohne Rücksicht auf Verluste). Der in der zweiten Lebenshälfte gebotene partielle Rückzug von der Welt der zehntausend Dinge ist schmerzlich, bleibt aber eine Grundvoraussetzung der geistigen Entfaltung.

Die im vorliegenden Traum für das Leben des einzelnen Menschen angelegte Spur, markiert das in der objektiven Psyche vorgeprägte persönliche Schicksal der Träumerin. Doch genauso wie wir in unserer individuellen Bestimmung in gewisse

Grundvoraussetzungen eingebunden sind, haben wir auch teil an einer unbewussten Gruppenseele und damit an einem Kollektivschicksal. Daraus resultieren die Massenphänomene, von deren Gefährlichkeit im 20. Jahrhundert wohl niemand besonders überzeugt werden muss. Je mehr es nun aber gelingt, die persönlichen Konflikte einigermaßen zu bewältigen, desto mehr beginnen wir an der kollektiven Problematik des Zeitgeistes zu leiden und desto mehr wird es zu unserer Aufgabe, an dessen Erneuerung aktiv mitzuwirken. Der Individuationsprozess ist nämlich nur auf der einen Seite ein subjektiver Vorgang, er stellt auf der andern Seite einen objektiven Beziehungsvorgang dar, der bis tief in zeitgeschichtliche Phänomene und in das Leben der Mitmenschen eingreift.

Umbruch und kollektive Neuorientierung

Wir können darum sagen, dass – ähnlich der Spur im vorliegenden Traum – unter den aktuellen zeitgeschichtlichen Ereignissen ein unterirdischer, archetypischer Strom fließt, der den jeweiligen Zeitgeist, das politische Schicksal eines Volkes, vor allem aber das jeweilige Gottesbild entscheidend mitbestimmt. Es handelt sich dabei, wie C.G. Jung und M.-L. von Franz nachgewiesen haben[34], um schöpferische Prozesse im kollektiven Unbewussten, die alle Wandlungsvorgänge, ob realhistorischer oder geistesgeschichtlicher Art, letztendlich verursachen. Was nun aber das Auftauchen eines neuen Gottesbildes, das heißt die spontane Wandlung des Selbstsymbols auf kollektiver Ebene betrifft, so ist dieser Vorgang immer davon abhängig, dass Einzelne und Vereinzelte, die ihrer Zeit stets voraus und daher meist angefochten sind, den im Unbewussten verborgenen Gott spüren und ihn ans Licht bringen. Solche Menschen waren etwa die alttestamentlichen Propheten, Religionsstifter wie Buddha, Jesus oder Mohammed, Mystikerinnen und Mystiker, die Reformatoren und andere mehr. Einige von ihnen möchte ich im Folgenden vorstellen, denn sie alle wussten um den verborgenen Gott und sie alle waren bereit, jene Zerrissenheit auf sich zu nehmen, wie sie großen Menschen eigen ist: zerrissen zu sein zwischen dem alten Welt- und Gottesbild und dem kollektiven Zeitgeist einerseits und dem Gott, der in ihre Seele ans Licht drängt andererseits.

Wenn wir die Geschichte der Menschheit in großen Zügen, das heißt über die Jahrtausende hinweg verfolgen, so sehen wir, dass allen geistigen Erneuerungsperioden eine Zeit des Untergangs vorausgegangen ist. Das hat wohl Heraklit gemeint, als er den Krieg den Vater aller Dinge genannt hat (Fragm. B 53). Wie der Phönix aus der Asche taucht der verborgene Gott aus dem Schutt der alten Zeit, aus den Trümmern einer vergangenen oder schwindenden Kultur auf. Sein Erscheinen ist nicht selten von Tod, Chaos und Zerstörung begleitet, wie in der Heilsoffenbarung (!) Jahwes am Berge Sinai noch sichtbar wird, in welcher sich der alttestamentliche Gott in Donnerschlägen und Blitzen ankündigend, in Rauch und Feuer vom Himmel herabsteigt, womit er das Volk zu Tode erschreckt (Exodus 19).

Der verborgene Gott ist ein Gott der Umbruchszeit. Wo immer er auftaucht, sind traditionelle Werte bedroht. Nicht in Wundern pflegt er sich anzukündigen, sondern ganz im Gegenteil im oft bitteren Ernst und Schmerz menschlicher Erfahrung, einer Erfahrung, die einen Menschen an die Grenzen der Verzweiflung (Jeremia!) und des Wahnsinns treiben kann. Es ist bereits eine theologische Rationalisierung, hinter der aber noch die ursprüngliche numinose Erfahrung durchschimmert, wenn Martin Luther sagt: »Gottes Werk muss gerade verborgen und unverstanden bleiben, wenn es geschieht. Es verbirgt sich aber unter keiner anderen Gestalt als der des Gegensatzes zu unserer Vorstellungs- und Denkweise.«[35] Wo immer der verborgene Gott am Werk ist, diese tiefste Schicht des zerstörerischen und schöpferischen Geistes im Unbewussten, da durchkreuzt er die Einstellung und Weltanschauung, auch die religiösen Vorstellungen des gegenwärtigen Bewusstseins notwendig. Man könnte ihn deshalb als den Archetyp der Erneuerung aus dem Ungewissen, dem Widersprüchlichen und Paradoxen bezeichnen und in ihm die archetypische Kraft jener Regeneration sehen, die mit Leiden, Zerrissenheit und Einsamkeit verbunden ist. Doch darf darob nicht vergessen werden, dass er ein Erneuerer ist, der dem Fest des Lebens dient und diesem wieder Sinn verleiht.

Psychologisch gesehen ist der Deus absconditus ein im kollektiven Unbewussten wirkender Faktor von höchster Numinosität und größtmöglicher Autonomie. Als solcher transzendiert er nicht nur jede historisch und biographisch fassbare Wirklichkeit, sondern auch jede Gestalt gewordene Gottheit. Wie das hinduistische *brahman* oder der *lapis philosophorum* der Alchemisten ist er ein hinter den Göttern wirkendes anordnendes energetisches Prinzip. In diesem Sinn kommt er dem sehr nahe, was in der griechischen Mythologie im Bild des Styx ausgedrückt ist. Marie-Louise von Franz hat diesem ihre Studie über »Nike und die Gewässer der Styx«[36] gewidmet. »Hinter dem chaotischen Sturzbach äußerer historischer Ereignisse ...«, heißt es hier, »fließt ... langsam noch ein weiterer verborgener Strom unbewusster archetypischer Faktoren, die scheinbar zufällig miteinander zu kollidieren scheinen, in Wirklichkeit aber von einem unerfindlichen Fatum, einem Gesetz oder Sinn regiert sein mögen« (S. 285). Dieses Fatum wird mythologisch im Bild der unterirdischen Gewässer der Styx dargestellt. Styx ist der Name jener Göttin, die die trägen, düsteren Wasser des Unterweltflusses verkörpert, welcher das Totenreich umringt und alles zerfrisst, was mit ihm in Berührung kommt (vgl. S. 300f.). Sein Wasser wird von allen Göttern gemieden. Dennoch ist Styx eine »besonders alte und geehrte Gottheit ... und (besitzt) eine letzte Autorität über Menschen, Völker und Götter ... Das Wasser der Styx ist offensichtlich ein so übermächtiges Naturphänomen, dass man ihm mit bewussten menschlichen Maßnahmen nicht beikommen kann ... Aber gerade in diesem Element steckt eine Art letzte Schicksalsgerechtigkeit oder Wahrheit, die sogar über den Göttern steht« (S. 301). Psychologisch könnte man darum sagen, dass es sich beim Styx um »eine Art von unbewusstem Ordnungsprinzip von letzter Autorität (handelt), welches wahrscheinlich auf gewissen geistigen unbewussten Tendenzen im kollektiven Unbewussten beruht« (ebenda). Analog zu den Gewässern der Styx kann der Deus absconditus, der in der patriarchalen griechischen Gesellschaft in einer weiblichen Gottheit verkörpert wird, in Wirklichkeit aber zweigeschlechtlich (*Mercurius duplex*) oder neutrisch aufzufassen ist, als jenes Fatum verstanden werden, das sich jedem bewussten Eingriff in absoluter Souveränität entzieht. Dieses Fatum steht jenseits des kulturspezifischen Gottesbildes oder Sinnes und stellt eine letzte Grenze dar, über die hinaus es nichts Weiteres mehr zu sagen gibt, weil es sich dem erkennenden Zugriff entzieht. Ob wir es Fatum, Tao oder Sinn, höchster Geist oder »Gott« nennen, spielt keine Rolle. Es bleibt verborgen und namenlos, wie Lao Tse, der chinesische Meister und Verfasser des *Tao te king* sagt:

Es gibt ein Wesen,
unbegreiflich, vollkommen (andere Übersetzung: im Chaos vollendet),
vor Himmel und Erde entstanden.
So still, so gestaltlos!
Es allein beharrt und wandelt sich nicht.
Durch alles geht es und gefährdet sich nicht.
Man kann es ansehen als der Welt Mutter.
Ich kenne seinen Namen nicht.
Bezeichne ich es, so nenne ich es: Tao ...« (Nr. 25)[37]

Holocaust

Ich möchte dieses Kapitel mit dem Dokument eines Menschen unseres Jahrhunderts abschließen, der den verborgenen Gott in bitterster Weise erfahren hat und trotz aller Widersprüchlichkeit nicht an ihm verzweifelt ist. Ich denke an den Schriftsteller und Wissenschaftler Jaques Lusseyron. In seinem autobiographischen Buch »Das wieder gefundene Licht« berichtet er von seinen Erfahrungen als Häftling des Konzentrationslagers Buchenwald. Lusseyron erblindete mit acht Jahren durch einen Unfall. Mit 15, noch war er Schüler des Gymnasiums, gründete er in Paris eine Widerstandsorganisation gegen die deutsche Besatzungsmacht, die sich schon bald zu einer großen und erfolgreichen Bewegung ausgeweitet hatte. Doch der Verräter saß (wie so oft) in den eigenen Reihen und lieferte einige Jahre später alle Kameraden der Folter und dem Tode aus. Nur Jaques Lusseyron hat die Strapazen überlebt. Sein Jahrzehnte später verfasster Bericht ist ein eindrückliches Bekenntnis zur Unbegreiflichkeit des verborgenen Gottes. Er kommt auf Buchenwald, wo Hunderttausende ermordet worden sind, zu sprechen:
»Durch dieses Tor (KZ Buchenwald) bin ich fünfzehn Monate später, am 12. April 1945, in umgekehrter Richtung gegangen. Doch hier halte ich inne. Denn wie, weiß ich nicht. Nicht ich bin es, der mein Leben lenkt. Gott lenkt es. Ich habe nicht immer begriffen, wie er es getan hat.
Ich glaube, es ist ehrlicher, es von vornherein zu sagen: Ich werde hier kein Bild von Buchenwald zeichnen, kein vollständiges Bild zumindest. Niemand hat das je zu tun vermocht ... Es gibt keine Wahrheit über das Unmenschliche, so gut wie es keine Wahrheit über den Tod gibt. Auf jeden Fall gibt es sie nicht auf unserer Seite, unter uns Menschen. Eine solche Wahrheit könnte nur für Jesus Christus existieren, er mag sie, im Namen seines Vaters und dem unseren, an sich genommen und bewahrt haben.«[38]
Das ist ein Bekenntnis zur dunklen Seite Gottes, welche der

Christ Jaques Lusseyron mit Jesus Christus, dem Gekreuzigten, verbindet. Dass eine »Wahrheit über das Unmenschliche« in seinem Gottesbild Platz haben *könnte*, ist innerhalb der christlichen Tradition ungewöhnlich. Dies bedeutet nämlich, dass Christus nicht allein mit der lichten und hellen Seite identifiziert, sondern auch mit der Erfahrung der *Hölle*, das heißt mit dem Teufel in Verbindung gebracht wird. Das würde auf ein echtes yang-yin-Verhältnis hinweisen, in welchem die Gegensätze von hell und dunkel, gut und böse usw. im Tao vereint sind. Es scheint mir, dass die Entwicklung des christlichen Gottesbildes in dieser Richtung voranschreiten müsste, wenn dieses nicht jede Glaubwürdigkeit für den heutigen Menschen verlieren soll. Dass ein Schritt in dieser Richtung bereits getan ist, soll am Schluss dieser Untersuchung anhand von Martin Luthers Vorstellung vom Deus absconditus gezeigt werden. Denn bei ihm fällt jegliche Scheußlichkeit in die Einheit Gottes (Jung, GW 11, § 259).

Im Zusammenhang mit seinen Ausführungen über die Verborgenheit Gottes bei Luther und im Rückblick auf die Hölle des 2. Weltkrieges hat der Zürcher Lutherforscher Gerhard Ebeling folgende Sätze formuliert: »Es wird so oft dahergeredet, nach Auschwitz und Hiroshima könne man nicht mehr an Gott glauben. Abgesehen davon, dass dies wohl dem Grade nach, aber nicht der Art nach die Präsenz des Bösen in der Welt verändert hat, wäre doch zu fragen, ob nicht heute die Kraftlosigkeit des Glaubens an Gott gerade darauf zurückzuführen ist, dass man dem ausweicht, auch die Fürchterlichkeit solcher Geschehnisse mit Gott zusammenzudenken.«[39]

Der Fürchterlichkeit solcher Geschehnisse und ihrer Einbeziehung ins Gottesbild nicht auszuweichen, ist das Anliegen des vorliegenden Buches über den Deus absconditus. Bei allen seinen Zeugen begegnen wir der ähnlichen Ambivalenz: der Ohnmacht angesichts des Unaussprechbaren auf der einen, und der Sprachgewalt auf der andern Seite, die wie bei den alttestamentlichen Propheten oder besonders deutlich bei Luther zu einer Neuschöpfung der Sprache führen kann.

2. Kapitel
Gottesfurcht

---

*»Fürchtet das Volk nicht das Furchtbare,
dann kommt das Furchtbarste.«*
Tao te king, Nr. 72

Wenn es stimmt, dass auch die Wahrheit über das Unmenschliche und Grausame im Gottesbild Platz haben muss, dass sich der verborgene Gott auch in den Fürchterlichkeiten dieser Welt und in den Widersprüchlichkeiten unseres Lebens zeigen kann, und wenn es wahr ist, dass in dem Unfassbaren eine Erneuerungskraft liegen kann, die den Zeitgeist und das alte Gottesbild zerstörend Neues schafft, dann müssen wir den Deus absconditus dort suchen, wo der Einzelne oder ein ganzes Volk vom politischen oder geistigen Chaos, um nicht gar zu sagen: Wahnsinn, bedroht ist. Darum möchte ich mich nun einem Volk zuwenden, das trotz seiner Ohnmachtsstellung inmitten der damaligen Großmächte der Ägypter, Assyrer, Babylonier und schließlich Römer eine geistige Sprengkraft entwickelt hat, die über Jahrtausende hinweg wirksam geblieben ist: dem jüdischen Volk der Israeliten und seinem Gott Jahwe.

Wenn ich im Folgenden von einer letzten unfassbaren Seite Gottes spreche, gebrauche ich dafür den lateinischen Ausdruck *Deus absconditus*. Von ihm ist die Verborgenheit Gottes im Sinne des unbekannten und zeitweise abwesenden Gottes zu unterscheiden, unter dem der Mensch zwar auch zu leiden hat, der aber niemals in dem Maße die Grundfesten der Welt zu erschüttern vermag, wie dies beim Deus absconditus der Fall ist. Letzterer auferlegt dem Menschen ein Schweigen, wie das Beispiel von Hiob, dem treuen Diener und Anhänger Jahwes, eindrücklich veranschaulicht.

Zunächst aber soll vom verborgenen Gott die Rede sein, dessen Verborgenheit sich in seiner Abwesenheit und in seinem Schweigen manifestiert. Es ist die urmenschliche Erfahrung von Leid, Angst und Not, von Krankheit und Tod, von all jenen Situationen also, in denen Gott dem Menschen ferne ist, in denen er ihm nicht zu helfen und dessen Gebete er nicht zu hören scheint. Bei den jüngeren Weisheitslehren Israels, von denen im folgenden Kapitel die Rede sein wird, führt das zur Feststellung, dass die Geheimnisse der Welt unerforschlich und dem Menschen verschlossen sind. Erst dann möchte ich mich dem Deus absconditus annähern, der dort erscheint, wo wir von einer unheimlichen und dämonischen Seite Jahwes hören. Das eindrücklichste Zeugnis von ihm finden wir im Gottesbild der alttestamentlichen Propheten der vorexilischen Zeit (8. Jh. v. Chr.) und des babylonischen Exils (586-536 v. Chr.). In dieser Phase der tödlichen Bedrohung durch die heranrückenden Streitmächte der Fremdvölker, die zur endgültigen Katastrophe der Zerstörung Jerusalems und der Deportation der jüdischen Oberschicht geführt hat, reifen die tiefsten Gedanken über die Stärke und Kraft des Deus absconditus. Einmal mehr ist es die Zerrissenheit, diesmal ganz realpolitisch gemeint, welche als massa confusa die befruchtende Erde des neuen, am Horizont der Geschichte auftauchenden Gottesbildes präpariert. Einmal mehr ist diese Geburt, in welcher wir psychologisch die spontane Wandlung des dominanten Selbstsymbols, das heißt des Gottesbildes, beobachten können, mit dem Leiden eines Volkes verbunden, dessen Gott sich in ein »Gewand der Finsternis« gehüllt hat (Psalm 18,12), weshalb dieses nur noch klagen kann:
»Furchtbar bist du!
Wer kann bestehen
vor dir ob der Gewalt deines Zornes?«
(Psalm 76,8)

Gottes Schweigen

Die Erfahrung, dass Gott schweigt, dass er dem Einzelnen oder seinem Volk die Hilfe versagt, dass er sich abwendet und trotz größter Not und Bedrängnis nicht eingreift, all das ist eine religiöse Urerfahrung, die uns in zahlreichen altorientalischen Hymnen und Klageliedern überliefert ist. Die Menschen, die im Alten Testament zu Worte kommen, bleiben von diesem Leiden am abwesenden Gott nicht unberührt. Wie eine Wunde, die nicht genesen will, erfährt Jeremia die Abwesenheit Jahwes, wie ein Wasser, auf das kein Verlass ist (Jeremia 15,18). Der Beter in Psalm 10,1 kann den verborgenen Gott nicht begreifen: »Warum, Herr, stehst du ferne, verbirgst dich zu Zeiten der Not?« Und ungeduldig fragt ein anderer: »Wie lange, o Herr, willst du dich noch verbergen, deinen Grimm lodern lassen wie Feuer?« (Psalm 89,47). Und in einem der eindrücklichsten Psalmen heißt es:
»Mein Gott, mein Gott,
warum hast du mich verlassen,
bleibst ferne meiner Rettung
und den Worten meiner Klage?
Mein Gott, ich rufe bei Tage,
und du antwortest nicht
– des Nachts, und finde nicht Ruhe ...
Ich bin ein Wurm
und kein Mensch,
ein Spott der Leute
und verachtet vom Volke ...
Sei nicht ferne von mir,
denn Not ist nahe;
niemand ist, der helfe ...«
(Psalm 22)
Diese individuellen Klagen sind kein Spezifikum des jahwistischen Gottesbildes. Wir finden sie in zum Teil fast wörtlicher Übereinstimmung an die verschiedensten Gottheiten des alten Orients gerichtet, wobei die meisten Texte älter sind als die

alttestamentlichen Psalmen. Wenn ich im Folgenden ein der babylonischen Göttin Ischtar gewidmetes Gebet exemplarisch auswähle, – es mag gegen Ende des zweiten Jahrtausends entstanden sein –, so deshalb, weil diese Göttin (!) dem ambivalenten Wesen, in welchem sich Jahwe verbirgt, wie kaum eine andere Gottheit des alten Orients nahe kommt.[40] Jahwe wie Ischtar walten ganz nach eigenem Gutdünken. Beide sind sie mit Kampf und Krieg eng verbunden, denn der Krieg ist ihre heilige Sache. Sie sind es, die ihrem »Sohn«, dem König, den Sieg zusprechen, aber auch die, welche ihm in ihrem rasenden Zorn ihre Gunst entziehen, sodass der Untergang des Einzelnen beziehungsweise die Vernichtung des ganzen Volkes droht. Beide werden sie geliebt, aber auch gefürchtet, und wehe dem, welchem sie ihre Gunst versagen. Darum die Bitte des alttestamentlichen Beters um Jahwes Nähe in der Not, denn wer sonst könnte das Unglück abwenden? Und darum die Bitte um Ischtars Zuwendung in Todesgefahr, denn wer sonst vermöchte zu helfen?
Voller Hoffnung blickt der Beter auf die Göttin:
»Wo du hinblickst, wird der Tote lebendig ...
Ich habe dich gerufen, ich, dein müder, ermatteter Knecht:
Sieh mich doch an, meine Herrin, nimm an mein Flehen;
getreulich blicke auf mich, hör mein Gebet an! ...
Deine guten Augen mögen über mir sein,
mit deinem glänzenden Antlitz blicke getreulich auf mich!«
Aber da ist keine Hilfe, und so folgt die Klage:
»Über mich gebracht sind Schrecknisse, Abwendung des Antlitzes und rasender Zorn,
Aufgebrachtheit, Grimm (und) zornige Abwendung seitens der Götter und der Menschen ....
Wie lange noch zürnst du, meine Herrin,
(wie lange noch) ist dein Angesicht abgewendet ...?«[41]
Wo sich die Gottheit abwendet, sei es Ischtar, sei es Jahwe, verbreiten sich Schrecken, Not, Krankheit, Niederlage und Tod. Doch immer wieder wird auch die andere Seite des göttlichen Wirkens erfahren: der Sieg über die Feinde, das Ende

von Anfechtung und Verfolgung, die Fülle des Lebens, ob im Kreise der eigenen Familie und der Freunde oder im Nachwuchs der Herden und Gedeihen der Felder. Beide Erfahrungen finden ihren schöpferischen Ausdruck in den zahlreichen Klage- und Lobliedern des alten Orients.

Das Entscheidende aber ist dies: Die dunkle Seite Gottes, von welcher diese Lieder berichten, ist aus einer persönlichen Notsituation heraus gewachsen, die zwar quälend sein mag, aber zeitlich begrenzt ist. Hier geht es nicht um eine grundsätzliche Unerforschbarkeit Gottes, sondern darum, dass dieser seine Hilfe dem Menschen versagt, ohne dass es dazu irgendeiner Begründung bedarf.[42]

Was bedeutet dieses Schweigen Gottes in psychologischer Sprache ausgedrückt? Wie wir gesehen haben, repräsentieren die Götter archetypische Faktoren im Unbewussten, wobei sie entweder zu einer bewusstseinsnäheren oder bewusstseinsferneren Schicht gehören. Die nach eigenem Gutdünken waltende Gottheit verkörpert eine autonome Macht, die tief im Unbewussten verborgen liegt und zumindest im gegenwärtigen Zeitpunkt vom Bewusstsein nicht beeinflusst werden kann. Dass das nicht immer so war, zeigt die Frage des Beters: »Wie lange noch zürnst du, meine Herrin?«. So versinnbildlicht die schweigende Gottheit einen Mangel an Vitalität, den Verlust einer Lebensmöglichkeit, die einem bisher geschenkt worden war. Das wohl häufigste Beispiel dafür ist eine Krankheit oder auch das Zerbrechen einer Liebesbeziehung. Die bisher dem Leben zugeflossene Energie fließt dabei ins Unbewusste ab und kann dem Bewusstsein über Monate oder auch Jahre hinweg entzogen bleiben. Eine depressive Grundstimmung mit der entsprechenden Verdunkelung des Gemüts kann die Folge sein. Je länger ein solcher Zustand anhält, desto mehr leidet der Betroffene, ohne zu wissen woran. Es ist einfach so! Manchmal wird eine solche Lebensphase wohl auch durch einen bedrohlichen Traum eingeleitet. Wie ein Blitz aus heiterem Himmel, gleich einem von einer archaischen Gottheit verhängten Schicksal, kann dieser ins Leben einschlagen.

Ein solches von Gott verhängtes Schicksal kann *überpersönlicher* Natur sein. Dann ist es vom psychologischen Standpunkt her gesehen von großer Wichtigkeit, darum zu wissen, um das damit verbundene Leiden nicht zu sehr in die subjektive Sphäre hineinzuziehen. Davon abzugrenzen ist das neurotische Leiden. Dieses entstammt der eigenen Ichhaftigkeit und Unbewusstheit und hat nicht dieselbe schicksalshafte Natur wie das überpersönliche Leiden, das zum Wesen des irdischen Menschen gehört. Die Natur ist in einen dauernden Wandlungsprozess eingebunden. Was immer geboren wird und erblüht, wird irgendwann einmal auch welken und vergehen. Darum ist es nicht immer die Schuld des Menschen, die den »Zorn Gottes« heraufbeschwört, vielmehr kann dieser gleich einer Naturkatastrophe über einen Menschen hereinbrechen. Es gehört zum Wesen des verborgenen Gottes, dass er sich zeitweise und nach freiem Ermessen zurückzieht oder eben psychologisch gesagt, dass die psychische Energie bisweilen spontan ins Unbewusste abfließt, um sich dort abseits des alltäglichen Lebens auf eine neue Geburt vorzubereiten.

Die für den westlichen Menschen charakteristische Überbewertung des individuellen Bewusstseins und der daraus resultierende Versuch, sich selbst Hilfe zu schaffen, kann das Vertrauen in den verborgen wirkenden Gott zerstören. Wo alles im Brennpunkt des Ich gesehen wird, gehen die überpersönlichen Aspekte des Lebens verloren, ganz zu schweigen von den kosmischen Gesetzen, die unser Leben bestimmen. In einem seiner Seminare über Nietzsches Zarathustra meinte Jung einmal, dass sich die kollektive Situation in jeder Neurose spiegle, was im Klartext heißt, dass jedes persönliche Leiden zumindest mit verursacht ist durch das Leiden in der Welt beziehungsweise durch den krank machenden kollektiven Zeitgeist. Im Blick auf die damalige weltpolitische Lage sagte Jung im Jahre 1935 wörtlich: »Ein Wahn hat die Tendenz sich auszubreiten; in Europa gewinnen sehr abnorme geistige Zustände die Oberhand, und jeder ist mehr oder weniger davon beeinflusst.

Aber es ist typisch für den neurotischen Menschen, dass er immer zuerst sein persönliches Leiden sieht.«[43]
Auch der alttestamentliche Beter sieht zwar sein persönliches Leiden; indem er aber beim verborgenen Gott Hilfe sucht, stellt er dieses in einen größeren Zusammenhang, weil er instinktiv spürt, dass da noch andere Gesetze am Werk sind als die eigenen individuellen Faktoren. Wer sich, wie er es tut, an den Gott wendet, der sich »zu Zeiten der Not verbirgt«, bewahrt damit das Wissen um das Geheimnis eines hintergründigen Geschehens, das wie ein verborgener Strom das Leben des Einzelnen begleitet.

Das Schweigen des Menschen

Die Erfahrung des Leidens haben den Menschen seit eh und je nach den letzten Prinzipien, die diese Welt regieren, fragen lassen. Befriedigen kann aber nur eine Antwort, welche die wechselhafte Gestalt der Wirklichkeit einschließt oder diese doch zumindest zum Ausgangspunkt der geistigen Bemühungen macht.
In großartiger Weise ist der Einbezug der realen, stets ambivalenten Wirklichkeitserfahrung den chinesischen Meistern in ihrem yin-yang-Konzept gelungen. Ursprünglich bezeichnen diese *beiden* Begriffe die beschatteten (yin) und die besonnten (yang) Hänge eines Berges.[44] Es gibt keine Erscheinung auf dieser Welt, die nicht von beiden, komplementären, sich stets wechselseitig ablösenden Prinzipien, die gemeinsam einen vollen Zyklus bilden, bestimmt sind. Das Ganze ist das Tao, das in allem wirksam ist. »Einmal yin, einmal yang, das ist Tao!« oder »Hier das Licht, dort die Finsternis.« – »Hier das Beschattete, dort das Besonnte!« usw. Der Mensch aber ist dem ewigen Wechsel nicht tatenlos ausgeliefert. Es ist vielmehr die vor-

nehmste Aufgabe des Fürsten, das heißt des königlichen Menschen, sich als Ordner des kosmischen Rhythmus zu betätigen. Er ist verantwortlich für das Fest der Vereinigung männlicher und weiblicher Wesenskräfte. Der Regenbogen mit seinen hellen und dunklen Farben ist das sichtbare Zeichen dieser Vereinigung und, wo er am Himmel erscheint, ist die Einheit des Kosmos glücklich wieder hergestellt.

Dieser Wiederherstellung der Einheit des Kosmos dient letztlich jede fruchtbare Auseinandersetzung mit dem Unbewussten. Wie bereits erwähnt, haben die Träume eine kompensatorische Funktion, indem ihre Botschaft auf den Ausgleich der Einseitigkeit des bewussten Standpunktes zielt. Wenn wir ihnen unsere Aufmerksamkeit schenken, indem wir sie so gewissenhaft wie möglich zu deuten versuchen, unterstützen wir damit erfahrungsgemäß die natürliche Heilungstendenz der unbewussten Psyche. Wenn etwa der »Sonnenhang«, das heißt die Helle des Bewusstseinsprinzips zu sehr im Vordergrund steht, tauchen mit großer Wahrscheinlichkeit im Inneren dunkle und chaotische Bilder auf, denn auch die dunklen Kräfte des Lebens wollen zur Hochzeit geladen werden. Jede Vereinigung erfordert den Ausgleich der Gegensätze. Dieser Ausgleich der kosmischen Kräfte steht im Vordergrund vieler religiöser Systeme. Immer geht es dabei darum, dass jedes Wesen, den Platz einnimmt, der ihm zugeschrieben ist. – Das vermag eine indische Tierfabel schön zu veranschaulichen:[45]
Sie handelt von einem Tigerjungen, das zwischen Ziegen aufwuchs. Von diesen in mütterlicher Liebe angenommen, lernte es die Ziegensprache und passte seine Stimme ihrem sanften Meckern an. Doch eines Tages brach ein starker alter Tiger in die Herde ein. Alle stoben auseinander, nur das Tigerjunge blieb furchtlos stehen und starrte das schreckliche Dschungelwesen verblüfft an. Auch der große Tiger verwunderte sich sehr. Plötzlich fragte er: »Was tust du hier unter den Ziegen?« Das sonderbare kleine Wesen meckerte. Der Alte wurde nun wirklich Furcht erregend. Er brüllte: »Was soll dieser alberne Laut?« Und ehe der Kleine antworten konnte, packte er ihn

beim Kragen und schüttelte ihn tüchtig. Dann schleppte er ihn zu einem nahen Teich und ließ ihn hineinblicken. »Schau dein Bild im Wasser an, bist du nicht ganz wie ich? Warum bildest du dir ein, eine Ziege zu sein?« Und wiederum packte ihn der Alte und trug ihn bis zu seiner Höhle, wo er ihm ein von seinem letzten Mahl übrig gebliebenes Stück blutigen rohen Fleisches vorlegte. Das Tigerjunge schüttelte sich vor Ekel. Aber der Alte befahl schroff: »Nimm das! Friss! Schluck es hinunter!« Mit kläglichem Meckern würgte dieses die ersten Bissen hinunter, fand aber bald Geschmack am Blut und fraß den Rest mit großer Lust. Es leckte sich die Lefzen, erhob sich und riss das Maul zu einem riesigen Gähnen auf, so als erwache es aus tiefem Schlaf – einem Schlaf, der es jahrelang in seinem Bann gehalten hatte und plötzlich brach ein Furcht erregendes triumphierendes Tigerbrüllen aus seiner Kehle.

Die Verwandlung war geglückt. Als das Brüllen verstummt war, fragte der Alte: »Weißt du jetzt, was du wirklich bist? Komm mit mir in den Dschungel, du sollst lernen, der Tiger zu werden, der du immer schon warst.«

Die Geschichte, die kurz vor Buddhas Geburt (um 563 v. Chr.) entstanden sein mag, verlegt das Gewicht auf die Wiederentdeckung des Selbst als der tiefverborgenen, aber vergessenen transzendentalen Seele (*atman*). Wer diesen göttlichen Urgrund in sich erkennt – »Herrlich bin ich!« –, der vermag die Vielfalt der Welt als Erscheinungsformen einer weltweiten Illusion zu durchschauen und so den Zauber der Selbst-Vergessenheit zu überwinden.[46] Das Wissen um das Selbst befreit ihn vom trügerischen Schein der äußeren Welt.

»Wunschlos, weise, unsterblich, von selbst geworden, von Lebenssaft gesättigt, an nichts Mangel leidend, wer diesen erkannt hat, der fürchtet sich nicht vor dem Tod, ihn den weisen, alterslosen, *ewig jugendlichen Atman*.«[47]

Die tiefste Schicht des »subjektiven Ich« ist mit dem Fundament des objektiven Universums identisch (Atman-Brahman).[48] Die faszinierende Kraft der östlichen Weisheitslehren beruht darin, dass es hier in hohem Maße gelungen ist, den

Menschen im Lichte der kosmischen Kräfte zu sehen. Der Mensch ist Teilhaber am Universum, denn beide, Mikro- und Makrokosmos, berühren sich aufs Innigste. Wer die »heilige Kraft« in sich selbst kennt, kennt den höchsten Gott.[49] Die Vorstellung von der Identität des kosmischen Menschen mit dem gesamten All wurzelt in der vorarischen religiösen Welt Indiens.[50] Während im altorientalischen Raum das Göttliche wesentlich in anthropomorpher Gestalt erscheint, bleibt es in der indischen Tradition immer mit dem kosmischen Prinzip verbunden. Das zeigt sich im Mythos vom *ersten Menschen*. Jahwe schuf diesen *nach seinem Bilde*, zwar irdisch und vergänglich, aber eben doch nach seinem Bilde. Im Gegensatz zu dieser sumerisch-semitischen Tradition ist in der religiösen Welt Indiens der Urmensch nicht Gott, »sondern der Organismus der Welt selbst. Der ganze Kosmos hat nach diesem Glauben menschliche Gestalt.«[51] Hier fehlt die Anschauung von einem Schöpfergott, der den Menschen aus freiem Willen geschaffen hat, denn alle Dinge, auch der Mensch, sind ein Widerschein des einen ewigen Selbst (Atman-Brahman). Stoff und Geist können deshalb letztlich nicht voneinander geschieden werden.

Demgegenüber hat Jahwe als Schöpfer und Gestalter des Menschen von allem Anfang an eine persönliche, um nicht zu sagen intime Beziehung zu seinen Geschöpfen. Wenn Gott im ersten Schöpfungsbericht (Genesis 1,1-2,4a) die Menschen erschuf, weil er ein Bild haben wollte, dann scheint er dies im zweiten (älteren) Bericht (Genesis 2,4b-25) deshalb getan zu haben, weil er nicht allein sein wollte.[52] Doch diese Beziehung verpflichtet den Menschen zu dem, was das Alte Testament als Bundesliebe bezeichnet. Von diesem personalen Bund ist alle Erkenntnis des jüdischen Weisen abhängig. Das ist mit dem berühmten Satz aus Sprüche 1,7 gemeint: *Timor Dei initium sapientiae* ... – »Die Furcht Jahwes ist der Anfang der Erkenntnis, Weisheit und Zucht, (nur) die Toren verachten sie.« Die Ehrfurcht vor oder das Wissen um Gott – dem hebräischen Wort fehlt jeder moralische Beiklang –, diese Ehrfurcht, welche Gottes Pläne letztlich nie zu durchschauen vermag, ist nach jüdischer Auffassung die Grundvoraussetzung jeder wirklichen Bewusstwerdung.

Der Bund, den Gott nach der großen Katastrophe der Sintflut mit Noah geschlossen hat (Genesis 6,18), soll die Menschheit vor der zerstörerischen Seite Jahwes bewahren. Wer Gott fürchtet oder liebt, was praktisch dasselbe ist (Deuteronomium 10,12) und wer die Gesetze einhält (Deuteronomium 11,1;8), mag dem vernichtenden Zorn Gottes entgehen. So haben alle Erkenntnisbemühungen Israels diese eine Grundrichtung: den Menschen vor den furchtbaren Seiten des Deus absconditus zu schützen. Das verleiht der Weisheit Israels eine tiefe Menschlichkeit, aber auch einen gewissen konservativen und ängstlichen Zug. Erkenntnis dient der Erhaltung des Bestehenden, das heißt im Klartext: dessen, was Jahwe gesetzt hat.

Das jüdische Weisheitskonzept, besonders dessen Humanität, ist in starkem Maße ins Christentum eingeflossen. Hier liegen die Wurzeln für die Tendenz des heutigen, westlichen Menschen, dem subjektiven Ich eine zu große Bedeutung beizumessen und angesichts des Leidens zu viel Eigenverantwortung zu übernehmen. Wo der kosmische Zusammenhang verloren geht, bleibt der Mensch dem göttlichen Willen allein ausgeliefert. Ob das nun zu frommer Ergebung oder zu einem rebellischen Protest führt, hier wie dort wird das Leben in und mit dem Kosmos aus den Augen verloren, was eine fatale Entfremdung von den kosmischen Gesetzen zur Folge hat. Im ersten Fall neigt der Mensch dazu, sich den Ansprüchen des Kollektivs so weit als möglich zu fügen, was die Gefahr in sich birgt, dass die eigene Persönlichkeit, seine Löwennatur, im Massenmenschen erstickt. Im andern Fall, den Nietzsche in seinem Übermenschen vorgezeichnet hat, identifiziert sich das Ich mit dem höheren Selbst, was einer Hybris des individuellen Bewusstseins gleichkommt. Auch diese muss, wie C.G. Jung immer wieder betont hat, zu einer katastrophalen Zerstörung des Individuums führen (GW 12, § 559).

Selbst wenn die jüdische Weisheitslehre und das ihr zugrunde liegende Gottesbild diese Tendenzen, mit deren Gefahren wir heute so bedrohlich konfrontiert sind, in sich bergen, so können diese dennoch niemals für die gegenwärtige Entwicklung verantwortlich gemacht werden. Religiöse Aussagen sind seelische Bekenntnisse, die letztlich auf unbewussten, das heißt transzendentalen Vorgängen beruhen (GW 11, § 555). Sie entstammen nicht primär dem menschlichen Nachdenken, sondern dem seelischen Erleben, dessen Ursprung in der objektiven Psyche liegt. Ihre Gültigkeit beschränkt sich zunächst auf die gegenwärtige Zeitgeschichte, in diesem Fall auf die Geschichte des Volkes Israel, sind aber, wenn auch in abgewandelter Form, weit darüber hinaus wirksam.[53] Wie die Beispiele der alttestamentlichen Propheten oder von Hiob zeigen, waren es immer die herausragenden Persönlichkeiten Einzelner, welche um die Wandlung des Gottesbildes gerungen haben, und immer haben sie das im Rückblick auf die und in der Konfrontation mit der Tradition getan. In diesem Sinne möchte ich mich nun mit einigen zentralen Gedanken der jüdischen Weisheitslehre beschäftigen.

In den späteren Schriften des Alten Testamentes ist die Unergründlichkeit des verborgenen Wirkens Jahwes zusehends betont worden. Dieser Aspekt der Verborgenheit Gottes und seines Wirkens ist im jüdischen Denken tief verwurzelt. Zwar finden wir denselben Gedanken auch in der Weisheitsliteratur Ägyptens und Mesopotamiens, aber nur selten wird die *Unerforschbarkeit der Welt* so pointiert geschildert wie in der jüngeren Weisheitslehre des Judentums[54], was dieser einen fatalistischen Zug verleiht. Die Einsicht, dass der Erkenntnis des Menschen klare Grenzen gesetzt und die Pläne Gottes nicht zu ergründen sind, kann ganz unterschiedliche Reaktionen hervorrufen. Hiob etwa lehnt sich gegen die Ungerechtigkeit Jahwes auf, um schließlich in weiser Zurückhaltung zu schweigen, während die Stimmungslage des Predigers zwischen frommer Ergebung und Resignation hin und her schwankt. Erst in späten Schriften wie der »Weisheit Salomos« wird ein tiefer Pessimismus spürbar. Diese Zeugnisse unterscheiden sich vom religiös gefärbten Humanismus der älteren Weisheit, wie er besonders deutlich in den Proverbien (Sprüche Salomos) 10-29 hervortritt. Diese sind von einer aufgeklärten, optimistischen Geistigkeit durchdrungen. Während es dem Toren an Realismus mangelt – »Frau Torheit ist ein erregtes Ding« (Sprüche 9,13) –, setzt der Weise sein Vertrauen auf den Herrn und vermag den »Bauplan der Welt« in Gottes Schöpfungswerken zu erkennen. Die göttliche Weisheit ist konkret erfahrbar. Im Geheimnis der Welt begegnet der Gottesfürchtige unmittelbar dem Geheimnis Gottes.

Von dieser aufgeklärten Geisteshaltung weichen die Verfasser der jüngeren Weisheitsschriften (Hiob, Prediger, Jesus Sirach) ab und betonen mehr und mehr die Grenzen der Einsicht. »Alles hat er (der Schöpfergott) schön gemacht zu seiner Zeit«, klagt der Prediger, »auch die Ewigkeit hat er ihnen ins Herz gelegt, nur dass der Mensch das Werk, das Gott gemacht hat, von Anfang bis zu Ende nicht fassen kann« (Prediger 3,11). Und auch für Hiob besteht kein Zweifel darüber, dass der Mensch unfähig ist, Gottes Pläne zu durchschauen: »Doch die Weisheit – wo ist sie zu finden? Wo ist die Stätte der Erkenntnis? Der Mensch kennt nicht den Weg zu ihr, sie ist nicht zu finden im Lande der Lebendigen. ... Verhüllt ist sie den Augen alles Lebendigen, und den Vögeln des Himmels ist sie verborgen« (Hiob 28,12f. u. 21).

Die Frage, die Hiobs »Freunde« so beschäftigt, ob Hiob eine Schuld an seinem Unglück treffe oder nicht, was diese bekanntlich bejahen, indem sie ihm einen gottlosen Lebenswandel vorwerfen, diese Frage ist noch ganz dem Denken der älteren Weisheit verhaftet, einem Denken, in welchem zwischen dem Tun des Menschen und seinem Wohlergehen beziehungsweise seinem Leiden ein kausaler Zusammenhang hergestellt wird. Demgegenüber liegt Hiobs tiefe Einsicht darin, dass er die Doppelnatur Jahwes durchschaut und trotzdem oder gerade deswegen an Gott festhält: »Siehe, ich bin zu gering, was soll ich dir antworten? Ich lege die Hand auf meinen Mund. Einmal habe ich geredet und wiederhole es nicht, zweimal, und tue es nicht wieder« (Hiob 39,34f.). Der Erkenntnis Hiobs geht eine lange Gottesrede voraus (Hiob 38f.), worin Jahwe seine Schöpfertaten schildert. Er war es, der in mythischer Urzeit mit den Elementen gerungen hat, der einem jeden Gestirn seinen festen Platz am Firmament und einem jeden Tier seinen Ort inmitten der grandiosen Schöpfung gegeben hat, der Bärin, dem Löwen und Wildochsen, dem Wildesel und Strauß, – einem jeden gab er die ihm gemäße Bestimmung. Auffallend ist, dass der Mensch kaum erwähnt wird: »Wo warst du, als ich die Erde gründete?« (38,4). Gottes Schöpfung, auch und gerade die Welt der Tiere, transzendiert den Menschen, weshalb diesem das Recht abgesprochen wird, sich selbst in den Mittelpunkt zu setzen.

Hiob hat die explosive Spannung und Dynamik in Jahwe erkannt und *schweigt*. Angesichts der »totalen inneren Gegensätzlichkeit« (GW 11, § 567) seines göttlichen Gegenübers, das gleich einer Naturgewalt ohne erkennbare Gesetzmäßigkeit und frei von jeglicher moralischer Integrität zu walten scheint, ist das Schweigen die einzig mögliche Antwort. So will es, wie Plotin sagt, das Gesetz der Natur: »Wollte einer sie (die Natur) fragen, um wessentwillen sie schafft, und sie ließe sich herbei, auf den Frager zu hören und Rede zu stehen, so würde sie wohl antworten: ›Eigentlich gebührte sich's nicht zu fragen, sondern ... schweigend zu verstehen, so wie ich schweige und nicht gewohnt bin zu reden.‹«[55]

In vielen Märchen muss der Held oder die Heldin das ihm oder ihr auferlegte Leiden schweigend ertragen und auch den Initianden archaischer Initiationsriten ist trotz des ihnen zugefügten Schmerzes Schweigen geboten. Das mag einerseits eine Mutprobe sein, bedeutet aber andererseits auch, mit der dunklen Macht keinen Kontakt aufzunehmen. »Ähnlich mussten auch die antiken Mysten auf ihrem Wege zur unterirdischen Persephone sich verhüllen und schweigen, und das Wort *myein* (einweihen) bedeutet schließen (der Augen und Ohren.).«[56] Das Schweigen dient hier dem eigenen Schutz, um von der mit der dunklen Gottheit verbundenen seelischen Emotion nicht überwältigt zu werden.

Man könnte deshalb sagen, dass Hiobs Schweigen ihn davor bewahrt, an Jahwes Antinomie zugrunde zu gehen. Und was Jahwe selbst betrifft, so scheint dieser durch Hiobs Nicht-Tun und Nicht-Reagieren von seinem Zorn erlöst worden zu sein. Wer der inneren Dämonie die Antwort verweigert, kann diese zum Schweigen bringen oder gar erlösen. In all diesen Fällen hat das Mit-Leiden am Leiden der Welt eine erlösende Wirkung. Wir nähern uns hier dem Geheimnis der Begegnung mit dem Deus absconditus an, doch soll diese Spur jetzt wieder verlassen werden, um auf die Weisheit Israels zurückzukommen.

Erkenntnis jeglicher Art, also auch Selbsterkenntnis, schließt das Wissen um Jahwe, ja die Bindung an ihn notwendig ein. Das ist die Grundvoraussetzung der gesamten Erkenntnistheorie Israels.[57] Doch wenn es stimmt, dass alles, was auf der Welt geschieht, mit Jahwe verbunden ist, wo, so ist zu fragen, hat dann der Deus absconditus, die dunkle, grausame und zerstörerisch-schöpferische Seite des Kosmos ihren Platz in Gott? Die Lehrer der alttestamentlichen Weisheit haben darauf keine klare Antwort, es sei denn eben diejenige, dass sie von den göttlichen Geheimnissen gesprochen haben, beziehungsweise von der Unfähigkeit des Menschen, diese zu durchschauen:

»Es gibt keine Weisheit, keine Einsicht,
keinen Rat gegenüber Jahwe.
Das Ross wird gerüstet für den Tag der Schlacht,
aber der Sieg steht bei Jahwe.«
(Sprüche 21,30f.)

Mit der Vernunft ist diesem Geheimnis nicht beizukommen, denn unübersteigbare Mauern dessen, was nicht zu deuten ist, versperren ihr die Sicht. Bei Hiob allerdings, und darin stellt er innerhalb der weisheitlichen Tradition *die* große Ausnahme dar, führte das zu einer existenziellen Zerreißprobe seines Vertrauens in Gott. Dass er die Probe bestanden hat und auch das gänzlich Inkommensurable in Gott akzeptieren konnte, macht die Einmaligkeit seines Zeugnisses aus. Kein anderer seiner Zeit war dem Deus absconditus so nahe wie er, denn kein anderer vermochte so deutlich zu sehen, dass die Bedrohung des Menschen von Gottes ambivalentem Wesen selbst herkommt.

Was die alttestamentlichen Weisheitslehrer *theologisch* formuliert haben, entspricht der *psychologischen* Einsicht, dass es keine wahre Selbst-Erkenntnis ohne eine lebendige Beziehung zum Selbst als dem Andern in mir gibt, das sich als Unbekanntes dem Ichbewusstsein letztlich entzieht. Dieses Andere als einem Neutrum setzt nichts voraus als ein »Objekt, von dem nicht einmal Personalität feststeht«. In seiner Neutralität transzendiert es vielmehr die Sphäre des Persönlichen (wie Jahwes Welt der Wildtiere!). »Nicht das subjektive Ichbewusstsein der Psyche ist gemeint, sondern sie selber ist das unbekannte, unpräjudizierte und noch zu erforschende Objekt« (GW 9,2, § 252).

Jede tiefe Erkenntnis, auch die Gotteserkenntnis, beginnt im Verborgenen, Unbekannten und Fremden. Dieser Satz aus dem ersten Kapitel kann jetzt ergänzt werden: *weil der Blick auf das Verborgene den Menschen von sich selbst befreien kann.* Das Wissen um das verborgene Wesen Gottes, das die jüdischen Weisheitslehrer so sehr betont haben, könnte den aufgeklärten Menschen von der Überschätzung des Bewusstseins befreien und damit von der Befangenheit in sich selbst, denn »ein aufgeblasenes Bewusstsein ist immer egozentrisch und nur seiner eigenen Gegenwart bewusst« (GW 12, § 563). Diesem dunklen göttlichen Geist haben sich die Alchemisten in ihren oft skurrilen Forschungen verschrieben und ihm dient letztlich auch die Aufgabe der Individuation, die gemäß Jung »das noch sehr dunkle und erforschungsbedürftige Gebiet der persönlichkeitsbildenden Zentrierungsvorgänge im Unbewussten« bezeichnet (GW 12, § 564).

Der unheimliche Gott

Die Bestimmung des Heiligen durch Rudolf Otto als *fascinosum et tremendum*, als das, was fasziniert und zugleich erschreckt, offenbart einen weiteren Aspekt des Gottesbildes, wie wir ihm in vielen Religionen begegnen. Doch kaum eine andere Gottheit der altorientalischen Völker vereinigt so viele Gegensätzlichkeiten, Paradoxien und Antinomien in sich wie der jahwistische Gott des Alten Testaments. Es war eine großartige Leistung der religiösen Denker der Vorexils- und der Exilszeit, dass sie die unterschiedlichsten göttlichen Eigenschaften, auch die dunkelsten, unheimlichen und dämonischen Züge, mit dem *einen* Gott verbunden haben.
In ihrer Besinnung auf den Einen haben die alttestamentlichen Propheten das Absinken in Magie und Beschwörungszauber, wie wir es aus der spätägyptischen und hellenistischen Zeit kennen, verhindert, indem sie dem religiösen Pluralismus eine einheitliche ethisch-religiöse Kraft entgegenzusetzen vermochten. Von allen Seiten bedroht, konzentrieren sie sich auf die eine Mitte, was zu einem Gottesbild von einer geradezu explosiven Sprengkraft führt.
Wo dieser Gott naht, da »wankt und schwankt die Erde in ihren Grundfesten, ... denn er ist zornentbrannt. Da steigt Rauch auf in seiner Nase, aus seinem Munde entweicht ein verzehrendes Feuer und glühende Kohlen sprühen aus ihm« (Psalm 18,8f.). Wie ein alter Wettergott offenbart er sich seinem Volk am Berge Sinai im Schrecken der Elementargewalten. Er selbst warnt die Seinen vor seinem tödlichen Zorn, denn wer auch nur den Berg berührt, auf dem er erscheint, ist des Todes (Exodus 19,12). Das Volk weiß um die Gefahr: »Gott soll nicht mit uns reden, sonst müssen wir sterben« (Exodus 20,19). Nur Mose und Aaron dürfen sich ihm nähern, ihm, dessen Herrlichkeit (!) »wie ein verzehrendes Feuer auf dem Gipfel des Berges« (Exodus 24,17 [P]) ist. Sein Antlitz zu sehen, bleibt aber auch Mose verwehrt: »Du kannst mein Antlitz nicht

schauen, denn kein Mensch bleibt am Leben, der mich schaut«
(Exodus 33,20), sagt Jahwe zu seinem Knecht und ermahnt
ihn, sich, während er an ihm vorübergeht, in einer Felskluft zu
verstecken.
Nicht nur der mosaische Gott, auch derjenige der Propheten
des 8. und 7. Jahrhunderts v. Chr. (Jesaja, Amos, Hosea, Jeremia) hat dämonische Züge.[58] Völlig erschüttert und mit gebrochenem Herzen taumelt Jeremia wie ein Betrunkener »wegen
des Herrn und seiner Worte« (Jeremia 23,9). Auch Amos ergeht es nicht anders: Noch in seiner letzten Vision sieht er Jahwes gnadenlosen Zorn, dem keiner entgehen kann, denn Israel
soll erwürgt werden bis auf den letzten Rest[59]; selbst jene, die
gefangen vor ihren Feinden herlaufen, gebietet Jahwe zu töten
(Amos 9,1-4), denn: »Ich richte mein Auge auf sie zum Bösen
und nicht zum Guten.«
Noch als sich die jüdische Religion längst zu einem einheitlichen Gottesbild durchgerungen hat, bleiben die dämonischen
Züge Jahwes erhalten. In den Angriffen Jahwes, denen sein
treuer Knecht Hiob ausgeliefert ist, erfahren sie nochmals eine,
wohl kaum mehr zu überbietende Steigerung. Auf der einen
Seite ein übermächtiger Gott, dessen Pakt mit dem Satan mehr
als zweifelhaft ist, auf der anderen der völlig wehrlose Mensch,
der nur noch schreien kann: Gewalt! (Hiob 19,7)
Ob solcher Gewalt fällt es schwer, an einen gerechten Gott zu
glauben. Wo das *tremendum*, das Erschreckende, einbricht,
wird die alltäglich-»christliche« Vorstellung vom gnädigen,
Segen spendenden und »lieben« Gott erschüttert. »Seit der
Apokalypse wissen wir wieder«, schreibt Jung im Rückblick
auf die unheimliche Seite Jahwes, »dass Gott nicht nur zu lieben, sondern auch zu fürchten ist. Er erfüllt uns mit Gutem
und mit Bösem, sonst wäre er ja nicht zu fürchten, und weil er
Mensch werden will, muss die Einigung seiner Antinomie im
Menschen stattfinden. Das bedeutet für den Menschen eine
neue Verantwortlichkeit. Er kann sich jetzt nicht mehr mit
seiner Kleinheit und Nichtigkeit herausreden, denn der dunkle Gott hat ihm die Atombombe und die chemischen Kampf-

stoffe in die Hand gedrückt und ihm damit die Macht gegeben, die apokalyptischen Zornschalen über seine Mitmenschen auszugießen. Da ihm sozusagen göttliche Macht geworden, kann er nicht mehr blind und unbewusst bleiben. Er muss um die Natur Gottes und um das, was in der Metaphysik vorgeht, *wissen, damit er sich selbst verstehe und dadurch Gott erkenne*« (GW 11, § 747; Hervorhebung A.S.).

Das Unheimliche des zu fürchtenden Gottes und des Menschen, dem göttliche Macht in die Hand gegeben ist, sind einander so nahe gerückt, dass sie sich praktisch nicht mehr unterscheiden lassen. Die christliche Lehre vom nur guten Gott (Gott als das *summum bonum*) erweist sich, wo wir den Deus absconditus berühren, als zu schwach. Wie Jung im »Aion« in eindrücklicher Weise erörtert hat, ist es eine bedenkliche Verharmlosung des Bösen, wenn dessen Ursprung allein im Menschen und seinem Leichtsinn gesehen wird (GW 9,2, § 114). Dadurch nämlich wird dem Menschen eine fatale Macht zugeschrieben. »Wenn diese übergroße Macht des Bösen der Seele zugetraut wird, so kann daraus nur eine negative Inflation, das heißt ein ebenso dämonischer Machtanspruch des Unbewussten und damit eine Intensivierung desselben entstehen« (ebenda). Die Tendenz der christlichen Lehre, in Gott nur das Gute sehen zu wollen, belastet den Menschen mit der dunklen Seite Gottes. Dieser Belastung ist das Ich naturgemäß nicht gewachsen, auch wenn es noch so sehr versuchen wird, das Geschick der Welt selbst in die Hand zu nehmen. Das Böse muss als solches anerkannt werden und je mehr es gelingt, ihm eine Realität zuzubilligen, desto eher kann ein Weg gefunden werden, ihm standzuhalten. Die Natur ist nicht gut, sie ist auch nicht schlecht, sondern beides zugleich. Wie Hiob erkannt hat, ist die Substantialität des Bösen eine nicht zu leugnende Wirklichkeit. Jung zitiert in diesem Zusammenhang eine schöne Midraschstelle zu Genesis 18,23 (Abrahams Fürbitte für Sodom gegenüber Jahwes Absicht, die Stadt vollständig auszulöschen): »Willst du eine Welt haben, so darf es kein strenges Recht geben. Willst du Recht haben, so gibt es keine Welt.

Du willst beides auf einmal haben. Wenn du nicht etwas nachgibst, kann die Welt nicht bestehen.«[60]
Die Alchemisten sind noch einen Schritt weitergegangen. Nicht nur, dass sie den in der Materie verborgenen Gott gesucht haben, sie fanden in diesem gar, wie Khunrath, ein Meister aus dem 17. Jahrhundert sagt, ein »Heilmittel wider alle Gebrechlichkeit«: »Allhier studiere, meditiere, schwitze, arbeite, koche, und lass dich kochens nicht verdrießen, so wird sich dir eröffnen eine heilsame Flut, welche auß dem Hertzen des Sohns der großen Welt entspringt, wider alle Gebrechlichkeit ...«[61] Mit dem Sohn der großen Welt, dem *filius macrocosmi*, ist der alchemistische Lapis gemeint, ein Symbol des »inneren« Christus, des *Deus in homine*. Wie Jung in seiner Arbeit über die Visionen des Zosimos ausführt, kommt dieses Bild »nicht aus dem bewussten Geiste des individuellen Menschen, sondern aus jenen psychischen Grenzgebieten, *die in das Geheimnis der Weltmaterie münden*« (GW 13, § 127). Das ist der von den Alchemisten mit der Materie verbundene Deus absconditus. Was die Alchemisten in ihren Bemühungen um den im Stoff verborgenen Geist gesucht haben, ist der im Makrokosmos ruhende Deus absconditus, in welchem gemäß Khunrath das Heilmittel verborgen liegt. Mit dem Heilmittel ist auf der subjektiven Ebene die Festigung der Persönlichkeit gemeint, wobei es um den inneren Menschen und dessen paradoxe Natur geht. Um diesen freizulegen, müssen die Vorurteile, Meinungen und Projektionen, die ein Mensch mit sich herumschleppt, so weit wie möglich abgebaut werden, um dem schöpferischen Geist selbst dem ihm gebührenden Spielraum zu überlassen.
Schon die frühchristliche Tradition kennt die Idee vom Ablegen des alten Adams, der den Tod in die Welt gebracht hat (Römer 5) und vom lebendig machenden Geist, der durch Christus in die Welt gekommen ist (1 Korinther 15,45-49). Anspielend auf die Taufe, heißt es dann bei Pseudo-Clemens: »Wenn ihr nun wollt, dass ihr das Kleid des göttlichen Geistes bekommt, so eifert, zuerst euer schmutziges Gewand (den unreinen Geist) und das besudelte Kleid auszuziehen.«[62] Die Idee

vom Anziehen des Lichtgewandes, in welchem die himmlische Herrlichkeit des Menschen aufleuchtet, ist jüdischen Ursprungs und führt bei dem Alexandriner Philo zur grundsätzlichen Abwertung des Körpers.[63]
Die Unnahbarkeit Gottes zu wahren, scheint, um auf das Alte Testament zurückzukommen, die psychologische Bedeutung des Bilderverbots zu sein, mit welchem der am Sinai offenbarte Dekalog beginnt (Exodus 19,4). Darin wird jegliche Projektion auf Jahwe untersagt, denn dieser möchte ein verborgener Gott bleiben. Das Göttliche lässt sich nicht festlegen, definieren oder im Bilde festhalten. Der in der unbewussten Psyche verborgene Gott muss sich selbst enthüllen, wie Jahwe es am Sinai tut, was ein erschreckendes, zugleich aber auch faszinierendes Geschehen ist.
Viele Meister der Alchemie haben die Autonomie des Göttlichen gewahrt, indem sie wiederholt betont haben, dass ihre Kunst allein eine »Gabe des heiligen Geistes« sei und nur mit Gottes Gnaden zum Erfolg führen könne![64] So sagt Hermes: »Diese Kunst und Wissenschafft hab ich aus Inspiration oder Eingeistung des Allein wahren lebendigen Gottes, der allergnädigst geruhet hat, mir seinem Diener dieselbe zu offenbahren.«[65] Weil es darin um Inspiration durch den göttlichen Geist geht, muss der Adept sich davor hüten, in ungebührender Weise einzugreifen: »Du darffst alsdann dein Gefäß nicht ändern, noch auffmachen, sondern nur dass Gott dasselbe behüte, auff dass es nicht zerbreche.«[66]
Wo wie im alttestamentlichen Gottesbild die dämonische Seite Gottes so stark betont wird, berühren wir einen letztlich unzugänglichen Aspekt des Selbst, von dem eine tödliche Bedrohung und Zerstörung ebenso wie eine inspirierende und belebende Wirkung ausgehen kann. Es ist dies der unbewusste Geist oder Lebensstrom, ein dynamischer Aspekt der Psyche, von welchem alle therapeutischen Bemühungen abhängig sind. Wo er in seiner dunklen, zerstörerischen Form auftritt, muss der Mensch schweigen und geduldig abseits stehen, bis sich das Dunkel lichtet. Wie Mose in der Felskluft mit der

schützenden Hand Gottes vor den Augen (Exodus 33,22), gilt es, unwissend und blind auszuharren, bis ES vorüber ist. In der Begegnung mit der autonomen Macht der Psyche zählt zunächst nur das Erlebnis selbst. Jedes Heilen- oder Machenwollen, alle theoretischen Erklärungen und psychologischen Techniken sind hier fehl am Platz, weil sie den autonomen schöpferischen Geist des Unbewussten in die menschliche Sphäre hineinzwingen wollen und damit zerstören.[67]

Die Sinai-Erzählung (Exodus 19f.) berichtet in überaus differenzierter Weise vom Umgang mit dem erschreckenden Aspekt des Göttlichen. Wenn Mose einen hegenden Kreis (Mandala) um den Berg der Gottesoffenbarung zieht, um das Volk vor der Begegnung mit dem Heiligen zu schützen, so liegt darin eine tiefe psychologische Wahrheit. Selbst wenn der höhere Mensch in uns, der *filius philosophorum*, der Anthropos, der königliche Mensch oder wie immer er heißen mag, sich dem in den dunklen Wolken verborgenen Gott annähern kann (Mose/Aaron), so muss doch das *Volk*, welches psychologisch die kollektiven, relativ unbewussten Seiten in uns repräsentiert, eine vorsichtige Distanz wahren. So wie uns der auf das Selbst bezogene königliche Mensch in uns mit dem unbewussten, schöpferischen und inspirierenden göttlichen Geist verbindet, so sehr sorgt das »Volk in uns« dafür, dass wir mit beiden Füßen auf dem Boden der Realität bleiben. Das Volk der Israeliten verhält sich weise, – oder vielleicht wäre besser zu sagen: instinktiv richtig, denn es handelt sich hier mehr um eine instinktive Weisheit –, wenn es seinen Führer bittet: »Rede du mit uns, so wollen wir zuhören« (Exodus 20,18). Psychologisch entspricht das dem Dialog mit dem inneren Menschen, der immer dann nötig ist, wenn der innere Lebensfluss ins Stocken gerät. Wo die seelische Energie wie beim Volk der Israeliten in der wasserlosen Wüste (Exodus 17,1ff.) nicht mehr fließt, weil die Quelle versiegt ist, da können wir uns durch die sorgfältige Beachtung unserer Träume oder durch die Begegnung mit den inneren Figuren und Inhalten der Seele in der Aktiven Imagination erneut an den unbewussten Lebensstrom anschließen, an jene Quelle der »Eingeistung«, die uns mit neuem Leben zu erfüllen vermag. Freilich, diesen Weg sind wir niemals zu Ende gegangen, denn immer ist da noch dieses »Volk in uns«, das mehr oder weniger unentwickelt und undifferenziert ist, ganz zu schweigen von den tieferen Schichten des Unbewussten, in welchen wir mit einer dunklen Vorwelt verbunden bleiben, die als solche nicht bewusstseinsfähig ist.

Die Begegnung mit dem verborgenen Gott in seinem dämonischen Aspekt ist ein religiöses Urerlebnis, das zerstört oder heilt, sicher aber nicht unberührt lässt. Wer geheilt daraus hervorgeht, besitzt, wie Dorneus (16./17. Jahrhundert) sagt, eine »höchste Kraft«, eine »unüberwindliche Festung« und ein »unbestreitbares Pfand«. Von nun an weiß er um das himmlische Jerusalem, das sich im Innern der Seele befindet: »In dieser Burg ist der wahre und unzweifelhafte Stein und Schatz der Philosophen verwahrt, der weder von Motten gefressen noch von Dieben vergraben wird, sondern in Ewigkeit bleibt, wenn alles andere verschwunden ist, den Vielen zum Verderben bereitet, anderen aber zum Heil. Dieses Ding (*res*) ist dem Pöbel höchst billig, am meisten verachtet und verhasst, (und) dennoch nicht hassenswürdig, sondern liebenswert und den Philosophen kostbarer als Edelsteine.«[68]

Wo die Erschütterung durch den verborgenen Gott wie am Sinai zu einer Offenbarung führt, hinterlässt sie Spuren, die dem Menschen eine neue Richtung weisen. Das Gesetz der Juden ist eine solche Spur, die dem durch die Wüste wandernden Volk einen Halt zu geben vermochte. Der Kreis, der den heiligen Berg umschließt, ist die denkbar einfachste Orientierung: die Abgrenzung des heiligen Bezirks von der profanen Welt. Der die Mitte der Welt markierende, hegende Kreis bildet den Ursprung aller Kultstätten, Tempel und Kirchen. Sie alle stehen auf »heiliger Erde«, die oft durch eine besondere »Energie« gekennzeichnet ist, und wer ihr mit der nötigen Muße und Einsamkeit nachgeht, vermag die numinose Kraft des heiligen Ortes auch noch Jahrtausende später zu spüren.

Die Spur, welche sich in der Begegnung mit dem dunklen Gott offenbaren kann, entspricht auf der psychologischen Ebene der Erkenntnis der hintergründigen, archetypischen Ordnungsfaktoren, wie sie durch einen Traum, eine Vision oder durch ein die Seele überwältigendes Erlebnis schlagartig ins Bewusstsein gebracht werden können. Solche Erkenntnis verleiht dem Menschen aufgrund ihrer numinosen Kraft eine gewisse Festigkeit und Konstanz angesichts der wechselnden Launen des Lebens und der Natur.
In den östlichen Religionen sind diese Vorstellungen allgegenwärtig. Zwar entzieht sich die unheimliche Seite und das unbegreifliche Wesen Gottes der menschlichen Vernunft – es erzittern die Welten und die innerste Seele bei dessen Anblick –, dennoch kann das ruhelose und von Angst erfüllte Ich durch das Licht des ewigen geistigen Selbst gebändigt werden und Ruhe finden.[69] Wer die »Wünsche seines Herzens« (*kama*) zum Schweigen bringt, dem öffnet sich die wahre Einsicht (*yoga*), das höhere Selbst:

»Wenn du den höchsten Geist erkannt,
gib deinem Selbst durch ihn den Halt
und kämpfe gegen jeden Feind,
der in Begierde (*kama*, die auf die äußeren Objekte gerichtete Libido) nimmt Gestalt.«
(BhG 3,43)

Visionen vom dunklen Gott

In dem Gott der alttestamentlichen Propheten, der scheinbar ganz bewusst und in voller Absicht Unheil stiftet, kündet sich ein grundsätzlicher Wandel des Gottesbildes an. Mit der immer vehementer vertretenen Abkehr von der polytheistischen Götterwelt beginnt ein neuer Äon, in dem der *eine Gott* dem *einen Menschen* beziehungsweise dem *einen Volk* gegenübertritt.

Damit ist eine Wendung nach Innen verbunden, in welcher die traditionellen Rituale und Opferdienste gegenüber der persönlichen Beziehung des Einzelnen und des Volkes zu ihrem Gott zurücktreten. Angesichts der kaum mehr zu überbietenden Widersprüchlichkeit Jahwes, offenbart sich dieser seinen Auserwählten in mehrheitlich dunklen Visionen. Gleich einem Gewitter bricht das Neue ins Bewusstsein der damaligen Zeit ein, und doch sind die Propheten genötigt, die von ihnen geschauten Bilder in Worte zu fassen. Ein »Sturm des Gerichtes« und »der Vertilgung« (Jesaja 3,4) geht über das schuldig gewordene Volk hinweg, denn »das Werk des Herrn beachten sie nicht« (Jesaja 5,12). Mit der Unheilprophetie setzt die neue geistige Strömung ein, die sich erst zweihundert Jahre später, im babylonischen Exil (586–536 v. Chr.), zur vollen Blüte entfalten wird. Im 8. Jahrhundert reagieren Propheten wie Jesaja, Hosea oder Amos auf die seitens der Fremdvölker drohenden Katastrophen. Ihre Botschaft ist zunächst denkbar einfach: Jahwe hat sich zurückgezogen; Israel ist schuldig geworden, weil es den Bund nicht gehalten hat! Schon Jesajas erste Vision klagt das Volk an: »Denn der Herr redet: Kinder habe ich großgezogen und emporgebracht, und sie – sind von mir abgefallen. Der Ochse kennt seinen Meister und der Esel die Krippe seines Herrn; Israel (aber) hat keine Einsicht, mein Volk hat keinen Verstand« (Jesaja 1,2f.). Das Beispiel von Ochs und Esel ist bezeichnend und wohl nicht zufällig gewählt, denn die Tiere wissen, offenbar im Unterschied zum Menschen, um ihre Bestimmung. Die Schuld des Menschen besteht also darin, nicht mehr gemäß seiner eigenen Bestimmung zu leben, wodurch er von sich selbst und von Gott entfremdet wird. Die Entfremdung vom Eigenen ist ein psychologischer Gedanke, der den Alchemisten nicht fremd war, weshalb sie stets den *Mut* zum Eigenen gefordert haben: »Das natürlichste und vollkommenste Werk ist es, etwas hervorzubringen, *wie es selbst ist.*« Wozu im Falle des Menschen Gottesfurcht, ein tiefer Verstand sowie ein natürliches, fröhliches Gemüt nötig sind.[70]

Jahwe fordert keine fremden Opfer: »Satt habe ich die Brandopfer, ... unnütze Gaben – ein Gräuelopfer ist es mir« (Jesaja 1,11 u.13). Er will keine Gebete, die nicht von Herzen kommen (Jesaja 29,13): »Wenn ihr eure Hände ausbreitet, verhülle ich meine Augen vor euch; auch wenn ihr noch so viel betet, ich höre es nicht« (Jesaja 1,15). Doch nicht nur, dass Jahwe sich vor den Seinen verschließt, sagen die Worte des Propheten, sondern darüber hinaus, dass er die Erkenntnis und Bewusstwerdung des Menschen aktiv verhindert: »Einen Geist des Tiefschlafs hat Jahwe über euch ausgegossen, eure Augen verschlossen und eure Häupter umhüllt« (Jesaja 29,10). Dieser »Geist des Tiefschlafs« ist gewissermaßen der Gegenspieler des Heiligen Geistes, ein teuflischer Ungeist dumpfer Unbewusstheit, dessen Urheber aber nicht etwa der Teufel, sondern Gott selbst ist!

In Jesajas Visionen offenbart sich der furchtbare Doppelaspekt Jahwes in dessen ganzer Unermesslichkeit. In seinem Berufungsgesicht schaut er Gott auf hohem und erhabenem Throne sitzend und umgeben von sechs Seraphen (Sphingen).[71] Einer von ihnen berührt Jesajas Mund mit einem *glühenden Stein*, den er vom Altar genommen hat, und übermittelt ihm den Auftrag, dem Volke *Unheil* zu verkünden: »Verstocke das Herz dieses Volkes, mache taub seine Ohren und blind seine Augen ...« (Jesaja 6,10). Die Berührung mit dem glühenden Stein soll die flammende Rede des Propheten (Mund) wohl unkorrumpierbar machen angesichts von Jahwes Zornfeuer. Denn wie sonst sollte die furchtbare Wirklichkeit dieses Gottes, der »tief in der Unterwelt drunten oder hoch droben in der Höhe« (Jesaja 7,11) zu finden ist, ausgehalten werden? Aus eigener Kraft jedenfalls wird der Mensch kaum dazu fähig sein; darum bedarf es des von Gott gesandten Erlösers, jenes vom jungen Weibe geborenen Sohnes Immanuel (Gott mit uns; Jesaja 7,14), der berufen ist, das Böse zu besiegen.

Das von Jesaja und den übrigen Propheten seiner Zeit angekündigte Unheil bricht in der kriegerischen Gestalt der das Volk der Juden vernichtenden Fremdvölker herein und führt zunächst zur Auslöschung des Nordreiches (722 v. Chr.) und schließlich zur Zerstörung Jerusalems und zur Deportation der jüdischen Oberschicht ins babylonische Exil (586 v. Chr.). Für Jesaja und seine Nachfolger ist in diesen Katastrophen ein Plan Gottes verborgen. Es ist ihr fester Glaube, dass Gott auch dort wirkt, wo er Leiden schafft. Das Volk Israel kommt an dieser schmerzlichen Erfahrung nicht vorbei, wie seine leidvolle Geschichte sichtbar macht. Schon Ezechiel, einer der Deportierten im babylonischen Exil, hat vor den *Heilspropheten* als den *falschen* Propheten gewarnt: Sie führen das Volk in die Irre, in dem sie »Heil!« rufen, wo doch kein Heil ist. Sie sind wie Menschen, die die Wände mit weißer Tünche übermalen, die schon vom ersten Platzregen abgewaschen wird (Ezechiel 13,10f.). Demgegenüber hält Ezechiel daran fest – er schließt sich darin der alten Tradition an, die mit Jesaja begonnen hat –, dass eine echte Erneuerung nicht am verborgenen, zürnenden Gott vorbeiführen kann. Der »Menschensohn«, als solchen spricht Jahwe den Propheten an, ist zum Wächter bestellt dem Hause Israels (Ezechiel 3,17 und 33,7f.), zum Hüter der bitteren Wahrheit, die in Gottes Wesen selbst begründet ist. Sollte der Prophet sein Wächteramt vernachlässigen, ohne seinen Mitmenschen den Zorn Gottes und damit dessen dunkle Seite bewusst zu machen, wird er mitschuldig. Wie Jung dazu ausführt, ist der Mensch hier erstmals in das göttliche Drama mit einbezogen (GW 11, § 677). Es ist die von Jahwe selbst deklarierte Aufgabe des »Menschensohnes«, die von ihm geschaffene Kreatur vor dem tödlichen Schwert seines Zorns zu warnen, denn Gott kommt dem Menschen entgegen, *falls* Letzterer ihm entgegen kommt.

»Die Erkenntnis einer fatalen Unzuverlässigkeit der Gottheit«, schreibt Jung in einem Brief (Briefe Bd. 3, 30.6.1956, 39), »veranlasste die jüdischen Propheten, nach einer Art Mittler oder Anwalt zu suchen, der die Rechte der Menschheit vor Gott vertrete.« In der Vision Ezechiels kündigt sich diese Gestalt erstmals an, und in Daniel 7,9 (2. Jh. v. Chr.) erscheint Gott gar als Hochbetagter, umgeben von lodernden Flammen und brennendem Feuer. Gleich einem alternden König wartet er auf den »Menschensohn« (Daniel 7,13), in welchem seine Erneuerung Gestalt annimmt. All diese Mittlerfiguren sind im Christentum als Antizipationen von Christus gedeutet worden, der sich ja selbst als Menschensohn bezeichnet hat.

Den alttestamentlichen Propheten hat sich das Problem der göttlichen Gerechtigkeit und Moralität in einem Maße gestellt, das einige von ihnen, wie etwa Jesaja – »Wehe mir! Ich bin verloren!« (6,5) – oder Jeremia – »Wehe mir, Mutter, dass du mich geboren!« (15,10) –, fast zerbrechen ließ. Sollte es denn wirklich einen »Heilsweg« geben, so schlossen sie daraus, dann führt dieser nicht am Unheil, nicht an Jahwes Zorn und nicht an seiner dunklen, abgründigen Seite vorbei.

Das ist der wahre Kern der Unheilsprophetie, die uns bis heute eigentlich davor bewahren sollte, einen allzu sicheren »Heilsweg« zu beschreiten. Wer in naiver Weise mit einem nur guten Gott rechnet, hat die Warnung des Menschensohnes im Sinne Ezechiels in den Wind geschlagen. Es ist, als ob Gott dem Menschen nur Gutes schaffen könnte, wenn dieser seinerseits bereit ist, den furchtbaren Doppelaspekt, den Gott auszeichnet, bewusst anzunehmen. Den entscheidenden Schritt jedoch, den Hiob getan hat, indem er die gegensätzliche Natur Jahwes als *innere* Antinomie der Gottheit selbst erkannt hat, diesen Schritt konnten die Propheten wohl aus Furcht vor Jahwes Zorn noch nicht tun. Noch war es nicht möglich, das innergöttliche Drama als solches zu sehen.[72] In gewissem Sinne aber haben sie Hiobs tiefe Einsicht und seine Begegnung mit dem Deus absconditus unbewusst vorweggenommen, weil auch sie vom Schrecken Gottes heimgesucht worden sind.

Immerhin verfällt Jesaja nicht der nahe liegenden Versuchung, der Paradoxie Gottes auszuweichen. Ganz im Gegenteil macht er diese zu seinem eigentlichen Anliegen: »Harren will ich auf Gott, der sich verbirgt« (8,17). Jesaja hält auch angesichts des drohenden Unheils an Gott fest, indem er die nahende Katastrophe mit der Schuld und Verstocktheit Israels begründet. Damit bereitet er zusammen mit anderen Propheten seiner Zeit (besonders Hosea) jenen geistigen Boden vor, auf wel-

chem in der tiefsten Not der Vertreibung des jüdischen Volkes im babylonischen Exil (6. Jh.) das großartige Konzept vom *einen und einzigen Gott* gewachsen ist.
Jesajas Leistung ist umso erstaunlicher, als Israel im 8. Jahrhundert noch ganz polytheistisch war. Neue archäologische Funde zeigen, dass Jahwe eine Göttin an seiner Seite hatte. Das belegt etwa eine judäische Inschrift aus dieser Zeit, auf der es heißt: »Ich habe euch gesegnet durch Jahwe von Samaria (?) und durch seine Aschera.« Diese Funde haben unter den Wissenschaftlern eine breite Diskussion über den Ursprung und die Entstehung des Monotheismus ausgelöst. Man ist sich in Fachkreisen darin einig, dass von einem eigentlichen monotheistischen Gottesbild nicht vor der Exilszeit (6. Jh.) gesprochen werden kann.[73] Erst nach der großen Katastrophe, nach dem Zusammenbruch der staatlichen Macht, kann von einem einzigen, universalen Gott gesprochen werden, neben dem keine andere Gottheit existiert. Der Wahnsinn des blutigen Eroberungskrieges mit der anschließenden Deportation haben zu einer einzigartigen Erneuerung des Gottesbildes und zur ideologisch gefärbten Revision der Geschichte Israels, angefangen beim Auszug aus Ägypten über die vierzigjährige Wüstenzeit bis hin zur Landnahme, geführt. Diese Erzählungen entsprechen nicht der historischen Wirklichkeit, sondern dem Glauben eines Volkes an einen Gott, der sich in der Geschichte offenbart.[74]
Das hat schon bei den Propheten des 8. Jahrhunderts begonnen. So sagt Hosea bewusst: »Ich bin doch der Herr, dein Gott von *Ägypten her*! Einen Gott außer mir kennst du nicht, und einen Helfer außer mir gibt es nicht. Ich habe dich erwählt in der Wüste, dich geweidet im Lande der Glut« (Hosea 13,4f.). Er ist es auch, der in dem über Israel hereinbrechenden Unheil noch deutlicher als Jesaja ein Strafgericht Gottes sieht. Angesichts der tödlichen Gefahr durch die Expansionsgelüste des neuassyrischen Reiches unter Tiglatpileser III. verkündet er sein Gleichnis vom Ehebund Jahwes mit seinem Volk, den dieses einseitig gebrochen hat. Darum soll der Prophet, um ein Exempel zu statuieren, eine Dirne heiraten: »Denn zur Dirne ist dieses Land

geworden, hat seinen Herrn verlassen« (1,2). Zwar erfüllt das Volk die äußeren Pflichten, hat aber die Gottesliebe verraten. Darin besteht seine »Hurerei«: »Denn an Liebe habe ich Wohlgefallen und nicht an Schlachtopfern und an Gotteserkenntnis mehr als an Brandopfern« (Hosea 6,6 vgl. 4,1). Keine Treue, keine Liebe, keine Gotteserkenntnis, das sind Jahwes Anschuldigungen gegenüber seinem Volk. Alle münden sie in den dringenden Appell zur Umkehr (Hosea 14,1).

In diesen Vorstellungen von der Schuld des Volkes Israel wird, wie bereits erwähnt, die Verantwortlichkeit für das Böse dem Menschen allein aufgebürdet. Während in den polytheistischen Mythen innergöttliche Rivalitäten und Konflikte in natürlicher Selbstverständlichkeit unter den verschiedenen Gottheiten ausgetragen werden, müsste die innere Gegensätzlichkeit des Göttlichen in dem unmythischen, monotheistischen Konzept der Jahwereligion in Gott selbst hineinverlegt werden. Da dies aber nicht geschieht, wird der *Mensch* mit der Schuld belastet, die er eigentlich gar nicht einlösen kann, es sei denn, dass er selbst in die göttliche Sphäre einbezogen wird.[75] Seit den alttestamentlichen Propheten und bis zum heutigen Tag – ungeachtet der Erlösungstat Christi – ist der jüdische und christliche Mensch mit dieser moralischen Erblast beladen. Seine Mitverantwortung für das Böse beschert ihm eine gewisse Gottähnlichkeit. Wie Jahwe in seiner paradoxen Gegensätzlichkeit von Segen und Fluch, Gnade und Zorn usw. kann der Mensch der einen oder andern Seite verfallen. Im archaischen Denken sind die Gegensätze miteinander verbunden, zwar nicht harmonisch wie der Krieg zwischen Jahwe und seinem »ungehorsamen« Volk zeigt, aber doch so, dass das Eine nicht ohne das Andere existieren kann, sodass beide Seiten in einer Art Schicksalsgemeinschaft aufeinander bezogen bleiben.

Den mittelalterlichen Alchemisten war dies ein geläufiger Gedanke. So sagt etwa Dorneus: »Denn in der Natur ist nichts, das nicht ebenso viel Böses wie Gutes enthielte« (GW 14,1, § 44). Sein Standpunkt ist in dem Sinn psychologisch, als das Böse zweifellos eine psychische Realität von größter Gefährlichkeit darstellt. Demgegenüber hat die Augustinische Lehre von der *privatio boni*, die sich im Christentum allgemein durchgesetzt hat, die Tendenz, dem Bösen keine Substantialität zuzubilligen, indem sie diesem den »Charakter eines bloß verminderten Guten aufprägt«[76]. Wie Jung zu der zitierten Dorneus-Stelle ausführt, stellt die Alchemie »die dunkle Seite von Welt und Leben nicht als überwunden hin, sondern macht aus dieser ihr eigentliches Arbeitsgebiet. So ist ihr auch der Feuerpunkt, dieses göttliche Zentrum im Menschen, eine gefährliche Sache, ein stärkstes Gift, das sorgfältigster Beachtung bedarf, um es in ein Heilmittel umzuwandeln. Der Prozess der Individuation hat seine spezifischen Gefahren« (ebenda). Was den Alchemisten des späten Mittelalters allmählich zu dämmern begann (vor allem Dorneus und Khunrath), dass der Mensch selbst eine göttliche Verantwortung in sich trägt, indem er die Welt zerstören oder an ihrer Neuschöpfung aktiv mitwirken kann, wird heute zur beängstigenden Realität »des naturwissenschaftlichen Zeitalters, welches durch das *daimonium* des wissenschaftlichen Geistes die Natur und ihre Kräfte in bisher unerhörtem Maße in den Dienst des Menschen gezwungen hat ... Das innere Bestreben der Alchemie (und des heutigen Menschen, A.S.) ist eine Anmaßung, deren dämonische Großartigkeit einerseits und deren seelische Gefährlichkeit andrerseits nicht übersehen werden kann« (GW 13, § 163f.). Es scheint also mindestens auch vom menschlichen Bewusstsein abzuhängen, welche Seite die Oberhand gewinnen wird, wobei das Ich nicht die schöpferische Macht selbst darstellt, denn das Werk der Erlösung und Heilung kann, wie die Alchemisten immer betont haben, nur mit Gottes Hilfe gelingen.

Während in der offiziellen Lehre der jüdischen und der christlichen Tradition die schöpferische Kraft ganz in Gottes Verantwortung und Macht liegt, ist es für den östlichen Menschen selbstverständlich, dass das Werk der Erlösung weitgehend darauf beruht, was er selbst tut und erkennt.[77] Dabei ist sich dieser, ähnlich dem alttestamentlichen Weisen, immer bewusst, dass alles tiefere Wissen ein Wissen um das Göttliche ist. So heißt es in einem Kommentar von S. Radhakrishnan zur Bhagavadgita: »Große Gelehrsamkeit führt zu großer Demut. In dem Maße, in welchem unser Wissen zunimmt, werden auch wir in zunehmender Weise der uns umgebenden Dunkelheit gewahr. Wenn wir die Kerze anzünden, sehen wir erst, wie dunkel es ist. Was wir wissen, ist in Wirklichkeit gar nichts, wenn wir es mit dem vergleichen, was wir nicht wissen. Geringes Wissen führt zu Dogmatismus, ein bisschen mehr führt uns zu Fragestellungen und noch ein wenig mehr macht, dass wir beten ... Die größten Menschen aller Zeiten waren tief religiöse Menschen.«[78]

Damit kehre ich zum jüdischen Gottesbild zurück, wie es von den alttestamentlichen Propheten erlebt und entwickelt worden ist. Inmitten größter innerer und äußerer Bedrängnis halten sie an Jahwe fest. Trotz des sichtbaren Unheils wirkt Gott sein Heil im *Verborgenen*, gewissermaßen *sub contrario*. Die Jesajanische Leitidee, dass Gott immer und überall gegenwärtig ist, auch inmitten des Unheils, wird den aus ihrer Heimat vertriebenen Juden der Exilsgemeinde (6. Jh. v. Chr.) zu einem großen Trost. Das geht aus den Kapiteln 40 bis 55 des Jesajabuches hervor. Diese stammen von einem anderen Autor – man nennt ihn den zweiten oder Deuterojesaja – als der erste Teil, denn sie setzen die leidvolle Erfahrung der Verbannung offensichtlich voraus. Das entrechtete Volk fühlt sich von Gott verlassen. Der Prophet antwortet mit einem überraschenden Bild: »Wird denn eine Frau ihr Kindlein vergessen, dass sie sich nicht erbarmte über den Sohn ihres Leibes?« Und um die Unmöglichkeit, dass Gott sein Volk vergessen könnte, noch deutlicher hinzustellen, fährt er fort: Selbst wenn eine Mutter ihr Kind vergäße, »so will ich doch deiner nicht vergessen« (Jesaja 49,14f.; vgl. Jesaja 46,3f.)[79]. Mit dem Bild der Mutter will Deuterojesaja in allen Anfechtungen auf das innige und unzerstörbare Verhältnis zwischen Jahwe und seinem Volk hinweisen, auf ein letztes, *weibliches* Prinzip, das jenseits aller leidvollen Erfahrungen die Gegensätze in sich vereint. Diese Einheitswirklichkeit hält er den klagenden Leidensgenossen entgegen.

Dennoch knüpft auch er an die Tradition eines Jesaja oder Hosea an: »Um euer Verschuldungen willen seid ihr verkauft, und um eurer Sünden willen ist eure Mutter verstoßen. Warum war niemand da, als ich kam, gab keiner Antwort, als ich rief?« (Jesaja 50,1) Man muss sich die Situation vor Augen führen: Da leidet ein Volk und schreit aus der Verbannung heraus nach einem gerechten Gott. Alles ist ihm genommen worden, die Heimat, der Besitz, der Tempel, die Freiheit, alles, bis auf das nackte Leben. Doch in dieser Not wächst bei Einzelnen ein unbändiger Überlebenswille und spornt sie zu höchsten schöpferischen Leistungen an. Denn jetzt geht Deuterojesaja weit über die geistigen Ansätze seiner Vorbilder hinaus. Gott, sagt er, ist nicht nur verborgen, weil ihr ihn nicht sehen wollt, vielmehr verbirgt er sich absichtlich im Unheil, um euch dadurch zum Heil zu führen. Jetzt erst bricht die Idee vom einen und *einzigen* Gott voll durch (Jesaja 43,10f.). Dass man nur einem Gott dient, das hat es schon lange zuvor gegeben (Monolatrismus); dass es neben dem Einen aber keinen andern Gott geben soll (Monotheismus), ist völlig neu und in seinen Auswirkungen auf die religiöse Entwicklung der jüdischen und christlichen Welt wohl kaum zu überschätzen.[80] Jahwe, so heißt es jetzt, ist nicht nur der Gott Israels, sondern der ganzen Welt. Auch die Könige der Fremdvölker stehen in seinem Dienst, selbst wenn sie das Volk Israel vernichten und den kleinen Rest in die Fremde führen. »Ich (bin) der Herr, und keiner sonst ..., der ich Heil wirke und *Unheil schaffe*, ich bin's, der Herr, der dies alles wirkt« (Jesaja 45,6f.).

Hier wird Gott mit dem Bösen und den bittersten Erfahrungen der Menschen zusammengebracht. Dass die jüdischen Theologen der Exilszeit die Fürchterlichkeit dessen, was geschehen ist, mit ihrem einzigen Gott verbunden haben, ist eine unermessliche Leistung, die weit über das Volk Israel hinaus nachgewirkt hat. Deuterojesaja bringt die Erfahrung der Zerstörung Jerusalems (587 v. Chr.) mit all ihren entsetzlichen Folgen für die leidende Bevölkerung – Krieg, Verfolgung, Hungersnot, Sklaverei und anderes mehr –, in höchst

paradoxer Weise in seinem Bild vom verborgenen Gott zum Ausdruck:
> »Fürwahr, du bist ein verborgener Gott
> (in der lateinischen Übersetzung: *Deus absconditus*),
> der Gott Israels, ein Erretter (salvator).«
> (Jesaja 45,15)

Der hebräische Urtext drückt sich noch schärfer aus, als diese gängige Übersetzung vermuten lässt, indem er von einem *sich (aktiv) verbergenden* Gott spricht.[81] Viele Kommentatoren haben ihre Mühe mit diesem Vers, sei es aus Gründen seiner Einordnung im Zusammenhang mit dem übrigen Kapitel, sei es in Hinsicht auf Gattungsbestimmung und literarische Analyse.[82] Und doch denke ich, dass hier das Zentrum des in der Exilserfahrung gründenden jüdischen Glaubens formuliert ist. Bei dem Gott, der sich verbirgt, liegt die Rettung, und nur bei ihm. Umgeben von einer ihr fremden, babylonischen Götterwelt hat die kleine jüdische Gemeinde ihren Gott gefunden, oder wie wohl besser gesagt werden muss, erfahren. Aktiv finden kann man einen solchen Gott nicht, sondern nur erleben im Sinne einer numinosen Gewalt. Gewalt ist das richtige Wort, denn eine solche Gotteserfahrung vergewaltigt das bisherige Bewusstsein, indem sie diesem in der Vision des dunklen Gottes eine Neuorientierung aufzwingt. Deuterojesaja sagt es auf seine bildhafte Weise: Jahwe spricht: »Meine Gedanken sind nicht eure Gedanken, und eure Wege sind nicht meine Wege« (Jesaja 55,8; vgl. 6-11). Wer diesem verborgenen Gott vertraut, der »empfängt neue Kraft, sodass ihm Schwingen wachsen wie Adlern, dass er läuft und nicht ermattet, wandelt und nicht müde wird« (Jesaja 40,31).

In der Sprache des Propheten ist eine religiöse Urerfahrung spürbar. Das Schwanken zwischen Höchstem und Niedrigstem, zwischen dem Gefühl, dass ihm Flügel wachsen, dem Adler gleich, und dem »Wehe mir! Ich bin verloren, denn ich habe Gott geschaut«, die ganze Fülle paradoxer Aussagen weisen auf eine unmittelbare, numinose Erschütterung hin. Es ist, als würde sich darin der Einbruch der Fremdvölker in sein

Land innerpsychisch nochmals schmerzlich wiederholen, diesmal in Gestalt archetypischer Bilder aus dem kollektiven Unbewussten, die sein Bewusstsein überschwemmen. Die Erneuerung des Gottesbildes vom Ausmaß des Deuterojesaja kommt nicht am Deus absconditus vorbei, nicht am Wahnsinn dessen, was mit der Vernunft nicht begriffen werden kann. Doch ungeachtet dessen, was die Welt über eine solche religiöse Erfahrung denkt, besitzt derjenige, der sie hat, »den großen Schatz einer Sache, die ihm zur Quelle von Leben, Sinn und Schönheit wurde und die der Welt und der Menschheit einen neuen Glanz gegeben hat« (GW 11, § 167). Was Jung hier im Blick auf den Einzelnen geschrieben hat, scheint für die Exilsgemeinde als Ganze und darüber hinaus für das jüdische Volk überhaupt Wirklichkeit geworden zu sein. Dass bei den Exilspropheten die tröstlichen Bilder nicht fehlen, beruht psychologisch gesehen auf der kompensatorischen Funktion der Psyche, welche der äußeren Bedrängnis den Trost der seelischen Bilder entgegensetzt.

Im Exil war die kleine israelitische Gemeinde mit einer ihr völlig fremden Götterwelt konfrontiert. Es ist verschiedentlich vermutet worden, dass die gemeinorientalische monotheistische Tendenz, die sich seit dem zweiten Jahrtausend nachweisen lässt[83], maßgeblich an der Entstehung des Monotheismus der Jahwereligion beteiligt war. Zweifellos haben derartige Einflüsse bestanden. Ein neues Gottesbild entsteht immer in Auseinandersetzung mit den und auf dem Boden der alten Vorstellungen. Kein neuer Baum kann wachsen und sich entfalten, es sei denn, er werde vom Humus vergangener Lebensformen genährt. Wir dürfen aber nicht in zu engen geschichtlich-kausalen Zusammenhängen denken, weil die entscheidenden geistesgeschichtlichen Entwicklungen auf bewusstseinsferne, archetypische Strömungen zurückgehen, welche Völker übergreifend dahinströmen.

Im babylonischen Exil war es wohl vor allem die Gestalt des Gottes Marduk, ursprünglich ein lokaler Stadtgott Babylons (um 2000 v. Chr. erstmals erwähnt), bald aber als universaler

Schöpfer und Erhalter der Weltordnung verehrt, der mit Jahwe seine wichtigsten Eigenschaften teilt: Schöpfergott und Weltenherrscher zu sein. Deuterojesaja übernimmt diese Züge in seinem Gottesbild macht darüber hinaus aber dann den entscheidenden Schritt zum alleinigen Gott: »Vor mir ist kein Gott gewesen, und nach mir wird keiner sein. Ich, ich bin der Herr, und außer mir ist kein Helfer« (Jesaja 43,10f.).[84]
Dadurch bestätigt sich einmal mehr eine allgemeine psychologische Grundwahrheit: Die Begegnung mit dem Fremden befruchtet das Ur-Eigenste. Alle großen geistigen und religiösen Erneuerungen resultieren aus fundamentalen Erschütterungen, wie sie durch das Aufeinanderprallen einander fremder Völker ausgelöst werden. So war es in *Ägypten*, als die Hyksos, ein Volk unbekannter Herkunft, dem Land ihre Fremdherrschaft aufgezwungen haben. Denn kaum hatten sich die Ägypter von diesem Joch befreit, erblühte eine großartige Kultur, die im Jenseitsglauben des Neuen Reiches mit seinen herrlichen Bildern und Textsammlungen der Unterweltsbücher ihren Höhepunkt erreicht hat.[85] So war es aber auch in *Mesopotamien*, wo im Verlauf des dritten Jahrtausends die beiden so unterschiedlichen Völker der ansässigen Sumerer und der einwandernden semitischen Nomaden nach anfänglich kriegerischen Auseinandersetzungen sich immer wieder gegenseitig befruchtet haben. Schließlich ist die *indische Geisteswelt* mit ihrer wunderbaren Fülle religiöser Vorstellungen das Produkt der Verschmelzung zweier völlig gegensätzlicher Kulturen: der archaisch-metaphysischen Spekulationen der Urbevölkerung mit den brahmanisch-arischen Quellen der einwandernden Volksstämme. Die Beispiele ließen sich beliebig vermehren und wollen lediglich zeigen, wie sehr jede Entwicklung, ob psychologischer oder geistig-religiöser Natur, ob die eines Volkes oder des Einzelnen, auf die Begegnung mit dem ganz Anderen und Fremden angewiesen ist.
Die Entfremdung vom Altbekannten und Vertrauten gehört notwendig zur Erneuerung. Individuation ist nicht möglich ohne die Erfahrung von Befremdlichem. Man muss in gewis-

sem Sinne ein aus dem Leben Ausgestoßener sein, wenn man den Schatz der Seele heben will, und sich selbst ein Stück weit fremd werden, um das unbekannte Neue, das sich im verborgenen Gott dem Menschen annähert, annehmen und sehen zu können.
Der Individuationsweg führt über weite Strecken hinweg durch die Wüste eines innerseelischen Exils. Im Innern der Seele liegen die dunklen, unerfassbaren Räume. Hier muss der verborgene Gott gesucht werden. Im Dunkeln der seelischen Nacht können jene Bilder und Figuren auftauchen, in denen ein unbewusster Geist am Werk ist und unser Leben aus dem Hintergrund heraus erleuchtet. Darum beginnt die Heilung seelischer Wunden selten dort, wo wir sie erwarten würden, vielmehr irgendwo im Fremdland der eigenen Seele, dem wir unter normalen Umständen kaum Beachtung schenken. Diese Erfahrung ist oft von einer tiefen Erschütterung begleitet, sodass man fast sagen könnte, der Schrecken selbst sei das untrügliche Anzeichen dafür, dass ein Gott in der Nähe ist, der Neues schafft.
Es ist die unvergleichliche Stärke des jüdischen Gottesbildes, dass dieses der Paradoxie und Ambivalenz alles Lebendigem nicht ausweicht. Jahwe thront nicht, wie etwa der griechische Göttervater Zeus, in olympischer Ferne, vielmehr ist er auch als Ferner den Menschen nahe, ein eifersüchtiger, emotionaler Gott, einmal zornig, dann wieder fürsorglich wie eine Mutter. Auch in seiner Verborgenheit bleibt er den Menschen *sub contrario* – unter dem Gegensatz des zu Erwartenden – zugewandt. Ein solcher Gott, der ganz aus der Beziehung zum Menschen heraus lebt, lässt sich weder dogmatisch noch philosophisch umklammern. Kein noch so scharfes Denken vermag an das Unerkennbare heranzukommen. Das *ineffabile*, auf welches alle religiösen Bilder vom Deus absconditus hinweisen, bleibt von Natur aus unaussprechbar. Jahwes paradoxe Widersprüchlichkeit löst sich deshalb gerade *nicht* auf, jedenfalls nicht für Deuterojesaja, Ezechiel oder Hiob, um nur einige zu nennen.
Wenn ich das paradoxe Wesen des jesajanisch-jüdischen Gottesbildes bedenke, seine Verborgenheit und Widersprüchlich-

keit, sein Schwanken zwischen Heil und Unheil, Liebe und Zorn, Leben und Tod, so erinnert das in manchen Zügen an die Beschreibung des Eros durch C.G. Jung: »Der antike Eros ist sinnvollerweise ein Gott, dessen Göttlichkeit die Grenzen des Menschlichen überschreitet und deshalb weder begriffen noch dargestellt werden kann. Ich könnte mich, wie so viele andere vor mir es versucht haben, an diesen Daimon wagen, dessen Wirksamkeit sich von den endlosen Räumen des Himmels bis in die finstern Abgründe der Hölle erstreckt, aber es entfällt mir der Mut, jene Sprache zu suchen, welche die unabsehbaren Paradoxien der Liebe adäquat auszudrücken vermöchte. Eros ist ein *kosmogonos*, ein Schöpfer und Vater-Mutter aller Bewusstheit ... Wie Hiob musste ich meine Hand auf den Mund legen. Einmal habe ich geredet, darnach will ich nicht mehr antworten! (Hiob 39,34f.). Es geht hier um Größtes und Kleinstes, Fernstes und Nahestes, Höchstes und Tiefstes, und nie kann das eine ohne das andere gesagt werden. Keine Sprache ist der Paradoxie gewachsen. Was immer man sagen kann, kein Wort drückt das Ganze aus« (Erinnerungen, 355f.).

So wie der Eros die Grenzen des Ich überschreitet und das Unfassbare berührt, so durchbricht das Gottesbild des Deuterojesaja in seiner Paradoxie alle gängigen Vorstellungen.[86] Die Unfassbarkeit dieses Gottes wird im Bild seiner Verborgenheit »erfasst«, was ihn aber nur umso mächtiger erscheinen lässt. Auch als Verborgener ist er geliebt und gefürchtet worden, nicht nur damals zur Zeit des jüdischen Exils, sondern auch von Paulus, Luther, den Mystikern und vielen anderen. Wer dem Eros nicht ausweichen will, kommt an Ihm nicht vorbei.

Man mag dieses Gottesbild insofern amoralisch nennen, als es sich nicht um die konventionelle Moral kümmert. Das hat es mit dem Eros gemein, und wie dieser ist der darin wirkende Geist in erster Linie der Dynamik des Lebens verpflichtet. Die vielen tröstlichen Bilder bei Deuterojesaja lassen leicht über die Gewalttätigkeit dieses Gottes hinwegsehen. Darum sei nochmals wiederholt, dass der verborgene Gott beides schafft, Heil und Unheil, Licht und Finsternis (Jesaja 45,7).

Ein solcher Gott ist eine Zumutung. Aber überall, wo ein autonomes Prinzip aus dem kollektiven Unbewussten in unser Leben einbricht, ist das eine Zumutung. Wir haben es nicht gewollt und sind nicht gefragt worden, ob es uns auch recht sei. Wer sein Schicksal erfüllen will, muss sich dem verborgenen Gott ausliefern. Individuation ist kein Heilsweg, sondern eine Zumutung. Darum ziehen es viele Menschen vor, unbewusst zu bleiben. Die Begegnung mit dem persönlichen und erst recht diejenige mit dem kollektiven Schatten und dem abgründigen Bösen, die Konfrontation mit dem dunklen Geheimnis des eigenen Lebens, all das und vieles mehr übersteigt das, was wir verstehen und manchmal auch das, was wir verkraften können. Und wenn wir es dann doch *heil* überstanden haben, so ist es ein Wunder, fast möchte ich sagen, ein Wunder *contra naturam*, gegen die Natur.

Die Geschichte des jüdischen Volkes hat nicht den Gang genommen, den dieses sich gewünscht hat; und die Geschichte unseres Lebens wohl auch nicht. Kaum einer wird sagen können, dass sein Leben so verlaufen sei, wie er es sich vorgestellt hat. Man muss tatsächlich so etwas sein wie ein »Liebhaber Gottes« (Pseudodemokritos), um sich auf das Mysterium des verborgenen Gottes als unserem Erlöser (Jesaja 45,15) einzulassen. Und dennoch: Der von ihm Erwählte hat nichts zu fürchten (Jesaja 41,8-10); ganz im Gegenteil, er kann sich getrost vom Alten lösen:

»Gedenket nicht mehr der früheren Dinge,
und des Vergangenen achtet nicht.
Siehe, nun schaffe ich Neues,
schon sprosst es, seht ihr es nicht?
Ja, ich lege durch die Wüste einen Weg
und Ströme durch die Einöde.«
(Jesaja 43,18f.)

So lautet die Verheißung der Propheten für die, welche bereit sind, sich von ihren alten Kleidern zu trennen und neue anzuziehen.

3. Kapitel
Christus und der Engel Satans

Seit den Tagen Ezechiels und seiner Vision von der »Gestalt, die wie ein Mensch anzusehen war« (Ezechiel 1,26), bleibt die Idee des *höheren Menschen* im Unbewussten lebendig und führt Jahrhunderte später zur christlichen Vorstellung von Gottes Inkarnation in seinem Sohn, zu einer, wie Jung sagt, wahrhaft »weltumstürzenden Wandlung Gottes« (GW 11, § 631). Es ist wohl kein Zufall, dass das Auftreten Buddhas in Indien in dieselbe Zeit jener ersten Visionen fällt und hier eine ähnliche Erschütterung der religiösen Tradition ausgelöst hat. Hiob, Daniel, Henoch und dann vor allem die jüdischen Apokalyptiker haben die Belebung des Unbewussten deutlich gespürt und in Form ihrer dunklen Träume, Visionen und Offenbarungen formuliert. Die Inkarnation Jahwes in Christus führt dann zur vorläufig endgültigen Trennung Jahwes von seinem dunklen Sohn. Satan wird aus dem Himmel verbannt und ins Exil geschickt. Er wird zwar »nicht direkt in die Hölle, sondern auf die Erde geworfen und soll erst in der Endzeit eingeschlossen und dauernd unwirksam gemacht werden« (GW 11, § 650). »Wenn man berücksichtigt«, schreibt Jung, »mit welcher Intensität und Ausschließlichkeit nicht nur die Lehre Christi, sondern auch die Kirchenlehre der nachfolgenden Jahrhunderte bis auf den heutigen Tag die

Güte des liebenden Vaters im Himmel, die Erlösung von der Angst, das Summum Bonum und die privatio boni[87] vertraten, so kann man daraus ermessen, welche Inkompatibilität die Gestalt Jahwes bedeutet, und wie unerträglich eine derartige Paradoxie dem religiösen Bewusstsein erscheint« (GW 11, § 685).

Der Versuch, die anstößige Paradoxie Gottes abzuschwächen, hat aber schon lange vor Jesu Auftreten begonnen, nämlich damit, dass das jüdische Gottesbild mit dem Geist des Hellenismus verschmolzen ist. Maßgeblich daran beteiligt war die Übersetzung des Alten Testaments ins Griechische, die Septuaginta (LXX). Die Übertragung des hebräischen Urtextes hat das in sich gegensätzliche Bild Jahwes an manchen Stellen der hellenistischen Vorstellung von Gott als dem wahren und höchsten Sein angeglichen. So wird beispielsweise die Selbstoffenbarung Gottes aus dem brennenden Dornbusch »Ich bin, der ich bin«, das heißt »Ich bin der, als den ich mich (je neu) erweisen werde«, hellenisierend so wiedergegeben: »Ich bin der *Seiende*« (Exodus 3,14). Dadurch geht die ursprüngliche Bedeutung der Stelle verloren. Nicht mehr von einem archaischen Gott, der sich mit Schrecken und göttlichem Zorn offenbart, ist jetzt die Rede, sondern vom höchsten Sein. Und es lag nahe, dieses im Sinne der platonischen Ideenlehre aufzufassen, wonach sich die ursprüngliche, wesenhafte, ewige Welt des wahren Seins von allem bloß Sinnlichen abhebt. Dies führt zu einer allgemeinen Abwertung des Körpers gegenüber der Seele, die eben himmlischen Ursprungs ist. In seinem allegorischen Kommentar zur Geschichte vom Sündenfall (Genesis 3) bezeichnet Philo den Körper als einen »lederner Sack«, der »böse ist und arglistig gegenüber der Seele, ja, ein Leichnam (nekron) und für immer tot ..., denn wir sind allesamt Leichenträger«[88].

Auch Ezechiels Vision vom Menschen, der auf dem Thron sitzt, wird in ihrer ursprünglichen Gewalt insofern abgeschwächt, als jetzt vom *eidos* die Rede ist, das heißt von der *Idee* des Menschen, die hier offenbart worden ist. Darin versteckt sich eine Anspielung auf das platonische Bild vom unveränderlichen, ewigen Anthropos, eine Deutung, die im hellenistischen Judentum zu allerlei philosophischen Spekulationen über die geheimnisvolle menschliche Gestalt geführt hat.[89]

Das geistige Zentrum des jüdischen Hellenismus war die blühende ägyptische Handelsstadt Alexandria, wo der aus Priesterkreisen stammende alexandrinische Jude *Philo* (gest. ca. 50 n. Chr.) gelebt und gelehrt hat. Stark vom platonischen Idealismus beeinflusst, vertrat Philo eine reine, hohe Gottesvorstellung, in welcher die göttliche Sphäre in krassem Gegensatz zur Welt des Menschen stand: »Gott ist der Allervollkommenste, vollkommener selbst als die Idee des Wahren, Guten und Schönen, Ursache von Allem, allmächtig und gütig.«[90] Im Gegensatz zu Jahwe, der eifersüchtig über die Einhaltung des Bundes wacht, den er mit seinem Volk geschlossen hat, ruht das Urwesen in absoluter Bedürfnislosigkeit, das Philo gerne mit dem philosophischen Begriff »to on«, das Seiende, bezeichnet. Das hellenistisch-jüdische Geistverständnis des Alexandriners setzt den göttlichen Geist der Unreinheit der Materie gegenüber. Entsprechend ist es die Aufgabe des Menschen, durch den Sieg des Geistes über das Fleisch die Seele aus dem Kerker des Leibes zu befreien und so gottähnlich zu werden. Dieses spekulative Denken der griechischen Philosophie mit seiner Betonung des Logos und des Nous (Geist, Verstand, Intellekt) sind dem orientalischen Menschen zwar nicht grundsätzlich fremd, aber es kann dessen Sehnsucht nach Gott, dem er *persönlich*, das heißt von seinem Gefühlsleben her nahe sein will, letztlich nicht befriedigen.[91]

Paulus – ein Visionär

In diese Welt bricht ein Gottesbild ein, das den Menschen stärker als je zuvor in den Mittelpunkt rückt. Der älteste schriftliche Zeuge des Christentums, der Apostel Paulus, von dem jetzt die Rede sein soll, war nicht nur Jude, sondern auch Orientale, ein *Visionär*, der von seinen persönlichen Gotteserfahrungen ergriffen war. Er hat ein Leben lang um Gott gerungen und keine Strapazen und Gefahren gescheut, um seine Erfahrung an die Mitmenschen weiterzugeben. In der ihm eigenen Ernsthaftigkeit und Konsequenz gleicht er den alttestamentlichen Propheten. Und es ist wohl kein Zufall, wenn Lukas, sein Biograph, die Bekehrung des Saulus ganz im Sinne der jüdischen Prophetie beschreibt[92]: Wie Ezechiel (1,28) stürzt Saulus zu Boden, um den Auftrag Gottes zu empfangen, und wie dieser schaut er das göttliche Licht. Dass Paulus sein Bekehrungserlebnis stets nur am Rande erwähnt[93], spricht für die Echtheit seiner religiösen Erfahrung, das heißt für einen autochthonen Einbruch des Unbewussten. Das gilt auch für die Plötzlichkeit des Geschehens, wie wir sie aus vielen anderen Berichten von einer unmittelbaren Gotteserfahrung kennen, sei es diejenige von Augustinus, Martin Luther, Teresa von Avila oder Jakob Böhme. Überall hören wir von derselben Ergriffenheit vom göttlichen Bild, von einem *spirituellen* Erlebnis, das eine nachhaltige Bewusstseinsveränderung zur Folge hat, die dem Leben der Betroffenen eine neue Richtung weist. Die religiöse Urerfahrung wandelt nicht den Menschen selbst, nur dessen Bewusstsein. Man könnte sogar sagen, dass diese ihn zu dem erweckt, *was er immer schon war*, zu seinem eigentlichen Wesen. Darum betont Paulus genau wie Jeremia (1,5), dass er seine Mission schon vor der Geburt empfangen habe (Galater 1,15).
Das Wissen um die eigene Bestimmung schon in frühester Kindheit oder gar in vorgeburtlicher Zeit ist nicht wörtlich zu verstehen, weist vielmehr auf eine schicksalshafte Auserwählung zum »Heilbringer« und religiösen Führer hin.[94] Ein be-

kanntes Beispiel sind die vorgeburtlichen Visionen des Niklaus von Flüe, der von sich erzählt, er habe schon im Mutterleib einen Stern, einen Stein und das heilige Öl gesehen. Wie Marie-Louise von Franz dazu ausführt, ist mit dem Stern ein Symbol des *principium individuationis* gemeint, welches ein archetypisches Schicksal des Heiligen ankündigt. Wie Bruder Klaus später berichtet, hat er in seiner Klause am Ranft jeweils einen Stern am Himmel gesehen, von dem er glaubte, er selbst sei dieser Stern, womit er auf eine makrokosmische Entsprechung seiner selbst hinweist, gewissermaßen auf den ewigen, göttlichen Kern seiner irdischen Person.

Die Skepsis des offiziellen Christentums gegenüber der mystischen Erfahrung des Einzelnen

Die mystisch-spirituellen Erfahrungen des Paulus sind von der offiziellen westlichen Kirche stets und bis zum heutigen Tag heruntergespielt worden. Dafür gibt es vielfältige Gründe. Der Apostel selbst redet ja nur mit äußerster Zurückhaltung von seinem religiösen Erleben. Zudem passt er, besonders in seinen Briefen an die Korinther, seine Sprache den im Hellenismus beheimateten Adressaten an. Was aber die Kirche betrifft, so stand diese der persönlichen religiösen Erfahrung stets skeptisch gegenüber. Das spiegelt sich im Kampf der Kirchenväter gegen die gnostischen »Häretiker«, welche die erlösende Gotteserkenntnis ganz im seelischen Innenraum angesiedelt haben. Während sich der Gnostiker seiner Auserwähltheit bewusst ist – »einer unter tausend und zwei unter zehntausend« (Thomasevangelium 23)[95] –, war das Evangelium der universalen Kirche von Anfang an an *alle* Menschen gerichtet. So heißt es etwa bei Irenäus (2. Jh. n. Chr.): »So wie Gottes Sonne in der ganzen Welt eine und dieselbe ist, so dringt auch die Botschaft der Wahrheit überall hin und erleuchtet alle Menschen ...«[96] Es war nicht nur die politische Willenskraft (seit Konstantin dem Großen, 4. Jh.), sondern – viel früher schon – die soziale Dimension, die dem frühen Christentum inmitten von unzähligen religiösen Strömungen zum Sieg verholfen hat, denn die Masse entrechteter Sklaven und unterdrückter Volksschichten fühlte sich zu dieser christlichen Botschaft hingezogen.

Die *Einzigartigkeit* der religiösen Urerfahrung ist stets mit einem gewissen Argwohn betrachtet worden. Nicht die Frage der Echtheit einer solchen Erfahrung stand im Vordergrund, sondern diejenige, ob das Geschaute der offiziellen Lehre entsprach oder nicht. Darum finden wir die Berichte von dieser mehr dem *orientalischen* Geist entsprechenden Seite des Christentums in der hermetischen und apokryphen Literatur und weniger im offiziellen christlichen Kanon. Im Thomasevangelium etwa, um nur ein Beispiel zu nennen, sagt Jesus: »Wer sucht, soll nicht aufhören zu suchen, bis er findet; und wenn er findet, *wird er bestürzt sein*; und wenn er bestürzt ist, wird er sich wundern, und er wird über das All herrschen« (Thomasevangelium 2). Eine solche Haltung bedarf keiner Kirche, keines Dogmas und keiner offiziellen Lehrmeinung. Sie ist vielmehr ganz auf das Individuum und dessen genuine Erfahrung ausgerichtet. Was so im Unbewussten spontan durchbricht, kann durch keine Institution ersetzt werden. Es wird immer Einzelne geben, die abseits vom Strom der sich formierenden Großkirche in der Stille nach ihrer eigenen Vereinigung mit Gott suchen.

Im Christentum waren es vor allem die Alchemisten und die Mystiker, die diese Tradition gepflegt haben. Ihnen hat sich, wie Dorneus sagt, jenes *natürliche Licht* offenbart, das Gott in sie eingepflanzt hat: »Er hat dieses Licht in uns gepflanzt, dass wir beim Lichte dessen, der in unnahbarem Lichte wohnt, das Licht sähen. Dadurch auch sind wir vor den anderen Kreaturen ausgezeichnet. Dadurch sind wir ihm wahrlich ähnlich gemacht, dass er uns einen Funken seines Lichtes gegeben hat.

Die Wahrheit ist also *nicht in uns, sondern im Abbild Gottes (in imagine Dei)*, das in uns ist, zu suchen« (Jung, GW 14,1, § 44). Dorneus hat sich wie andere Alchemisten seiner Zeit durchaus als Christ verstanden. Es ist anzunehmen, dass ihm die Schilderung der Bekehrung des Paulus durch Lukas bekannt war, wo es heißt, dass den Apostel »plötzlich vom Himmel her ein *helles Licht* umstrahlte« (Apostelgeschichte 22,6; vgl. 2. Korinther 4,6), und wie Paulus bringt er dieses mit Christus in Verbindung. Wie Jung an anderer Stelle zu Dorneus ausführt, ist das von ihm beschriebene Licht das *lumen naturae*, welches das Bewusstsein erleuchtet. Psychologisch entspricht dieses einer dem Unbewussten eigenen Luminosität, das heißt einer Bewusstseinstendenz unbewusster, archetypischer Inhalte. Wenn der Mystiker oder Visionär seinen Geist nach Innen wendet und der Alchemist sich ganz auf die dunklen Vorgänge in der Retorte konzentriert, dann tauchen jene Lichtfunken auf, »die aus dem Dunklen des Unbewussten hervorleuchten«[97].
Freilich haben die Alchemisten das von ihnen Gesuchte nie mit Christus gleichgesetzt, sondern immer nur gesagt, es sei *wie* Christus. Ihre geheime Absicht war es, die Weltseele zu befreien, das heißt den Deus absconditus, welcher in der Materie gefangen ist. Immer schwingt dabei die ursprünglich gnostische Idee eines alles durchdringenden Geistes mit, die nach Jung durch Zosimos (3. Jh. n. Chr.) in die Alchemie eingeflossen ist. Genau wie den Gnostikern ist den Alchemisten das soziale Denken zunächst fremd, und wie diese waren sie Einzelgänger, die, hätten sie es gekannt, vom Thomasevangelium getröstet worden wären: »Selig sind die Einsamen und Auserwählten; denn ihr werdet das Königreich finden; ihr kommt ja aus ihm und ihr werdet wieder dorthin hineinkommen« (Thomasevangelium 49).
Die Schriften der Gnostiker und Mystiker zeigen, dass die einst als »gnostische Häresie« verfehmte Innerlichkeit der Gotteserfahrung trotz des offiziellen christlichen Kanons im Unter- oder Hintergrund weiterbestanden hat und dies, wie die mystisch-spirituellen Erfahrungen des Paulus beleuchten, durchaus

zu Recht, bilden diese doch die Grundlage seiner Theologie. Wir müssen den Apostel meines Erachtens viel stärker, als dies in den Werken christlicher Theologen bisher geschehen ist, auf dem Hintergrund der jüdisch-mystischen Strömungen sehen.[98] Die Bekehrung des Paulus bedeutet nicht, dass er seine jüdische Vergangenheit völlig abgestreift hätte, denn in vielen seiner Äußerungen bleibt er dem Geist der jüdischen Apokalyptik seiner Zeit treu, was eine mystische Erfahrung mit Gott durchaus einschließt.

Besonders deutlich wird das bei seinem Bericht von der Entrückung in den dritten Himmel, wo er umgeben von paradiesischer Schönheit »unaussprechliche Worte hört, die ein Mensch nicht sagen darf« (2 Korinther 12,1-10). In seinem ekstatisch-visionären Erlebnis schimmert das im hellenistischen Judentum weit verbreitete Motiv der Himmelsreise durch. Das wohl berühmteste Beispiel ist die Himmelsreise des Henoch, in welcher diesem das Geheimnis des Universums offenbart worden ist. Henoch ist es denn auch, der die christliche Lehre der Inkarnation Gottes im Menschen antizipiert.

Der jüdisch-apokalyptische Hintergrund und die Abwertung des Weiblichen

Als gebildeter Jude war Paulus mit der hellenistisch-jüdischen Apokalyptik vertraut. Gerade seine Erwähnung des dritten Himmels zeigt, wie sehr er dieser und den mit ihr verbundenen mystischen Strömungen nahe stand.[99] Inwiefern er die darin vollzogene Abwertung des Weiblichen mitvollzieht, wird noch genauer zu untersuchen sein.

Wie Jung in seiner »Antwort auf Hiob« schreibt, ist für Henoch der Mensch »nicht nur Empfänger göttlicher Offenbarung, sondern er wird zugleich in das göttliche Drama miteinbezogen, wie wenn er zum mindesten einer der Gottessöhne wäre« (GW 11, § 677). In diesem Sinne wird Henoch auch von einem der Engel als »Menschensohn«[100] angeredet, was auf Ezechiel, den vom göttlichen Geist erfüllten Menschensohn, zurückgeht. Ezechiel nennt die göttliche Gestalt, die er in seiner Vision gesehen hat, *kavod* (griech. doxa), die Herrlichkeit Gottes (1,28). Ganz ähnlich drückt sich auch Paulus aus, wenn er anspielend auf seine Bekehrung von der »Herrlichkeit Christi, die das Ebenbild Gottes ist« (2 Korinther 4,4) spricht. Das Schauen von Gottes Herrlichkeit ist bei ihm, wie bei den frühen jüdischen Mystikern seiner Zeit, die Voraussetzung der Verwandlung zum göttlichen Menschen. In der visionären Erfahrung der Himmelsreise hat sich bei Paulus der Menschensohn mit dem himmlischen Bild Christi vereinigt. Entsprechend sagt er, dass sich der Sohn Gottes *in ihm* (en emoi, in mir; Galater 1,16) offenbart habe.

Soweit also der jüdisch-apokalyptische Hintergrund der paulinischen Visionen. In seinem Bericht von der Entrückung in den Himmel setzt der Apostel aber nun deutlich andere Akzente. Nachdem er von den »unaussprechlichen Worten, die ein Mensch nicht sagen darf« berichtet hat, fährt er wörtlich fort: »Wegen *diesem* (neutrisch) will ich mich rühmen, meiner selbst aber will ich mich nicht rühmen als nur der Schwachheit« (2 Korinther 12,5). Das ist eine überaus feinfühlige und bedeutsame Differenzierung. Wir sind diesem Neutrum als dem Andern, das ohne menschliche Einflussnahme im Menschen Wohnung nimmt, im Zusammenhang mit dem jüdisch-weisheitlichen Denken schon einmal begegnet und haben dort gesehen, dass damit, psychologisch betrachtet, das Selbst als dem Anderen in mir, das heißt ein objektiv Psychisches gemeint ist, das nicht mit der subjektiven Sphäre des Persönlichen vermischt werden darf. Paulus weiß um die Gefährlichkeit seiner Offenbarungen. Im Unterschied zu den bilderreichen, oft überschwänglichen Berichten jüdischer Apokalyptiker, die auf eine Überschwemmung des Bewusstseins durch archetypische Inhalte des Unbewussten und damit verbunden auf eine gewisse inflatorische

Tendenz hinweisen, ist die Sprache des Apostels in ihrer Kargheit ein deutliches Zeichen für dessen innere Stärke und Ichfestigkeit, was ihn vor einer Inflation bewahrt.

Die Henochapokalypse (Kap. 6-11) erzählt vom Fall der 200 Engel, welche, *verführt durch die Schönheit der Menschentöchter*, zum Verlassen des Himmels verleitet worden sind. Die Gottessöhne nahmen diese zu Weibern und zeugten mit ihnen ein Geschlecht von Riesen. Dann lehrten sie die Menschen allerlei Künste und Wissenschaften.»Sie vergrößerten dadurch die Bedeutung des Menschen ins ›Riesenhafte‹, was auf eine Inflation des damaligen Kulturbewusstseins hindeutet. Eine Inflation ist aber immer von einem Gegenschlag des Unbewussten bedroht« (GW 11, § 669). Deshalb ist es nicht verwunderlich, dass die Invasion der Engel unter Anführung von Asael alsbald Unheil über die Erde brachte. So beginnen die Riesen, die Menschen totzuschlagen und aufzufressen. Auch die Bibel kennt diesen Mythos (Genesis 6). Und auch hier löst die Invasion der Himmlischen auf Erden eine Katastrophe aus, indem sie Jahwes Zorn erregt, in welchem dieser beschließt, die Schöpfung durch die Sintflut zu zerstören. Anders als im biblischen Bericht aber ist bei Henoch die *Frau* als verführerisches und sündiges Wesen für die kosmische Katastrophe mitverantwortlich.

In seiner Vision wird der Menschensohn zum Himmel hinaufgehoben. Hier sieht er ein Haus ganz aus Kristall gebaut. Es ist von einem Feuermeer umgeben. Furcht und Zittern überfällt ihn. Und wiederum schaut er in einer andern Vision ein anderes Haus, dessen Herrlichkeit, Pracht und Größe er nicht beschreiben kann. Auf einem Throne sitzend gewahrt er die große Majestät, deren Gewand leuchtender als die Sonne und weißer als der Schnee ist. Da spricht der Herr zu ihm:»... Geh hin und sprich zu den Wächtern des Himmels ... Warum habt ihr den hohen, heiligen und ewigen Himmel verlassen, bei den Weibern geschlafen, euch mit den Menschentöchtern *verunreinigt*, euch Weiber genommen und wie die Erdenkinder getan und Riesensöhne gezeugt? Obwohl ihr heilig und ewig lebende Geister wart, habt ihr durch das Blut der Weiber euch be-

fleckt und mit dem Blute des Fleisches Kinder gezeugt ..., wie jene tun, die sterblich und vergänglich sind ...« (Henoch 14,8-15,5)[101]
Unter Mitwirkung der Frau und ihrer sexuellen Begierde, so die unterschwellige Tendenz des Textes, ist das Böse in die Welt gekommen, womit die ursprüngliche Reinheit und Unschuld verloren ging. Hier schimmert ein stark männlich geprägter Zeitgeist durch, in welchem die Beziehung zum Weiblichen und die (sexuelle) Liebe nicht im Sinne einer echten seelischen Bezogenheit gesehen, vielmehr als bloße Triebhaftigkeit abgewertet wird.

Dass es auch andere Strömungen gab, die dem Weiblichen einen weit höheren Rang eingeräumt haben, zeigen die beiden folgenden Beispiele. In einer der in Nag Hammadi entdeckten gnostischen Schrift mit dem Titel »Vom Ursprung der Welt« wird berichtet, dass Sophia ihre Tochter Zoe (griechisch: Leben), die Eva genannt wird, hinabsendet, um Adam zum wahren Leben zu erwecken. »Als Eva Adam so niedergeschlagen sah, fühlte sie Mitleid mit ihm und sagte: ›Adam, lebe! Erhebe dich über die Erde!‹ Sofort wurde aus ihrem Wort eine Tat. Denn als Adam sich erhob, öffneten sich sofort seine Augen. Als er sie sah, sagte er: ›Du wirst Mutter der Lebendigen genannt werden, denn du hast mir das Leben gegeben.‹«[102] Und in dem bereits erwähnten, alchemistischen Text aus dem ersten nachchristlichen Jahrhundert ist es die Prophetin und Priesterin Isis, die ihrem Sohn Horus die Mysterien, welche sie von einem Engel empfangen hat, offenbart und ihn damit erlöst.[103] Wir begegnen in diesem Text demselben Motiv der Offenbarung der göttlichen Geheimnisse durch die himmlischen Mächte wie in der Henochapokalypse, allerdings mit dem entscheidenden Unterschied, dass das weibliche Prinzip hier völlig anders gewertet wird. Nicht das Böse und die Sünde bringt die Frau in die Welt, vielmehr, in Erinnerung an die »göttliche Werkmeisterin« Sophia, die göttliche Weisheit selbst, und damit ein neues Bewusstsein, das diejenigen zu erlösen vermag, die dessen würdig sind. Diese Erkenntnis kann nicht wie das christliche Evangelium aller Welt verkündet werden, sondern nur denjenigen Menschen, mit denen eine tiefe Verbundenheit besteht, denn, so der erwähnte alchemistische Text: Isis muss ihrem himmlischen Engel gegenüber schwören, dass sie das ihr von ihm offenbarte, heilige Wissen »keinem Menschen weitergebe, außer ihrem Sohn und Kind, und ihrem nächsten Freund«, »sodass du (d.h. der Freund) ich bin, und ich du«. Die Intimität dieser Vereinigung ist göttlichen Ursprungs, eine *participation mystique*, die den Betroffenen jenes Schweigen auferlegt, das alle antiken (und modernen) Mysterien auszeichnet. Eine solche Liebe und Verbundenheit erklärt sich nicht aus persönlichen Vorzügen und Eigenschaften der eigenen Person oder des geliebten Menschen, sondern vielmehr daraus, dass beide Seiten an einem göttlichen Mysterium teilhaben, an einem Dritten und letztlich Unfassbaren, in welchem sich das Grenzenlose ausdrückt. »Des Freunds Geheimnis lässt sich niemals lichten ...«, so beginnt der Sufimeister Rumi sein langes und wundervolles Gedicht über die Liebe zu Gott, denn die Gottesliebe kennt keine Grenze. Sie ist, wie die islamischen Mystiker immer wieder sagen, eine Krankheit, die keinen Arzt kennt, voller Schmerzen, furchtbar und süß zugleich.

Der Engel Satans

Damit komme ich auf Paulus zurück. Auch er streift in seinem Bericht die apokalyptische Thematik vom Bösen und vom Gericht Gottes. Seine Sprache ist insofern sehr menschlich, als sie die Schwäche und Ohnmacht des Menschen angesichts der Realität des Bösen annimmt, ohne diesen deswegen zu verdammen. Er spricht nicht vom präexistenten Menschensohn, der im Auftrag Gottes in die Welt hinabsteigt, um die Bösen den Höllenqualen auszuliefern und die Seelen der Frommen aus ihrem finsteren und sündigen Kerker zu befreien. Ein »Engel Satans« habe ihm ins Gesicht geschlagen, heißt es bei Paulus, damit er sich wegen seiner Offenbarungen nicht überhebe (2 Korinther 12,7). Dieser Engel ist ein Abgesandter des Deus absconditus, der mit der Aufgabe betraut zu sein scheint, die bei jeder Annäherung Gottes an den Menschen lauernde Inflation zu verhindern.

Das ließe sich auch umkehren. Wo immer wir einen Schlag ins Gesicht erhalten, wo das Leben anders verläuft, als wir es uns gewünscht haben, können wir nie ganz sicher sein, ob sich hinter den widrigen Umständen nicht doch der Deus absconditus und sein schöpferisches Werk verberge. Ein Mensch, der in ein bestimmtes Problem verwickelt ist, sagen wir einmal in die Lieblosigkeit seines Partners oder die Sorge um ein Kind, das so gar nicht geraten will, sieht die Ursache seines Leidens in der Regel allein in diesem äußeren Umstand. Nicht selten aber sprechen die Träume eine ganz andere Sprache, indem sie dieses vermeintliche Problem kaum erwähnen. Stattdessen weisen sie auf alte Ichstrukturen und Moralvorstellungen, auf eigene Schattenaspekte und Schwierigkeiten hin, auf subjektive Komponenten also, die es bewusst zu machen gilt. So kann im Leiden an einer objektiv schwierigen und schmerzlichen Situation die Möglichkeit der Selbsterkenntnis verborgen sein. In der hintergründigen Welt der Seele ist zuweilen eine ganz andere Dynamik im Gang, als wir zunächst vermuten. Darum ist die Botschaft der Träume ja so wichtig, weil sie uns oft schonungslos mit dem konfrontiert, was wir selber sind. Wenn wir auf ihre Stimme achten, kann ein Wandlungsprozess in Gang kommen, der uns, vorausgesetzt dass wir über die nötige Geduld und Ausdauer verfügen, zu einer neuen und höheren Bewusstseinsstufe führt, was in der Regel von einer Vertiefung der *religiösen* Einstellung begleitet ist. So besehen, ist der Schlag ins Gesicht durch den Engel Satans der entscheidende Impuls zur Erneuerung der eigenen Persönlichkeit.

Was der Mythos in einer drastisch geschilderten Katastrophe erzählt: die Vernichtung des sündigen Menschengeschlechts durch die Sintflut, die Bestrafung der Bösen durch ihre Verwandlung in furchtbare, »Staunen erregende Erscheinungen«[104] oder deren Auslieferung an die Hölle (Henoch, Jeremias Himmelfahrt u.a.), das nimmt bei Paulus eine weit differenziertere Form an. Er überwindet die radikale Trennung zwischen den Seligen und den Verdammten dadurch, dass er die Spannung in den Menschen selbst hineinverlegt, was den Reformator Martin Luther, seinerseits ein großer Verehrer des Apostels, zu seiner berühmten Formulierung *simil iustus et peccator* – Gerechter und Sünder zugleich – veranlasst hat. Die Begegnung mit dem verborgenen Gott hat die Entwicklung des ganzheitlichen Menschen zum Ziel, eines Menschen, der die Abgründe der eigenen Seele kennt, was ihn vor Projektionen eigener Unzulänglichkeiten auf seine Mitmenschen schützen kann.

Dreimal bittet der Apostel darum, dass der Herr von ihm ablassen möge, wohl wissend um dessen Abgesandten, den Engel Satans. Gottes Antwort klingt nicht gerade Vertrauen erweckend: Paulus möge sich mit der göttlichen Gnade begnügen und sich im Übrigen seiner Schwachheit erinnern. Doch dieser scheint die Botschaft zu akzeptieren, jedenfalls rühmt er sich nun seiner Schwachheit und sieht paradoxerweise gerade darin seine eigentliche Chance. Denn, so sein – höchst psychologisches – Argument, wo er sich seines Unvermögens bewusst sei, kann die »Kraft Christi« in ihm Wohnung nehmen (2 Korinther 12,8-10).

Hier die Schwachheit, dort die Dynamik, die von Christus, das heißt vom inneren, ganzheitlichen Menschen herkommt (dynamis Christou), hier die Gefahr von ichhafter Überschwänglichkeit, dort die Kraft, die sich in Schwachheit vollendet, hier die Versuchung, sich durch Eigenleistungen und Frömmigkeitswerke selbst erlösen zu wollen, dort die göttliche Gnade – die Paradoxien lassen sich beliebig vermehren. Paulus hebt sie nicht auf, *will* sie nicht aufheben. Er ist jüdischer Abstammung und schließt sich in solchen Gedanken dem Gottesbild an, dessen sich das jüdische Volk seit dem Exil bewusst geworden ist, seit

jenem Wendepunkt der Geschichte, an welchem Deuterojesaja dem Deus absconditus nicht mehr ausweichen konnte.
Jung hat die erwähnte Stelle am Schluss seines Hiobbuches kommentiert. »In diesem Falle (einer unmittelbaren Begegnung mit dem lebendigen, göttlichen Geist, AS) tut man wohl gut daran, sich an Paulus und dessen Bewusstseinsspaltung zu erinnern: Einerseits fühlt er sich als von Gott unmittelbar berufenen und erleuchteten Apostel, andrerseits als sündigen Menschen, der den ›Pfahl im Fleisch‹ und den ihn plagenden Satansengel nicht loszuwerden vermag. Das heißt, selbst der erleuchtete Mensch bleibt der, der er ist und nie mehr als sein beschränktes Ich gegenüber dem, der ihm einwohnt, und dessen Gestalt keine erkennbaren Grenzen hat, der ihn allseits umfasst, tief wie die Gründe der Erde und weiträumig wie der Himmel« (GW 11, § 758; vgl. 14,1, § 200).
Paulus hat erkannt und akzeptiert, dass Gut und Böse zur unauflösbaren Einheit des seelischen Lebens gehören. Seine Entrückung ins Paradies macht den »Engel Satans, der ihm ins Gesicht schlägt«, und den »Pfahl im Fleisch« nicht hinfällig. Der ganzheitliche Mensch bleibt mit dem göttlichen Konflikt beladen. Das ist wohl der hintergründige Sinn der alten Legende, wonach das Holz des Kreuzes Christi vom Paradiesbaum stammt.
Das Menschenbild des Apostels, dieses Meisters der paradoxen Formulierung, erinnert in manchem an die Weisheit des Ostens. So kennt auch das Tao te king die Schwachheit, in welcher sich die Kraft erweist (Nr. 76):
»Der Mensch tritt ins Leben weich und schwach,
er stirbt hart und stark.
Alle Wesen treten ins Leben weich und zart,
sie sterben trocken und dürr.
Darum: das Harte und Starke ist Begleiter des Todes,
das Weiche und Schwache ist Begleiter des Lebens …«.
Es fällt auf, dass bei Paulus im Unterschied zu den Evangelien die historische Person Jesu praktisch keine Rolle spielt. Nicht von ihr leitet der Apostel seine Legitimation ab, sondern von der visionären Schau jenes Christus, der sich ihm offenbart hat.

Die Folgen sind beträchtlich: »Nicht mehr ich lebe, sondern Christus lebt in mir« (Galater 2,20): Das bedeutet für den pharisäisch geschulten Paulus die Erlösung vom Zwang, sich durch das Gesetz, das heißt durch moralische Anstrengungen selbst befreien zu müssen. Das Gefühl dieser Befreiung erzeugt in ihm ein neues Bewusstsein der Gotteskindschaft, von dem all seine Schriften getragen sind.

Angesichts dessen, was »nicht in menschlichen Worten zu sagen ist«, fühlt sich Paulus immer wieder zu paradoxen Aussagen genötigt. »Christus hat uns vom Fluch des Gesetzes losgekauft, indem er für uns zum Fluch geworden ist – denn es steht geschrieben: ›Verflucht ist jeder, der am Holze hängt‹« (Galater 3,13). Dieses Bild der äußersten Ohnmacht beschreibt den schöpferischen Umschlag vom Zwang zur Freiheit, in welchem sich ein Bewusstseinswandel vollzieht, der subjektiv als erlösend erlebt wird. Dass der Galgen zum Ort der Offenbarung Gottes werden kann, ist auch der islamischen Liebes- und Schmerzensmystik des 922 n. Chr. hingerichteten Sufimeisters Hallid bekannt. Das Geheimnis des göttlichen Eros kann man nicht in einer Predigt aussprechen, sagt dieser, sondern nur am Galgen, das heißt dadurch, dass man sich ganz für den Geliebten, das ist Gott, aufopfert. Nicht von einer sanftmütigen Liebe ist hier die Rede, sondern von der außerordentlich kraftvollen Liebe, die oft nur in grausamen Bildern geschildert werden kann.[105]

Es ist kein Zufall, wenn Paulus in dem seinem Visionsbericht vorausgehenden Kapitel (2 Korinther 11) von seinen zahlreichen Leidenserfahrungen erzählt, vom erlittenen Hunger und Durst, von Gefangenschaft, Schlägen und Geißelung und von den Strapazen auf seinen endlosen Reisen, die ihn mehrmals an den Rand des Todes gebracht haben. Er hat die dunkle Seite Gottes am eigenen Leib erfahren. Das hat ihn von jeglichem Enthusiasmus geheilt. Er kennt die bittern Seiten des Lebens, was seine Aussage vom Schwachen, der stark ist, glaubwürdig macht. Er ist tief gesunken, darum hat er Hohes erfahren.

Das Leiden an der Realität der Welt ebenso wie an der eigenen Unzulänglichkeit provoziert die schöpferischen Kräfte des Unbewussten, jene heilenden Bilder, die den Menschen zu trösten vermögen. Dann tritt das ein, was die alttestamentlichen Propheten geahnt haben und was Paulus konsequenterweise fortgesetzt hat: die Einbeziehung des gewöhnlichen Menschen ins göttliche Drama, was dem Menschen freilich jenen Konflikt beschert, den einst Jahwe selbst geplagt hat, den Konflikt zwischen der Hinfälligkeit menschlichen Lebens auf der einen und dem göttlichen Wesenskern auf der anderen Seite.

Die Vision des Apostels von Christus, sein Einswerden mit dem Bilde Christi, das heißt mit dem inneren, höheren Menschen, erinnert, wie bereits erwähnt, an die östlichen Vorstellungen von der heiligen Kraft des *brahman*, in welcher sich der höchste Gott dem individuellen Selbst (*atman*) offenbart. Hier wie dort führt die Begegnung mit dem Göttlichen zur Befreiung aus den Verstrickungen ins Irdische, freilich nicht im Sinn einer Loslösung von allem Irdischen, sondern weit mehr in jenem Geiste, dem wir etwa in der Bhagavadgita[106] begegnen. Sie berichtet von Krishna, der sich als Inkarnation des höchsten göttlichen Prinzips (Vishnu, Brahman) dem Helden Arjuna offenbart, um ihm trotz der bevorstehenden fürchterlichen Schlacht mit ihrem schrecklichen Gemetzel die Liebe Gottes zu verkünden. Die Widersprüchlichkeit der sichtbaren Welt hebt diese nicht auf. Wie Paulus weiß der Verfasser der Bhagavadgita um die Gnade Gottes, die vom Wahn der Gegensätzlichkeiten befreit, von einem Wahn,

»der selbst aus Gier und Hass entspringt,
die Wesen dieser Wandelwelt,
beständig in Verwirrung bringt« (7,27).

Im letzen Gesang schließlich sagt Krishna:
»Verehre mich, gedenke mein,
stets huldige und opfre mir,
dann gehst du sicher zu mir ein,
als Freund verspreche ich es dir;
gib des Gesetzes Bräuche auf,
vertraue nur auf mich allein,
sei unbesorgt, ich werde dich
von aller Sünde Schuld befrei'n« (18,65f.).

Wie Christus ist Krishna zu den Menschen hinabgestiegen, um ihnen den Weg zu Gott zu weisen. Anders als Christus aber nicht in einer historischen Person, sondern als Offenbarung des Geistes. Krishna, so der indische Glaube, wird das immer wieder tun, von Äon zu Äon, jeweils dann nämlich, wenn die Unwissenheit die Herzen der Menschen allzu sehr verdunkelt hat.

Die Kreuzigung des Ich

Während sich der charismatische Gottmensch der jüdisch-hellenistischen Weisheitslehre, die irdische Welt hinter sich lassend, gewissermaßen selbst erlöst, spricht Paulus nicht von der »Weisheit dieser Welt« (dieses Äons), sondern von der »Weisheit Gottes«, die verborgen ist (*quae abscondita est*) (1 Korinther 2,6f.).[107] Dabei beruft sich Paulus auf seine Visionen, das heißt auf den Einbruch der numinosen Bilder aus dem Unbewussten ins Bewusstsein.
Wenn der Apostel von den »Vollkommenen« (teleioi, V.6) spricht, welche allein die verborgene Weisheit zu erkennen vermögen, intendiert er damit die vollkommene, ganzheitliche Ausrichtung auf Christus oder wie wir heute sagen würden, auf das Selbst: »Ich beschloss, nichts zu wissen als Jesus Christus, und zwar den gekreuzigten« (1 Korinther 2,2). Dies ist eine Weisheit, die sich in der Schwachheit und im Paradoxen verbirgt, in dem eben, was für den gewöhnlichen Menschen ein Unsinn ist. Nichts Menschliches ist mir fremd, das gilt auch für den »vollkommenen« Menschen.
Der psychologische Standpunkt befasst sich nicht mit Glaubensfragen. Er will verstehen und wissen. Für ihn bedeutet der Einbruch eines numinosen Inhaltes aus der Transzendenz in die Sphäre des Bewusstseins, wie er dem Apostel zugestoßen ist, nicht die Auflösung des Ich, denn das käme einer völligen

Unbewusstheit gleich, sondern ganz im Gegenteil eine gewaltige Herausforderung an das Ich, welches dem Irrationalen standhalten muss. Insofern als dieses Standhalten über weite Strecken mehr einem Erleiden als einem aktiven Tun entspricht, kann man von einer relativen Aufhebung des Ich sprechen. Deshalb ist das Bild vom *gekreuzigten Christus* überaus treffend, denn es besagt, »dass die weitere Entwicklung und Differenzierung des Bewusstseins in die immer bedrohlichere Erkenntnis des Widerspruchs hineinführt und nichts weniger bedeutet als eine *Kreuzigung des Ich,* das heißt eine qualvolle Suspension desselben zwischen unvereinbaren Gegensätzen« (Jung, GW 9,2, § 79).

Jeder Mensch strebt in irgendeiner Weise nach Vollkommenheit, und diese ist in der Tat ein mächtiger Antrieb zur Kultur. Doch dieses Streben wird immer neu von der Wirklichkeit durchkreuzt, das heißt vom natürlichen Menschen, wie Paulus sagen würde, »denn nicht das Gute, das ich will, tue ich, sondern das Böse, das ich nicht will, das führe ich aus« (Römer 7,19). Damit ist nun aber nicht einfach eine moralische Schwäche des Menschen gemeint; die Unfähigkeit zum Guten liegt viel tiefer, nämlich in der Natur des Menschen und dessen Abhängigkeit von den instinktiven Dispositionen und archetypischen Faktoren des kollektiven Unbewussten, wie sie mythologisch durch die unterschiedlichen, oft miteinander im Streit liegenden Gottheiten geschildert werden.

Wie Jung im »Aion« ausführt, ist der Archetypus im Unterschied zum Christusbild, das annähernd vollkommen ist, »weit davon entfernt, vollkommen zu sein«. Er drückt immer einen paradoxen Tatbestand aus, da er das Unbeschreibliche so umfassend als möglich beschreiben will. Wo er den Einzelnen mit seiner superioren Gewalt erfasst, zwingt er diesem den Konflikt förmlich auf. »Das Individuum mag sich zwar um Vollkommenheit mühen (›Ihr nun sollt vollkommen sein, wie euer himmlischer Vater vollkommen ist.‹ Matthäus 5,48), muss aber zugunsten seiner Vollständigkeit sozusagen das Gegenteil seiner Absicht *erleiden*« (GW 9,2, § 123).

Wie die vielen paradoxen Formulierungen des Paulus zeigen, ist der Apostel der Widersprüchlichkeit, die jedem Symbol eignet, nicht ausgewichen. Damit blieb er seiner Erfahrung (und derjenigen seiner jüdischen Vorfahren) treu und bestand darauf, dass sich Gott im Verborgenen, im Bild des Gekreuzigten, offenbart, das heißt *sub contrario* – unter dem Gegenteil dessen, was das Ich von Gott erwarten würde. War es einst der leidende Gottesknecht, von dem die Hoffnung ausging, so ist es jetzt der gekreuzigte Christus. So wie die Vision des Paulus auf die reale historische Person des Gekreuzigten Bezug nimmt und dieses einmalige Ereignis mit einer ewigen, archetypischen Wahrheit verbindet, so versteht der Apostel den »vollkommenen« Menschen nicht wie Philo als ein der irdischen Welt bereits enthobenen, sondern als ganzheitlichen, zwischen den Gegensätzen gekreuzigten Menschen. Auf C.G. Jungs Grabstein in Küsnacht ist ein Satz des Paulus aus dem 1. Korintherbrief (15,47) zu lesen: »Der erste Mensch ist von der Erde, irdisch, der zweite Mensch ist vom Himmel.« Der höhere, geistige Mensch (*homo caelestis*) existiert zwar, hebt den irdischen Menschen *(homo terrenus)* aber nicht auf. Die Überwindung des Letzteren ist für Paulus ein Ereignis der Zukunft, das erst dann eintreten wird, wenn die letzte Posaune erschallt, um die Toten aus ihrem Schlaf zu erwecken (1 Korinther 15,47-53).

Den hinter der göttlichen Paradoxie verborgenen Plan Gottes – ein solcher ist wohl mit den »Tiefen Gottes« (*profunda Dei*) in 1 Korinther 2,10 gemeint –, vermag allein der von Gott selbst inspirierte Geist zu erforschen. Es ist dies das bekannte Paradox, dass ich nur erkennen kann, wenn ich zuvor erkannt worden bin, oder wie Jesus zu Nikodemus sagt: »Wenn jemand nicht von oben (oder: von neuem) geboren wird, kann er das Reich Gottes nicht sehen ...« (Johannes 3,3), was dem Letzteren begreiflicherweise einige Verstehensschwierigkeiten bereitet.

Auch den Alchemisten war das Problem wohl bekannt. Nicht nur dass sie, wie Khunrath, darum wissen, dass jede Erkenntnis letztlich durch göttliche Inspiration oder Eingeistung zustande kommt, sondern auch in dem Sinne, dass nur ein Wiedergeborener den in der Materie verborgenen Weltgeist zu erkennen vermag: »Die Natur ist *eine*, wahr und einfach, vollkommen in ihrer Essenz; ein geheimer Geist liegt in ihr verborgen. Wenn du das erkennen willst, musst du selber wahrhaftig, einfach, geduldig, ausdauernd und hingabefähig sein ... kurz: du musst ein *regeneratus* (ein *teleios* oder Wiedergeborener, A.S.) sein, ein neues Wesen.«[108] Die Parallelen sollen lediglich deutlich machen, dass sich – was viele erkannt haben –, die Paradoxie nicht auflösen lässt. Es ist Paulus hoch anzurechnen, dass er dem jüdischen Erbe der Verborgenheit Gottes treu geblieben ist.

Wenn Paulus zwischen dem natürlichen, animalischen und dem geistbegabten oder geistigen Menschen unterscheidet (1 Korinther 2,14-16), so nicht in der Absicht, die natürlichen Bedingungen alles irdischen Lebens ein für alle Mal aufzuheben. Dasselbe gilt vom Wesen des Fleisches (sarx) als Zustand der Sünde auf der einen, und dem des Geistes, der Leben und Frieden mit sich bringt, auf der andern Seite (Römer 8,4-9). Mit Fleisch meint Paulus nicht nur das weltliche Streben nach sexueller Lust, sondern weit darüber hinaus jede Form der animalischen Triebhaftigkeit, blinde Emotion, Besessenheitszustände jeglicher Art, das unentwegte Kreisen um sich selbst und vieles mehr. Das falsche »Leben nach dem Fleisch«, das in den Tod führt (Römer 8,13), hat nichts zu tun mit einer Leibfeindlichkeit des Apostels, wie immer wieder zu hören ist, vielmehr ist das Leben des nur natürlichen, irdischen Menschen gemeint, bei dem sich alles auf das Sichtbare beschränkt.

Die Verstrickung ins Irdische und die damit verbundene Schuld ist ein Leitmotiv vieler östlicher Schriften. »Ein Dieb ist, wer, den Göttern nichts entgeltend, ihr Geschenk verzehrt« (Bhagavadgita 3,12). Wer nur das Eigene sieht, übersieht den *kosmischen* Zusammenhang, in welchem das Menschliche und das Göttliche notwendig zusammenwirken:

»Wer hier der ew'gen Ordnung Rad
zu seinem Teil nicht weiterdreht,
in Sinnlichkeit und Schuld verstrickt,
vergeblich der durchs Leben geht.

> Doch wer an seinem Selbst (Atman) sich freut,
> an seinem eignen Selbst vergnügt,
> für den bleibt hier nichts mehr zu tun,
> weil ihm sein eigen Selbst genügt ...
> Wer handelt ohne Leidenschaft,
> der Mensch erreicht das höchste Gut«
> (Bhagavadgita 3,16-19).

Die Problematik des ichhaften und narzisstischen Menschen liegt darin, dass er, den kosmischen Zusammenhang übersehend, die eigenen Werke und kreativen Ideen sich selbst zuschreibt, als sei er allein deren Urheber. In dieser Selbstvergessenheit oder, wie wir heute sagen würden, Unbewusstheit, sieht Paulus die *Sünde*. Die Sünde (des Fleisches) besteht demnach weniger in einer (bösen) Tat, als in der falschen Einstellung. Dem Apostel geht es weder um die Übertretung des Gesetzes (der alte Adam, der nach dem Gesetze lebt) noch um eine moralische Verfehlung oder die eigene Schlechtigkeit, sondern um die Unbezogenheit des »Diebes« gegenüber dem Göttlichen als der schöpferischen Macht, von der der Mensch lebt. Wer nur sich selbst zu sehen vermag, ist so gut wie tot, weil abgeschnitten von den wirklichen und wirkenden Grundlagen seines Lebens.[109] Psychologisch gesehen ist die »Sünde wider den Geist« eine Sünde gegen das Selbst. Diese beginnt dort, wo wir uns gegen den schöpferischen Geist und die autonom wirkenden Faktoren der unbewussten Psyche verschließen, weil wir nicht mehr mit dem spontanen Eingreifen des Unbewussten rechnen. Daran vermag auch die unsere Taten begleitende gute Absicht nichts zu ändern. Im Wissen darum haben die Mystiker wie die östlichen Meister immer wieder vor der Überschätzung der Frömmigkeitswerke gewarnt:

> »Wer in dem Tun das Nicht-tun sieht
> und in dem Nicht-tun sieht das Tun,
> tut alle Werke einsichtsvoll,
> weil in › Ergebung‹ sie beruhn.
> ...

Wer nicht der Taten Frucht erstrebt,
zufrieden, auf sich selbst gestellt,
der ist von allem Handeln frei,
auch wenn er handelt in der Welt« (Bhagavadgita 4,18;20).

Oder, wie Lao-tse es formuliert:
»Tao ist ewig Nicht-Tun,
und doch bleibt nicht ungetan« (Nr. 37).

Körper und Geist

Die Paradoxie Gottes, die in Jahwe noch so lebendig ist, weicht schon bei Jesus, erst recht aber bei den Nachfolgern von Paulus zusehends einem Gottesbild, aus dem das Dunkle und Widersinnige verdrängt wird. Da der Deus absconditus aber ein Archetyp ist, kann er durch kein noch so helles Gottesbild aus der Welt geschaffen werden, es ist vielmehr anzunehmen, dass er im Unbewussten weiterbesteht und von hier aus seine nun nicht schöpferischen, sondern destruktiven Wirkungen ausüben wird. Die Geschichte des Christentums mit ihren Kreuzzügen, ihrer Verfolgung von Andersgläubigen und Ketzern, mit den Verurteilungen der Hexen zum Scheiterhaufen und vieles mehr spricht eine deutliche Sprache. Ein Archetyp in verdrängtem Zustand löst furchtbare Zerstörungen aus, und zwar, wie ebenfalls die Geschichte zeigt, meistens unter dem Vorwand der guten Absicht.

Darum müssen wir den Deus absconditus ernst nehmen, so weit es uns immer möglich ist. Wer mit ihm rechnet, muss dem dunklen Geheimnis der Seele, dem Anderen und Fremden in sich und im Mitmenschen Raum geben. Nicht darum soll es gehen, das Geheimnis aufzulösen, nur darum, es zu berühren, was letztlich eine Frage der echten menschlichen Beziehung, das heißt einer differenzierten Gefühlseinstellung ist.

Wir bräuchten mehr Mut zum verborgenen Gott, zu einem Gott, den wir nicht verstehen können, wenigstens nicht im Sinne der Erklärbarkeit. Menschen, die wie Paulus von Visionen heimgesucht werden, scheinen darum zu wissen. Deshalb möchte ich zum Schluss dieses Abschnittes der Stimme einer Frau, Teresa von Avila, das Wort geben, die seit ihrer Lebensmitte von numinosen, inneren Bildern inspiriert war und stets um die Gefährlichkeit ihrer Visionen gewusst hat:

»... um sich mit dem himmlischen König zu verloben,
dazu, sage ich euch, gehört mehr Mut, als ihr euch denkt,
da unsere Natur viel zu furchtsam
und zu niedrig für so etwas Großes ist.
Ja, ich halte für gewiss, dass es euch unmöglich wäre,
wenn nicht Gott euch den Mut dazu verleihen würde ...«[110]

4. Kapitel
Vom Jubel und Leiden der Seele in der Mystik

Die Schrecken, mit denen der Deus absconditus Hiob heimgesucht hat, und der Engel Satans, der Paulus ins Gesicht geschlagen hat, damit er sich nicht überhebe, sind untrügliche Zeichen für die Schutzbedürftigkeit des Menschen gegenüber den Elementargewalten des Göttlichen. »Nie gebrach es der Menschheit an kräftigen Bildern, welche magischen Schutz verliehen gegen das unheimlich Lebendige der Seelentiefe«, schreibt Jung und fährt fort: »Immer waren die Gestalten des Unbewussten durch schützende und heilende Bilder ausgedrückt und damit hinausgewiesen in den kosmischen, außerseelischen Raum« (GW 9,1, § 21). Doch dieser Schutz wird immer dann wirkungslos, wenn die alten religiösen Formulierungen einem sich differenzierenden Bewusstsein nicht mehr zu genügen vermögen. Das hat Hiob angesichts Jahwes Zornausbrüchen erfahren, weshalb er an dessen moralischer Integrität zu zweifeln begann. Dieselbe Entwicklung ist in der griechischen Welt – neben dem jüdischen Erbe die zweite entscheidende Wurzel der christlich-abendländischen Kultur – zu beobachten. Seit dem 6. vorchristlichen Jahrhundert haben die

Inkonsequenz und »menschlichen« Schwächen der Götter – man denke nur an die amourösen Eskapaden des Zeus – bei vielen Anstoß erregt, was schließlich zum Zerfall der antiken Götterwelt und damit zu einer tief gehenden Wandlung des Gottesbildes geführt hat. An die Stelle des homerischen Pantheons tritt jetzt bei den Vorsokratikern die »archetypische Idee eines einzigen göttlichen Weltgrundes (Arche)«[111], der entweder in etwas Geistigem oder in der Urmaterie gesucht worden ist. Im Laufe dieser Entwicklung entsteht jene Geistreligion, als deren Mittelpunkt Plato angesehen werden darf. Der Eros zum Geistigen, der das philosophische Denken beflügelt, trägt durchaus religiöse Züge und kennzeichnet das gemeinsame Erbe des klassischen Altertums. Nach und nach ist die symbolische Auffassung verdrängt worden, sodass man sich fragen muss, wo das »unheimlich Lebendige der Seelentiefe«, das die Mythen einst so anschaulich geschildert und damit gebannt haben, geblieben ist. Sollte es denn wirklich gelingen, durch die liebende Hinwendung zum Licht des Geistes die dunkle, furchtbare und rachsüchtige Seite Gottes zu besänftigen? – Ich denke, um die Antwort vorwegzunehmen, dass es vor allem die mittelalterlichen Alchemisten und Mystiker waren, die von dem im Unbewussten nach wie vor lebendigen paradoxen Gottesbild ergriffen worden sind. Vor ihnen aber hatte sich eine andere Strömung verbreitet, auf die ich nur kurz eingehen will.

Plotin

Ein Blick auf die wichtigsten Zeugen der abendländischen Philosophiegeschichte und des Christentums zeigt, dass das paradoxe, die Gegensätze in sich enthaltende Gottesbild fast ganz aus der offiziellen Lehre verschwunden und ins Unbe-

wusste verdrängt worden ist. Bezeichnend für diese Geisteshaltung sind die sublimen Gedanken Plotins (204-270 n. Chr.), der ein glühender Verehrer Platos war. Zwar noch ganz dem Altertum verpflichtet, weist er doch weit über seine Zeit hinaus bis hin zur Scholastik und Mystik des Mittelalters. Plotins Ideen haben stark auf Augustinus und andere Kirchenlehrer eingewirkt. Wenn etwa Meister Eckhart von der »Quelle der überwesentlichen Gottheit«, vom »Überguten«, »Überwesen‹« oder »Überewigen« spricht, so kann darin unschwer die höchste Gottheit Plotins wiedererkannt werden, das Eine, Übereine oder wie immer er jene bezeichnet. Es war dann aber vor allem Dionysius Areopagita, ein Schüler des Proklos, der zur maßgebenden Autorität des europäischen Mittelalters in Fragen der Mystik geworden ist; er hat den Neuplatonismus mit dem Christentum verbunden.[112]
»Der Platonismus in all seinen Gestalten ist der schönste Traum des abendländischen Menschen von einem höheren, einem geistigen Sein. Er führt über das irdische Dasein und damit über Ungenügen, Hässlichkeit, das Schlechte, die Sünde hinaus zum Guten, Schönen, Wahren, Ewigen.«[113] Dieser Traum wurde dem Mittelalter aber weniger durch die Schriften Platos selbst, als durch dessen Nachfolger, die so genannten Neuplatoniker, übermittelt.
Ganz platonische Züge hat Plotins Stufenlehre von der Wirklichkeit. Während der *Materie* kein Sein anhaftet, nimmt die Seele als Vermittlerin zur Welt des Geistes am Seienden teil. Ihr gegenüber ist der *Geist* das Seiende selbst. Aus ihm stammt alles Lebendige. Über dem Geist wiederum steht die reine Einheit, das *Eine*, das Übereine, das Überseiende, das Übergute, das eben, was *über* allem Erkennen ist. Dies ist zugleich die höchste Gottheit. Alle Wirklichkeit ist aus dem Einen als dessen *Emanation* hervorgegangen. »Der Kosmos ist, wie Plato gesagt hat, ein ›seliger Gott‹. Aus Gegensätzen und sich ergänzenden Mängeln aufgebaut, ist er ein wohlgefügtes Ganzes, ein Organismus unter einem einheitlichen Gesetz«, wobei alles mit allem durch ›Sympathie‹ verbunden ist.«[114]

Anders als bei den Gnostikern beruht der Abstieg der Seele aus der geistigen in die materielle Welt und ihre Verstrickung in das Irdische nicht auf einem Akt der Sünde. Er entspricht vielmehr einer Notwendigkeit, die im Weltplan angelegt ist. Aufgabe und Ziel des Menschen ist die Rückkehr der Seele, wie sie in der mystischen Schau (*theoria, intuitio*) der geistigen Welt vollzogen wird. In diesem Ereignis offenbart sich dem Menschen der *mundus intelligibilis* in seiner ewigen Vollkommenheit, worüber man freilich, wie Plotin sagt, »weder reden noch schreiben kann, denn nur bis zum Wege, bis zum Aufbruch reicht die Belehrung, die Schau muss dann selbst vollbringen, wer etwas zu sehen gewillt ist.« Diesem aber widerfährt gleichsam eine »*erotische Erschütterung* beim Schauen wie ein Liebender, der ausruht im Geliebten ...«[115]

Scholastik

Plotin und seine Nachfolger haben das philosophische Fundament der scholastischen Theologie wesentlich mitbestimmt. Der problematische Punkt der offiziellen Kirchenlehre ist deren hohe Einschätzung der Vernunft (*intellectus, ratio*), kraft welcher der Mensch für fähig gehalten wird, aus freiem Willen, das heißt als ein Gott gegenüber selbstständiges Wesen, vom Sichtbaren zum Unsichtbaren emporzusteigen. Thomas von Aquin hat seinen Ansatz auf den klassischen Nenner gebracht: »Da die Gnade die Natur nicht aufhebt, muss die natürliche Vernunft dem Glauben dienen ...« Die Offenbarung ist zwar übervernünftig, aber nicht widervernünftig.[116] Daraus erwachsen der philosophisch fundierten Theologie ungeahnte Möglichkeiten. Es entsteht eine Zusammenschau, in welcher Glaube und Vernunft, Natürliches und Übernatürliches in einem allumfassenden Ganzen zusammengedacht werden. Diese

Harmonie wird nur dadurch möglich, dass im Zweifelsfall gegen die empirische Forschung der Naturwissenschaften, das heißt *gegen die Erfahrung* und zugunsten der Autorität der biblischen Offenbarung entschieden wird. So fordert es das mittelalterlich-scholastische Wissenschaftsverständnis bis hin zu den im Hochmittelalter aufkommenden Universitäten, die noch unter kirchlicher Führung gestanden haben.[117]
Das führt nun zur Frage zurück, wo die Antinomie des jahwistischen Gottesbildes, die einst das Hiobdrama auszulösen vermocht hat, geblieben ist. Das scholastische Lehrsystem scheint die radikale Spannung zwischen dem natürlichen und dem geistigen Menschen, welche die jüdischen Apokalyptiker und auch Paulus noch bis ins Innerste erschüttert hat, aufzulösen oder doch zumindest so weit abzubauen, dass die große Mehrheit der Gläubigen in den Dogmen und Riten der katholischen Kirche, der Mater ecclesia, einen wirksamen Schutz gegen die Gefahren des Unbewussten gefunden hat. Das kann aber nicht darüber hinwegtäuschen, dass das »brennende« Problem des furchtbaren Gottes in diesem Gottesbild nach wie vor ungelöst ist, und zwar, wie C.G. Jung in eindrücklicher Weise gezeigt hat, seit jener letzten großen Offenbarung des Deus absconditus in der Apokalypse des Johannes.

Die Johannesapokalypse

In diesem einzigartigen, sich von den übrigen Schriften des Neuen Testamentes abhebenden Text, droht Unheil. Nicht das wahre Licht der Welt, in dem keine Finsternis ist (Johannes 1) und nicht der Gott der Liebe (1. Johannesbrief 4,16) werden hier verkündet, sondern ein rachsüchtiger, strafender Gott: »Ich strafe und züchtige alle, die ich lieb habe« (Offenbarung 3,19). Noch einmal bricht das Zorngericht, verkündet von einem Engel, der große Gewalt hat, über Babylon herein (Offenbarung 18). Schon die Eingangsvision von einem dem Menschensohn ähnlichen Wesen, aus dessen Munde ein zweischneidiges, scharfes Schwert hervorgeht, lässt den Seher wie tot umfallen (1,17). Das Lamm schließlich, welches die sieben Siegel öffnet, löst eine kosmische Katastrophe von unbeschreiblichen Dimensionen aus: Ein Erdbeben erschüttert die Welt, die Sonne wird schwarz, der Mond färbt sich blutrot und die Sterne fallen vom Himmel, »denn gekommen ist der große Tag seines (des Lammes) Zorns« (6,17). Jedes natürliche Ordnungsgefüge wird hier zerstört und die Welt in ihren Grundfesten erschüttert, woran auch das Erscheinen des Sonnenweibes (Offenbarung 12) wenig zu ändern vermag. In ägyptisch anmutenden Höllenvorstellungen wird dieses vom Urfeind der Schöpfung, von einer Wasserfluten ausspeienden Schlange verfolgt und in die Wüste getrieben, wo es nur dank der Hilfe der *Erde* gerettet wird. Zwar gebiert das Weib einen Sohn, der jedoch sogleich zu Gott entrückt wird, weil er offenbar gegenüber dem Bösen nicht zu bestehen vermag. Zwar wird der Gottesfeind und Drache, die alte Schlange, die der Teufel und der Satan ist, für tausend Jahre in Fesseln gelegt (20,2), doch muss er dereinst wieder freigelassen werden. Zwar bricht nach dem Fall der Hure Babylon Jubel unter den Frommen aus, aber die Schrecken können nicht vergessen werden, weshalb es heißt, dass diejenigen, *die Gott loben, ihn auch fürchten müssen* (19,5).

Wie Jung zu den Visionen des Apokalyptikers anmerkt, gelten diese nicht dem gewöhnlichen Menschen Johannes, sondern dem Seher, dem sich der Blick für die Unermesslichkeit Gottes aufgetan hat. »Man kann sagen, eben weil Johannes Gott liebte und sein Möglichstes tat, auch seine Mitmenschen zu lieben, sei ihm die ›Gnosis‹, die Gotteserkenntnis, zugestoßen, und er hat, wie Hiob, die wilde Furchtbarkeit Jahwes geschaut, darum (das) Evangelium der Liebe als einseitig erlebt und durch das der Furcht ergänzt: *Gott kann geliebt und muss gefürchtet werden.*

Damit weitet sich das Gesichtsfeld des Sehers weit über die erste Hälfte des christlichen Äons hinaus: er ahnt, dass nach 1000 Jahren der antichristliche Zeitabschnitt beginnen wird, ein deutliches Anzeichen dafür, dass Christus nicht unbedingt Sieger ist. Johannes antizipiert die Alchemisten und Jakob Böhme; er fühlt vielleicht seine persönliche Implikation im göttlichen Drama, indem er die Möglichkeit der Gottesgeburt im Menschen, welche die Alchemisten, Meister Eckhart und Angelus Silesius ahnten, vorwegnimmt. Er umriss damit das Programm des gesamten Fischäons mit dessen dramatischer Enantiodromie und dessen dunklem Ende, das wir noch nicht erlebt haben, und vor dessen wahrhaft ... apokalyptischer Möglichkeit die Menschheit schaudert ... Gott hat einen furchtbaren Doppelaspekt: ein Meer der Gnade stößt an einen glühenden Feuersee, und das Licht der Liebe überstrahlt eine dunkle Glut ...« (Antwort auf Hiob, GW 11, § 732f.).

Die Vision von der Gottesgeburt im Menschen

Das von Johannes geschaute Bild vom göttlichen Knaben, des zukünftigen Heilbringers, deutet an, dass das Erlösungswerk Christi noch nicht abgeschlossen ist. Gott möchte ganz Mensch werden, was – nach dogmatischer Lesart – bei seiner Inkarnation in Christus zweifellos nicht der Fall sein konnte, da diesem keine Sünde anhaftete. Diese Erkenntnis drängt sich den Mystikerinnen und Mystikern des Mittelalters seit der Frauenmystik des 12. und 13. Jahrhunderts, seit Meister Eckhart, Johannes Tauler und anderen immer deutlicher auf. Jetzt erst scheint der in der Apokalypse des Johannes angekündigte Sohn ins menschliche Bewusstsein hinabzusteigen. Hier, im Innern der Seele, verursacht er, wie nicht anders zu erwarten, eine große Verwirrung, welche »Furcht und Schrecken« auszulösen vermag und im Bilde der von Gott vernichteten Seele, von der Einsamkeit oder Höllenfahrt der Selbsterkenntnis erlebt und erfasst wird. Besonders Eckhart hat geahnt, dass sich im göttlichen Knaben eine Gottesgeburt *im Menschen* ankündigt, deren Vorbild zwar die Inkarnation Gottes in Christo ist, die sich jetzt aber *zeitlos* und ewig im einzelnen Menschen wiederholt. Bezeichnend hierfür ist der Anfang des berühmten, im Mittelalter weit verbreiteten Liedes vom Senfkorn (*granum sinapis*), als dessen Verfasser Kurt Ruh Meister Eckhart selbst betrachtet.[118] Anspielend auf Johannes 1,1 heißt es hier: »In dem Beginn hoch über (alles) Begreifen ist das Wort ...« Während das johanneische »Im Anfang war das Wort ...« auf das heilsgeschichtliche Ereignis der Menschwerdung Christi hinweist, deutet die präsentische Form auf eine ontologische Aussage hin, wie sie für Eckhart und viele seiner Nachfolger typisch ist.[119] Die Möglichkeit des Anfangs ist demnach immer gegeben, denn, so lautet das Credo der Mystiker im Mittelalter, wo die Kreatur endet, da beginnt Gott.[120] Aufgrund der Wesensgleichheit zwischen Gott und dem Seelengrund, sagt Eckhart, ist die Gottesgeburt zeitlos möglich und kann sich in jedem Menschen ereignen.

Eckhart wird am Ende seines langen und von Gott erfüllten Lebens in einem unfairen Inquisitionsprozess rechtskräftig verurteilt. Vielleicht haben seine tiefen Einsichten das Problem des modernen Menschen, die Widersprüchlichkeit zwischen der Hinwendung zum realen, irdischen und ganz gewöhnlichen Menschen auf der einen und der Gottesgeburt in diesem auf der andern Seite in zu radikaler Weise vorweggenommen. Denn der Traum des abendländischen Menschen von einem höheren, geistigen Sein, durch welches die Niederungen des gewöhnlichen Lebens endgültig verlassen werden können, ist damit ausgeträumt. Hier kündigt sich das Ende des platonisch fundierten Christentums an. Wie sich der Platonismus, einst Geburtshelfer der christlichen Theologie, über alle Religionen gestellt hat, und wie er die reale Sinnenwelt im *mundus intelligi-*

bilis, in der Schau des Geistigen, überwinden wollte, so hat sich die katholische Kirche von Anfang an als Hüterin der allein wahren Lehre und als alleinige Vermittlerin der in Jesus Christus geschehenen Heilsoffenbarung betrachtet. Ihre Vorrangstellung gerät jedoch dort ins Wanken, wo sich der einzelne Mensch vermehrt auf seine persönliche Gottesoffenbarung besinnt. Deshalb waren die echten Visionäre stets von der Verurteilung bedroht, die in manchen Fällen, wie etwa bei Marguerite Porete, einer Zeitgenossin von Eckhart (gest. 1328), zum Flammentod (1310) führte.

Visionäre anderer Art waren die Alchemisten. Auch ihnen drohte die Gefahr, der Häresie bezichtigt zu werden. Doch im Unterschied zu den Mystikern, die vielfach berühmte Volksprediger waren, haben sie stets im Verborgenen gearbeitet. Sie waren Einzelgänger, welche die Stille liebten und ihr Wissen, wenn überhaupt, dann nur mit ihresgleichen ausgetauscht haben. Ungeachtet ihrer oft ketzerischen Ansichten und revolutionären Ideen haben sie sich durchaus als Christen verstanden. Viele unter ihnen, wie etwa Dorneus oder Khunrath, waren tief religiöse Menschen, ja im eigentlichen Sinne Gottsucher, die nicht nur im Laboratorium experimentiert und phantasiert, sondern immer auch im Oratorium gebetet und meditiert haben. Was sie suchten, entsprach aber keineswegs der offiziellen christlichen Lehre, denn nichts Geringeres war ihr Bestreben als die Befreiung des in der Materie verborgenen Weltgeistes der Natur, jenes *spiritus absconditus* und *filius philosophorum*, den sie Christus zwar nicht gleich-, aber doch parallel gesetzt haben. Entsprechend nannten sie ihren *Lapis philosophorum* (das alchemistische Christus- oder Gottessymbol) den gekreuzigten Stein, von welchem Khunrath in Anlehnung (*allegieren*) an den deuterojesajanischen Gottesknecht in Jesaja 53,3f. schreibt: »... er war der allerverachteste und unwertheste, voller Schmerzen und Krankheit. Er war so veracht, dass man das Angesicht vor ihme verbarg. Darumb haben wir ihn nichts geachtet.«[121] Was darin auf den heutigen Menschen und dessen zentrale Aufgabe hinweist, ist die vollzogene Einbeziehung der (eigenen) Dunkelheit, welche allerdings mehr einem heidnischen, als einem christlichen Geist entstammt. Wie Jung in seinem religionsgeschichtlichen Einleitungskapitel zu »Psychologie und Alchemie« dargelegt hat, stellt die alchemistische Erlöserfigur des *filius philosophorum* »ein aus dem Unbewussten erzeugtes kompensatorisches Spiegelbild zur dogmatischen Gestalt Christi«[122] dar. Diesem Sohn der Erde, dem nichts Menschliches fremd ist, haften helle und dunkle Seiten an, was nicht verwunderlich ist, wird er doch aus der schwarzen Erde, der *prima materia*, geboren. Diese wird im *serpens mercurialis* personifiziert, welche auch der *serpens duplex* genannt wird, in jenem Drachen, »der sich mit sich selbst vermählt und sich selbst schwängert, der an seinem Tag gebärt und durch sein Gift alle Lebewesen tötet«[123]. In diesem Doppelaspekt ist er ein *Deus terrestris*, ein Gott der Erde, der als *spiritus absconditus* der Unterwelt und dem Feuer entsteigt, um den neuen Menschen zu gebären, welch Letzterer nun aber nicht nur ein Lichtwesen ist, vielmehr als Sohn seines Vaters Helles und Dunkles in sich vereint.

So setzt sich in der Alchemie (wie auch im modernen Menschen) jenes Drama fort, das in der Offenbarung des Johannes prophezeit worden ist. In der »Aurora consurgens«, einem Text aus der Mitte des 13. Jahrhunderts, von dem zu Beginn bereits kurz die Rede war, kündet sich in der »aufsteigenden Morgenröte« (*aurora*) ein eigentliches Wiedergeburtsmysterium an. Dieses beginnt mit der Erscheinung der »Weisheit, das heißt der Königin des Südwindes«, die wie das himmlische Weib der johanneischen Apokalypse »eine Königskrone aus den Strahlen von zwölf leuchtenden Sternen auf ihrem Haupt« trägt. Als archetypische Gestalt repräsentiert diese Königin psychologisch gesehen den *weiblichen Aspekt des Gottesbildes*, der seit der sich im 13. Jahrhundert ausbreitenden Marienverehrung immer mehr in die männliche Domäne der scholastischen Theologie eindringt. Marie-Louise von Franz hat dieses Ereignis folgendermaßen kommentiert: »Das apokalyptische Sternenweib, das in der Offenbarung Johannis in der Wüste verborgen wurde, steigt zur Menschenwelt, vermutlich zum Autor der Aurora selber hinab, und zwar, ›wie eine Braut, die für ihren Bräutigam geschmückt ist‹« (GW 14,3, § 160). Damit bricht das archetypische Motiv der *coniunctio* in die Sphäre des gewöhnlichen Menschen ein, was diesen »mit der Aufgabe sowohl als auch der Würde (belastet), dass er durch sein Opus den weiblichen Aspekt der Gottheit, die Sapientia und anima mundi, aus der Verhaftung in der Materie befreie und mit dem manifesten, männlichen Gott wieder vereinige« (GW 14,3, § 223). Der Bräutigam aber ist kein anderer als der Autor selbst. »Ein *gewöhnlicher Mensch* ist zum Ort der Gottesgeburt erwählt, und in ihm inkarniert sich nicht nur (wie in Christo) die lichte Seite Jahwes, sondern in ihm gebiert sich Gott als Ganzheit in seinem lichten und dunklen Aspekt von neuem. Der einzelne Mensch aber wird dadurch – wie die Aurora sagt – zum Sohne Gottes ...« (§ 198).

Da die Aurora, wie viele Texte der Alchemisten, den Charakter einer Offenbarung hat, sind deren Bilder entsprechend wenig reflektiert. Psychologisch betrachtet handelt es sich um spontane Manifestationen unbewusster Inhalte, die sich dem Ichbewusstsein mehr oder weniger gewaltsam aufdrängen. Da diese in wesentlichen Punkten vom kollektiven Bewusstsein abweichen, droht eine Dissoziation, welche die ganzheitliche Ausrichtung der Persönlichkeit nach innen und nach außen in Frage stellt. Im einen Fall – so wohl mehr die Gefahr der Alchemisten – führt das zur Vereinsamung, dann nämlich, wenn es den Betroffenen nicht gelingt, die absonderlichen Botschaften des Unbewussten in einen größeren kollektiven Zusammenhang zu stellen, im andern Fall aber zu einer zu großen Anpassung an den herrschenden (kirchlichen) Zeitgeist auf Kosten der inneren Wahrheit, was vielleicht mehr die Problematik der Mystiker ist. Die Entwicklung der Gesamtpersönlichkeit erfordert stets beides: die Anpassung nach innen an die Dynamik der objektiven Psyche (was seit Urzeiten die vermittelnde Aufgabe der Religionen war) ebenso, wie diejenige nach außen an den Zeitgeist beziehungsweise an dessen sich aufdrängende Wandlung.

Was die Alchemie betrifft, so ist es das bleibende Verdienst von C.G. Jung und M.-L. von Franz, deren verborgene Schätze ans Licht gehoben zu haben. Ich muss für die ausführlichere Beschäftigung mit ihr auf deren Schriften verweisen. Wenn ich nun aber wieder auf die Mystiker zurückkomme, so soll nicht vergessen werden, dass diese der christlichen Kirche näheren Strömungen stets von jenen anderen religiösen Bemühungen der Alchemisten begleitet und befruchtet worden sind, sie haben aus der Stille heraus mehr bewirkt, als es zuweilen den Anschein macht. Wegen der im Unbewussten angelegten Symmetrie aller Dinge kann eine geistige Entwicklung letztlich nie isoliert betrachtet werden.

Zunächst kommen drei Vertreter der Mystik zu Wort, bei welchen das Ringen um den Deus absconditus insofern spürbar ist, als sie alle das *ineffabile*, die Dunkelheit Gottes und dessen grundsätzliche Unerfassbarkeit durch den Menschen betonen, da doch alles, was man über ihn zu sagen vermöchte, nichts ist im Vergleich zu dem, was er in sich selber ist: Marguerite Porete, Johannes Tauler und Teresa von Avila. Doch warum gerade sie? Ich gebe es gerne zu: Ich habe die Auswahl zunächst aus ganz subjektiven Gründen getroffen; ihre Texte sprechen mich unmittelbar an. Die von ihnen verwendeten Bilder, Metaphern und Gedankengänge gleichen in manchem den Traumbildern und seelischen Erfahrungen, denen ich bei mir selbst begegne, aber auch bei den Menschen, die ich tagtäglich in der Praxis sehe. Mit andern Worten: Die Auseinandersetzung mit den Texten der Mystiker wird ebenso zur Spurensuche nach dem verborgenen Gott wie diejenige mit dem seelischen Material heutiger Menschen. Doch geht die Verwandtschaft weit über äußere Ähnlichkeiten hinaus, indem sie bis in tiefste Schichten der Psyche hineinreicht. Wie Paulus, so sind auch viele Mystikerinnen und Mystiker von den »Tiefen Gottes« ergriffen, wobei sie diese Tiefen Gottes stärker noch als der Apostel zwar nicht ausschließlich, aber doch vorwiegend im unergründlichen Abgrund der eigenen Seele, das heißt in der Innerlichkeit suchen.

Abgesehen von den erwähnten subjektiven Kriterien meiner Wahl liegt Tauler insofern nahe, als Martin Luther, von dem später die Rede sein wird, dessen Predigten offenbar gekannt hat. Wo immer der Reformator den Mystiker zitiert, und er tut das des Öfteren, gibt er ihm seine ausdrückliche Zustimmung.[124] Berührungen bezüglich der Vorstellung von der Verborgenheit Gottes sind nicht zu übersehen, ebenso wenig wie der unterschiedliche Ansatz hier wie dort. Luthers Äußerung »*Sola ... experientia facit theologum*« – allein durch die Erfahrung wird man Theologe[125] – bringt den Reformator in die Nähe der Vertreter der deutschen Mystik ganz allgemein, besonders aber in diejenige von Johannes Tauler. Allerdings ist zu beachten, dass Luthers Erfahrung mit dem *Wort* nur in der subjektiven Begründung seiner Theologie, nicht dem Wesen nach mit dem inneren Erleben der Mystiker übereinstimmt.[126]

Mit Marguerite Porete soll die Stimme einer Frau zu Wort kommen, die in ganz einzigartiger Weise um Gott gerungen hat. Zwar ist sie, was die verborgene Seite Gottes betrifft, weit von Taulers und Luthers theologischer Durchdringung der Problematik entfernt. Umso berührender aber ist die Unmittelbarkeit und Aufrichtigkeit, mit welcher sie zu ihren inneren Liebeserfahrungen steht, was sie schließlich mit dem Leben bezahlt hat.

Gut dreihundert Jahre später lebte Teresa von Avila. Wie Luther ist sie eine typische Vertreterin des 16. Jahrhunderts, einer »Welt, die in Flammen steht« (VI, 24), wie sie sich einmal ausgedrückt hat. Auch sie entwickelt in dieser Situation eine große reformatorische Kraft, freilich »als getreue ›Tochter der Kirche‹, als die sie sich noch auf dem Sterbebett bezeichnete«[127], innerhalb und nicht außerhalb des Katholizismus. Beiden Reformbewegungen sind zwei Dinge gemeinsam: der Protest gegen das In-Besitz-nehmen-Wollen Gottes durch philosophische Spekulation und daraus folgend die Betonung der eigenen Erfahrung.

Was alle miteinander verbindet, ist der vehemente Protest gegen die Rolle der Vernunft, wie sie von den scholastischen

Theologen gesehen worden ist. »Kein Begriffsvermögen, und wäre es noch so erleuchtet«, sagt Marguerite, vermag »etwas vom Überströmen der göttlichen Liebe zu erfassen« (M 52, 87)[128]. Wer sich auf die Vernunft verlässt, wird immer blind sein, wie all jene Gelehrten, die in ihrer Gelehrsamkeit groß geworden sind (M 43, 77). Dabei schreckt Marguerite nicht vor krassen Worten zurück: sind doch alle, die sich auf den Rat der Kirchenfürsten verlassen »viehisch dumm« und »eselsgleich«, ja von einer »tierischen Stumpfsinnigkeit« befallen (M 68, 106; 69, 107).

Was Luther betrifft, so kann er mit der für ihn typischen »Lust am Paradox« die Vernunft »geradezu als etwas Göttliches preisen«, was ihn aber durchaus nicht daran hindert, sie auch als Hure des Teufels zu bezeichnen, die »nichts kann denn lästern und schänden alles, was Gott redet und tut«[129]. Genauso akzeptiert auch Tauler die Vernunft als natürliche Erkenntniskraft, aber sie interessiert ihn kaum, weil seine ganze Aufmerksamkeit auf den »aller inwendigsten, *verborgenen* Menschen«, das heißt aber auf dessen Seelengrund gerichtet ist, wo »Gottes Wohnung viel eigentlicher (ist) als im Himmel oder in allen Geschöpfen« (H 44, 36).[130] Charakteristisch für Taulers Desinteresse an der Rolle der Vernunft ist etwa eine seiner Predigten, in welcher er den Kirchenlehrer Albertus Magnus zitiert. Hier spricht er vom »allerklarsten Licht«, das Gott in den Grund der Seele gelegt hat, und das *ein Bild Gottes im Menschen* sei, wobei er den Zusatz von Albertus »*et hoc est intellectus*« – das heißt die Vernunft – bezeichnender Weise weglässt (H 53, 413). Ihm geht es um die unmittelbare Gotteserfahrung, die durchs Spekulieren und Philosophieren nur entstellt wird: es »zu erfahren ist (weit) besser, als darüber zu sprechen, ... (deshalb) überlasen wir das Reden darüber (lieber) den großen Lehrmeistern« (H 29, 199).

Bei Luther ist der Protest gegen die philosophisch begründete Theologie wie ein lange angestauter Vulkan herausgebrochen: »Durchs Leben, ja durchs Sterben und durch die Erfahrung der Verdammnis wird man Theologe, nicht durchs Begreifen, Lesen oder Spekulieren.«[131] Dieser Satz hat nichts an Aktualität eingebüßt. Wer immer mit anderen Menschen und ihrer Psyche zu tun hat, sei es als Seelsorger oder Psychotherapeut, kommt an der Konfrontation mit der eigenen seelischen Dunkelheit nicht vorbei. Zwar werden wir kaum mehr von der Erfahrung der Verdammnis, von dieser typisch mittelalterlichen Höllenpein, sprechen, wohl aber analog dazu von derjenigen der Sinnlosigkeit, Depression und Verzweiflung. Das ist die Finsternis, die es auszuhalten gilt und die dann bei Johannes Tauler eine so zentrale Rolle spielt.

1. MARGUERITE PORETE (1250/60–1310):
Die vom Eros vernichtete Seele

Neben Hadewijch und Mechthild von Magdeburg ist Marguerite Porete die dritte große Vertreterin der Frauenmystik des 13. Jahrhunderts, die ihre spirituellen Erfahrungen schriftlich niedergelegt hat. Ihr »*Miroir des simples âmes*« – Spiegel der einfachen Seelen – wurde noch zu ihren Lebzeiten öffentlich als häretisches Buch verbrannt. Sie war nicht bereit, auch nur ein Wort, das sie geschrieben hatte, zu widerrufen, und verweigerte ihren Inquisitoren standhaft jegliche Antwort. So erlitt sie am 1. Juni 1310 in Paris den Flammentod im Beisein einer riesigen Volksmenge.

Marguerite stammte aus dem Nordosten Frankreichs, wo sich das bereits über ganz Europa verbreitete Beginentum zur höchsten Blüte entfalten hat. Unter der »Béguinage« versteht man jene Vereinigung von Frauen, die sich in religiösen Gemeinschaften zusammengeschlossen haben, um sich außerhalb des Klosters ganz in den Dienst Gottes und der Nächsten zu stellen. Ihr Leben in Keuschheit und Armut war von einem religiösen Sendungsbewusstsein geprägt, das bisweilen enthusiastische Züge angenommen hat. Dadurch gerieten viele Beginen in die Nähe der »Freien Geister« und setzten sich so dem Verdacht des Libertinismus aus. Im Zentrum stand die evangelische Lebenslehre und eine zarte humane Geistigkeit[132], die von einer tiefen Demut gegenüber Gott begleitet war. Die brennende Liebe zu Christus und die Sehnsucht nach der Vereinigung mit dem geistigen Geliebten hat ihren Lebenswandel bestimmt und bei manchen Beginen dazu geführt, die kirchliche Lehre dem inneren Erleben unterzuordnen.

Marguerites kritische Haltung gegenüber der Welt der theologischen und philosophischen Gelehrten ist typisch für das Beginenmilieu. Die folgenden Zitate mögen verdeutlichen, mit welcher Leidenschaftlichkeit sich die damaligen Beginen gegenüber den Geistlichen zu verteidigen vermocht haben: »Ihr haltet Lesungen, wir lesen aus. Ihr sprecht, wir handeln. Ihr erleuchtet, wir brennen. Ihr führt, wir haben Gewissheit. Ihr verlangt, wir empfangen. Ihr sucht, wir finden. Ihr liebt, wir schmachten. Ihr schmachtet, wir sterben (vor Liebe).«[133] Und eine andere will ihre spirituellen Erfahrungen so verstanden haben: »Wenn ich rede, ist es Prophetie, wenn ich schlafe, bin ich entrückt, wenn ich träume, habe ich Visionen.« Von diesem selbstbewussten Geist ist auch Marguerites Buch durchdrungen. Als ein »von Gott gegebenes« Werk muss es »von innen heraus« gelesen werden (M 1, 17f.). Nur wer Gott mit reinem Herzen liebt, kann es verstehen, nur er wird die in ihm offenbarte Wahrheit finden.

Das Buch ist in Dialogform geschrieben, wobei die Liebe (*l'Amour*) und die Seele (*l'Ame*) die Lehrmeisterinnen sind, die der Vernunft (*la Raison*), deren Begriffsstutzigkeit oft groteske Formen annimmt, entgegentreten. Auch andere Sprecherrollen sind zu finden: »Diejenige, die sucht«, »Die Heilige Kirche, die Kleine«, »Die Wahrheit«, ja Gott selbst tritt auf, doch immer wieder ist es die Liebe, welche die Verwirrung stiftenden Fragen zu beantworten weiß.

Marguerite Porete vertritt ihre Spiritualität oft mit einer östlich anmutenden Gelassenheit. Einzig der missionarische Eifer, mit welchem sie ihr Buch auf öffentlichen Plätzen vorliest und ihr

Appell an die Hörer, ihre Worte, »um der Liebe willen« »göttlich« zu verstehen (M 58, 95), verraten eine gewisse Unsicherheit, eine Unsicherheit freilich, die angesichts des revolutionären Inhaltes durchaus verständlich ist. Wie später Meister Eckhart geht es ihr nicht um heilsgeschichtliche, sondern um ontologische Aussagen, um den existenziellen Zustand dessen, der von der Liebe zu Gott ergriffen und darin ein anderer Mensch geworden ist. Liebe und Seinslehre fließen ineinander über, was von den kirchlichen Instanzen missverstanden worden ist und darum bei beiden zur Verurteilung geführt hat.

Verabschiedung der Tugenden – ein Stein des Anstoßes

Die Seele spricht:
Tugend, ich nehme Abschied von euch
auf immer!
Mein Herz ist nun ganz unbelastet
und recht hochgemut.
Euer Dienst ist zu sehr festgefahren,
ich weiß es wohl.
Eine Zeit lang hängte ich mein Herz an euch,
ohne Vorbehalt;
Ihr wisst, dass ich euch ganz gehörte,
voll ausgeliefert.
Ich war da eure Leibeigene (eure Sklavin),
nun bin ich daraus befreit.
Mein ganzes Herz hatte ich an euch gehängt,
ich weiß es wohl.
So lebte ich eine gewisse Zeit
in großer Verirrung.
Gelitten habe ich da manch schwere Qual,
manch harte Pein erlitten ...
doch da es vorbei ist, macht es mir nichts mehr aus:
ich bin von euch geschieden! ...
Entkommen bin ich aus eurer Gewalt,
in Frieden verbleibe ich nun.
(M 6, 23)

Diesen kleinen Hymnus, gesungen von der vernichteten Seele, kann, wie Marguerite gleich im folgenden Kapitel betont, »nur derjenige und kein anderer als der (verstehen), dem Gott das Verständnis gegeben hat. Denn die Schrift enthält es nicht, noch erfasst es der menschliche Sinn; auch nützt das Bemühen der Kreatur da zur Erkenntnis und zur Einsicht nichts. Diese Gabe stammt vielmehr vom Allerhöchsten, in den dieser Mensch *entrückt* wurde durch eine Fülle an Erkenntnis« (M 7, 24). Wir stehen hier vor dem bekannten Problem, vor welchem auch Nikodemus (Johannes 3) gestanden hat: nur ein *regeneratus*, ein im Geiste Wiedergeborener, vermag zu erfassen, worum es geht. Gleiches kann eben nur durch Gleiches erkannt werden, weshalb nur die vergottete Seele selbst Gott zu erkennen vermag.[134] Die dergestalt von allem Kreatürlichen entäußerte Seele aber bleibt gegenüber den in der Welt existierenden Gegensätzen gelassen. Entsprechend sagt die Liebe: »Achtet weder auf Schmach noch auf Ehre, weder auf Armut noch auf Reichtum, weder auf Wohlbehagen noch auf Missbehagen, weder auf Liebe noch auf Hass, weder auf die Hölle noch auf das Paradies« (M 7, 24). Das sind radikale Aussagen, die sich in dieser Form erst bei Meister Eckharts Vorstellung vom »ledigen Gemüt« (*ledic sîn*) wiederfinden.

Marguerite beruft sich an dieser Stelle, wo sie von der Entrückung durch den Allerhöchsten spricht, auf ihre mystische Erfahrung, was sie, da ihr Buch ein Lehrbuch sein will, nur ganz selten tut. Ähnlich geschieht es im 80. Kapitel, wo die Seele auf die Frage der Vernunft, wer denn ihr Allernächster sei, antwortet: »Die hinreißende Erhebung, die mich unversehens überkommt und mich mitten ins Mark der göttlichen Liebe versetzt, in das ich verschmelze. Es ist deshalb nicht mehr als recht, wenn ich mich seiner erinnere, denn in ihn bin ich versetzt. Es gehört sich, spricht die Seele, dass ich über diesen Zustand schweige; denn darüber vermag man nichts zu sagen« (M 80, 124).[135] Das Erlebnis des Einswerdens mit Gott, die *unio mystica*, macht die Tugendwerke zwar nicht überflüssig, hinterlässt aber eine vollkommene Gleichgültigkeit gegenüber dem daraus allenfalls resultierenden Lohn. Um die Anstößigkeit solcher Aussagen besser zu verstehen, ist ein kurzer Blick auf den geistesgeschichtlichen Hintergrund der abendländischen Mystik und deren sich wandelnder Einstellung gegenüber den Tugendwerken nötig. Die klassische, bereits erwähnte Stelle finden wir bei *Paulus* (Römer 7,7-24), wo es heißt: »Denn nicht das Gute, das ich will, tue ich, sondern das Böse, das ich nicht will, das führe ich aus« (Vers 19), was freilich eine bittere Erkenntnis ist: »Ich elender Mensch! Wer wird mich erlösen von diesem Leibe des Todes?« (Vers 24) Die Widersprüchlichkeit zwischen dem Gesetz Gottes, das geistiger Natur ist, und demjenigen der Welt, psychologisch gesagt zwischen Ich und Selbst, lässt sich nicht auflösen. Dahinter steht eine in der Welt der geschaffenen Dinge unauflösbare Paradoxie, das heißt ein Konflikt, den wir aushalten müssen, weil wir uns nicht aus eigenen Kräften davon befreien können.

Nun hat aber gerade der christlich geprägte Mensch bis heute die Tendenz, alle Qualen und Schmerzen des Lebens sich selbst oder den Anfeindungen, die er von außen her erlebt, zuzuschreiben, was allerdings nicht in der Intention des Apostels liegt. Doch nicht jedes Leiden ist neurotischer Natur und somit das Resultat einer das Leben einengenden Ichhaftigkeit; dieses Leiden kann vielmehr in der Gegensatzproblematik begründet sein, die *in Gott selber* liegt. Paradoxerweise müsste man deshalb sagen, dass die menschliche Schuld gerade darin besteht, durch eine allzu moralische Sichtweise, die in naiver Weise an das Gute im Menschen glaubt, dem *innergöttlichen Konflikt* auszuweichen. Darum die skeptische Beurteilung der »guten Tat«, von Frömmigkeitsübungen und Tugendwerken durch Paulus und – in seinem Gefolge – durch viele Mystikerinnen und Mystiker des Mittelalters.

Die Antinomie, die Hiob einst in Jahwe erkannte, hat sich bei Paulus und wohl auch beim Verfasser der neutestamentlichen Apokalypse in den Menschen selbst verlegt, und es macht den Anschein, als ob diesem die Aufgabe zukomme, den *innergöttli-*

chen Gegensatz zu versöhnen. Inwieweit der Apostel selbst das erkannt hat, ist schwer zu beurteilen. Die Beantwortung dieser Frage hängt von der Bewertung seiner mystischen Erfahrungen ab. Entgegen dem Urteil der protestantischen Theologie des 20. Jahrhunderts mit ihrer generellen Diskriminierung christlicher Mystik scheint es mir angebracht zu sein, diese und damit die Einheit der Gegensätze Gottes im mystischen Erlebnis wieder vermehrt in den Vordergrund zu rücken.

C.G. Jung kommt in seinen »Erinnerungen« auf dieses Problem zu sprechen. Wenn wir mit dem Monotheismus endlich Ernst machen wollen, müssen wir die in der traditionellen christlichen Lehre bestehende Spaltung zwischen einem guten allmächtigen Gott und seinem dunklen Widersacher auflösen, indem wir die *coincidentia oppositorum* des Eckhart-Schülers Nicolaus Cusanus und die moralische Ambivalenz eines Jakob Böhme ins Gottesbild einbeziehen. Dies ist die Aufgabe des heutigen Menschen. »Die notwendigen inneren Gegensätze im Bilde eines Schöpfergottes können in der Einheit und Ganzheit des Selbst versöhnt werden als *coniunctio oppositorum* der Alchemisten oder als *unio mystica*. In der Erfahrung des Selbst wird nicht mehr, wie früher, der Gegensatz ›Gott und Mensch‹ überbrückt, sondern der Gegensatz im Gottesbild. Das ist der Sinn des ›Gottesdienstes‹, d.h. des Dienstes, den der Mensch Gott leisten kann, dass Licht aus der Finsternis entstehe, dass der Schöpfer Seiner Schöpfung und der Mensch seiner selbst bewusst werde« (Erinnerungen, 341).

Wie aber ist es zu dieser Spaltung gekommen? Die griechischen Kirchenväter sind dem *Mystiker* Paulus darin gefolgt, dass sie die sich täglich wiederholende Geburt Gottes im Herzen des Menschen betont haben.[136] Origenes stellt die mystische Frage, die von nun an nicht mehr verstummen wird: »Was nützt es mir, wenn Christus geboren wird aus der heiligen Jungfrau, aber nicht in meinem Innern?« Er antwortet im Grunde genommen ganz paulinisch, dass der Mensch, vermittelt durch die Taufe, das »Bild des himmlischen Menschen« in sich trage. »Seitdem ruht im tiefsten und heimlichsten Herzensgrund der ewige König, in den ungeheuren Weiten des Herzens ergeht er sich, um der Seele die Mysterien seines *adventus* zu offenbaren.«[137] Doch mit dieser Empfängnis und Geburt des göttlichen Kindes im Herzen des Menschen ist nur ein Anfang gesetzt, ein göttlicher Same, der gepflegt werden und wachsen will. Dieser Pflege widmet sich der Suchende, wie aus der berühmten neunten Jeremiashomilie des Origenes hervorgeht, auf welche sich die deutschen Mystiker immer wieder berufen haben: »Selig aber, wer immer aus Gott geboren wird. Nicht nur einmal, so möchte ich sagen, wird der Gerechte aus Gott geboren, sondern in jedem guten Werk wird er geboren, weil in diesem Werk Gott den Gerechten gebiert ...Wenn nun der Erlöser immerdar geboren wird und darum sagen kann: ›von allen Hügeln gebiert er mich‹ [Spr. 8,25; hier spricht die Weisheit] ... und also allezeit der Erlöser vom Vater geboren wird, so gebiert Gott in ihm auch dich, wenn immer du den Geist der Kindschaft hast, immerdar in jedem guten Werk, in jedem guten Gedanken, und so geboren, bist du ein ›*immer geborenes*‹ *Kind Gottes in Christus Jesus*.«[138]

Der hier anklingende Moralismus mit seiner Betonung der guten Werke ist irreführend, darf jedoch nicht falsch verstanden werden. Origenes scheint an der mystischen Qualität seiner Aussage festzuhalten: Alle guten Handlungen haben ihren Ursprung in Gott. Nur der Mensch ist zu ihnen befähigt, der das göttliche Kind in seiner Seele empfangen hat. In einer volkstümlichen Predigt jener Zeit kommt die weibliche Qualität dieses Vorgangs schön zur Sprache: »Es möge also jede Seele (psyche) Mutter Christi werden in ihrem Innern. Wie aber soll sie Mutter Christi werden? *Jede Seele trägt Christus in sich wie in einem Mutterschoß* (wörtlich: odinei ... ton christon = Geburtswehen haben, gebären). Wenn sie nicht umgestaltet wird durch ein heiliges Leben, kann sie nicht Mutter Christi genannt werden ... Und damit du einsiehst, dass in jedem von uns Christus geformt wird, dass unsere Seelen Mutter Christi ... werden können, sagt Paulus: ›Du übst also Gerechtigkeit? Siehe, du hast Christus in dir gebildet ...‹« (Anspielung auf Galater 4,19)[139]

Die Feinheiten mystischer Formulierungen der griechischen Kirchenväter gehen bei den christlichen Autoren des lateinischen Sprachraumes verloren, obwohl auch diese auf Origenes und andere, letztlich auch auf Philo zurückgreifen. Bei *Ambrosius* und seinem berühmten Schüler Augustinus wird die Lehre von der Gottesgeburt im Herzen des Menschen vollends zum Moralischen hin verengt.[140] Was im Ansatz schon bei Origenes zu finden ist, wird jetzt zum zentralen Inhalt: Die Geburt des göttlichen Kindes verwirklicht sich im gewöhnlichen sittlichen Leben des gläubigen Christen. Der sittlich-moralische Einschlag der guten Werke wird zum bestimmenden Verhalten, das sich an Maria orientiert. Sie wird zum Vorbild der jungfräulichen Seele, denn in der Seele, so Ambrosius, wiederholt sich das Weihnachtsgeheimnis von Bethlehem. In der inneren Geburt Christi ahmt die gläubige Seele die Jungfrau Maria nach: *est enim anima quae spiritualiter parturit Christum*[141] – denn die Seele gebiert Christus geistlich. Hier liegt der Ursprung des asketischen Ideals, das durch das ganze Mittelalter hindurch bestimmend war.[142]

Die Vereinigung in der Liebe (l'Amour)

Marguerite stammt wahrscheinlich aus aristokratischen Kreisen und scheint mit der höfischen Liebesdichtung vertraut gewesen zu sein.[143] Die wohl wichtigste Bezeichnung Gottes als der *Loignprés*, der Fernnahe (M 59, 95 u.a.), geht auf Augustinus und letztlich auf die Bibel selbst zurück, wird aber bei Marguerite mit der in der höfischen Minne besungenen Fernliebe verbunden. So wird die höchste und vollkommenste Liebe zwischen Mann und Frau, die *fine amour, pure amour, noblesse d'amour* usw., zum Inbegriff der Gottesliebe. Nur nebenbei sei erwähnt, dass Marguerite, wo sie von der Liebe spricht, fast immer amour verwendet, das dem griechischen Eros und nicht der Agape (*charité*) entspricht. Das verleiht diesem Gottesbild, die für den »Spiegel« so charakteristische Lebendigkeit. Ihn, den Fernnahen, sucht man vergeblich »in den Geschöpfen, durch Gebete in den Kirchen, im geschaffenen Paradies, in Menschenworten und in Schriften«. Nicht in den speziell für ihn geschaffenen Räumen und Schriften ist er zu finden, vielmehr allerorts: »Ich finde ihn überall, spricht diese Seele, und eben da ist er auch« (M 69, 108).

Während *die* Autoritätsfigur der abendländischen Mystik, Dionysius Areopagita, nicht wagen würde, »etwas zu sagen oder auch nur zu denken, was gegen die Offenbarungen verstößt, die uns nach göttlicher Anordnung in den heiligen Schriften hinterlegt sind«[144], setzt sich Marguerite in großer spiritueller Freiheit über diese Tradition hinweg. Ihr offenbart sich der Geliebte, wie einst dem Juden Saulus im Damaskuserlebnis und dem Christen Paulus in seiner Himmelsvision[145], als blitzartige Lichterscheinung, als ein »Öffnen in der Art des Blitzes und ein plötzliches Zuschließen« (M 58, 94f.), ein Entrücktwerden, das einem Raub (*raptus*) gleichkommt. Dabei verspürt die ihrer selbst beraubte Seele einen tiefen Frieden, ja eine »geheime Liebe, die über allem Frieden ist«. Das Erlebnis übersteigt jede personale Gottesvorstellung, denn wer soll das verstehen, »außer jenem, dem ich gehöre, der in mir selbst *dieses Etwas* ist? Da ist meine Liebe verankert ohne mein Selbst ... Doch von dem Etwas, das er aus sich ist, in mir, für mich, nach dem ich nur frage durch die Anziehung seiner reinen Natur – von mir aus fragte ich nicht –, davon kann ich nichts wissen, spricht die Seele« (M 106, 155).

Eine solche Liebe wächst aus dem Sein Gottes im Menschen, aus der in der *unio mystica* erfahrenen Vergöttlichung der Seele. Dass Gott unvermittelt und ohne jegliche Eigenleistung seitens des Menschen die Seele berührt und in ihr wirkt, ist ein der Beginenmystik geläufiger Gedanke.[146] Marguerite erfährt diese Vereinigung als Geburt des ewigen, göttlichen Wesens »in der vernichteten Seele, in der freien Seele, in der erleuchteten Seele«. So entsteht eine »meisterhafte Verbindung mit dem höchsten Freund ..., welcher sich einfach gibt und *einfach macht*« (M 115, 164f.). Zu dieser Einfachheit gehört ein gewisser Gleichmut gegenüber den Wechselfällen des Lebens: die von

Gott berührte Seele ist »zu jeder Zeit besinnlich ohne Traurigkeit, fröhlich ohne Ausgelassenheit« (M 22, 52). Angesichts der Qualen bleibt sie ebenso gelassen wie gegenüber den paradiesischen Schönheiten des Lebens, denn sie weiß »ganz und gar nicht, was für sie das Beste sei, auch nicht auf welche Weise Gott ihr Heil wirken will und das Heil ihrer Nächsten ... Und darum hat die freie Seele keinerlei Willen zu wollen und nicht zu wollen, einzig nur den Willen, Gottes Willen zu wollen und im Frieden die göttliche Verfügung anzunehmen« (M 13, 39f.).
Die reine Liebe transzendiert alle in der Schöpfungswelt begründeten Antagonismen und überwindet sie in einem göttlichen Frieden. Damit wird das im Neuplatonismus wurzelnde dreigliedrige Aufstiegsschema der Seele zu Gott hinfällig. Obwohl Marguerite die Metaphern vom Tal der Demut, der Ebene der Wahrheit und vom Berg der Liebe durchaus kennt und auch anwendet, gebraucht sie diese nicht im üblichen Sinn der stufenweisen Vervollkommnung der Seele, vielmehr so, dass die Seele stets auf allen drei Ebenen verweilt. Bisweilen sitzt die »Himmlische«, die »Braut des Friedens«, im tiefsten Abgrund des Tales, weil nur hier ihre Sehnsucht erwachen und der Blick frei werden kann für den Gipfel des Gebirges (M 74, 114f.). Dann wieder wohnt sie, dem Mauersegler gleich, auf dem Berge »über den Winden und über den Regengüssen« (M 65, 103). Wo immer sie sich aufhält, es kümmert sie nicht, denn Gott vermag in allem zu wirken. Die Geliebte des Fernnahen sucht Gott niemals, »sie hat dazu keinen Grund, sie hat sich um ihn nicht zu sorgen. Er fehlt ihr nie. Warum sollte sie ihn denn suchen? Wer sucht, ist noch bei sich ...« (M 100, 149).
Marguerite vergleicht die in die Fülle und in den Überfluss der göttlichen Liebe eingeschmolzene Seele mit jener Perle im biblischen Gleichnis, für welche ein Kaufmann all sein Hab und Gut verkauft hat, um diese eine kostbare Perle zu besitzen (Matthäus 13,45f.), fügt aber gleich hinzu, dass keine Gotteswissenschaft (*divine cognoissance*: Wissen über Gott), das heißt keine Form der Gotteserkenntnis, und wäre sie noch so erleuchtet, »etwas vom Überströmen der göttlichen Liebe zu er-

fassen vermöchte«. Es ist Gott, der die Seele ergreift und ihr sein Urbild einprägt. Auch dafür gebraucht Marguerite eine in der Mystik weit verbreitete Metapher: »Wie das Eisen von Feuer umkleidet ist und dann sein eigenes Aussehen verloren hat, weil das Feuer, das dieses in sich verwandelte, das Stärkere ist, ganz so wird diese Seele mit dem Plus (Gottes) überkleidet und gespeist und verwandelt in sein Mehr, aufgrund der Liebe dieses Mehr, das auf das Weniger nicht achtet« (M 52, 87).

Das eben ist das Resultat aller Selbst- und Gotteserkenntnis, die Erkenntnis des Weniger, das heißt der eigenen Armut und Bedürftigkeit, und genau sie wird zum entscheidenden Ausgangspunkt zum Plus (zu Gott) hin.[147] Entsprechend belehrt die Liebe die Seele: »Das Beste, was ich euch darüber sagen kann, ist dies, dass ihr euer Nichts vollkommen erkennen solltet; so werdet ihr nichts tun, und dieses Nichts wird euch zu allem verhelfen« (M 34, 66). Solche Aussagen könnten leicht im moralischen Sinne missverstanden werden. Es geht Marguerite nicht darum, die Schlechtigkeit des Menschen als solche anzuprangern, vielmehr darum den Blick vom menschlichen Begehren und Vermögen weg ganz auf das göttliche Wollen zu lenken.

Die von der Liebe, oder sagen wir jetzt ruhig, *vom Eros vernichtete und dadurch wahrhaft frei gewordene Seele (l'ame adnientie et franche)* »glüht im Schmelzofen des Liebesfeuers, sodass sie eigentlich zu Feuer geworden ist. Darum empfindet sie das Feuer nicht mehr, denn sie ist in sich selbst Feuer durch die Kraft der Liebe. ... Dieses Feuer brennt aus sich selbst, durch sich selbst an allen Orten und zu allen Zeiten, ohne Materie zu verzehren oder verzehren zu wollen, ganz nur aus sich selbst« (M 25, 55f.). Offensichtlich handelt es sich bei der vernichteten Seele um einen Zustand, der das irdische Dasein übersteigt, weshalb die Vereinigung in der Liebesglut eigentlich zwischen Gott und Gott oder, genauer gesagt, zwischen dem im göttlichen Feuer verwandelten Menschen und der Gottheit stattfindet. Wie Paulus betont Marguerite die Gnade Gottes in diesem Geschehen, fährt dann aber fort: »Also *bin* ich einzig und allein, was Gott in mir ist, und nichts anderes. Und auch Gott ist eben, was er in mir ist« (M 70, 109). So schmelzt sie Gott und Mensch zu einer unauflösbaren Schicksalsgemeinschaft zusammen. Das sind neue Töne innerhalb der jüdisch-christlichen Tradition.

Zwar bedeutet auch der Bund Jahwes mit seinem Volk Israel eine im Grunde genommen *unauflösbare Schicksalsgemeinschaft*, wobei gerade Jahwes emotionale Reaktionen, sein Zorn und seine Zerstörungswut zeigen, wie sehr er von der Zuneigung seines Volkes abhängig ist, doch ist diese Abhängigkeit im Unterschied zu der Gemeinschaft zwischen Gott und Mensch, von welcher Marguerite spricht, völlig unbewusst. Anders nämlich lässt sich die Dämonie Jahwes nicht erklären. Die übliche Annahme, dass der Weltschöpfer ein bewusstes Wesen sei, ist, wie C.G. Jung erkannt hat, ein folgenschweres Präjudiz, das der Existenz des Bösen nicht gerecht werden kann. »Die göttliche Unbewusstheit und Unreflektiertheit dagegen ermöglicht eine Auffassung, welche das Handeln Gottes dem moralischen Urteil enthebt und zwischen der Güte und der Furchtbarkeit keinen Konflikt aufkommen lässt« (GW 11, Hiob, § 600, Anm. 13).

In Marguerites »Spiegel«, besonders aber in der Art, wie hier der Mensch trotz seiner unübersehbaren Beschränkung ins göttliche Drama einbezogen wird, kündigt sich eine Wende an, wie sie vom Verfasser der Apokalypse einst prophezeit worden ist: Die Gottesgeburt im gewöhnlichen Menschen. Marguerite vollzieht in ihrer Beurteilung Christi eine radikale Akzentverschiebung vom heilsgeschichtlichen Faktum zu dessen Bedeutung für das mystische Leben des Einzelnen. Angesichts der persönlichen und unmittelbaren Betroffenheit tritt das einmalige Ereignis von Christi Tod und Auferstehung auffallend in den Hintergrund. Darum spielt bei ihr anders als in der übrigen Frauenmystik die Passions- und Leidensfrömmigkeit keine Rolle. Ihre Christologie beschränkt sich darauf, die Niedrigkeit der Menschwerdung zu wiederholen. Bei Eckhart wird dieser Schritt vollends und in aller Klarheit vollzogen. Für ihn ist Gott vor allem deshalb Mensch geworden, »um in einem jeden Menschen Mensch zu werden und ihn so als seinen eingeborenen Sohn zu gebären. In der Menschwerdung Gottes in Christus ist also die Grundlage dafür bereitet, dass dieselbe Menschwerdung Gottes auch in einem jeden Menschen geschehen kann.« So sagt er: »*Wan alse wâr daz ist, daz got mensch worden ist, alsô wâr ist der mensche got worden.*« – »Wenn es also wahr ist, dass Gott Mensch geworden ist, dann ist der Mensch auch Gott geworden.« »So versteht Eckhart unter ›Christus‹ nicht einen Gottmenschen als ein Individuum, sondern die bleibende, nie aufzulösende Vereinigung selbst, in der die menschliche Natur in die personale Einheit ... Gottes für immer aufgenommen ist.«[148] Dahinter liegt die Vorstellung, die auch dem »Spiegel« zugrunde liegt, dass die menschliche Natur als solche Gott näher ist als dem Menschen selbst.

Für Marguerite ist die *unio mystica* ein *mysterium coniunctionis*, in welchem die Seele die höchsten Attribute einer weiblichen Gottheit, der Sophia, erhält: »Herrin über die Tugenden«, »Tochter der Gottheit«, »Schwester der Weisheit« und »Braut der Liebe« (M 87, 133). Damit wird deutlich, wie sehr der im »Spiegel« verwendete Begriff der Liebe psychologisch zu verstehen ist, nämlich als Selbst, dessen äußerste Begrenzung auf der einen und unendliche Ausdehnung auf der andern Seite C.G. Jung stets betont hat. Dabei ist die der Seele eigene Polarität die unabdingbare Voraussetzung ihrer Lebendigkeit, welche sie letztlich mit Gott teilt. Im Selbst aber als einer *coniunctio oppositorum* beziehungsweise in der *unio mystica* zwischen der Liebe und der vernichteten Seele können die Gegensätze miteinander versöhnt werden.

Marguerite beschreibt diese paradoxe Vereinigung der Gegensätze an verschiedenen Stellen ihres Werkes. So sagt sie von den königlichen Menschen, die außerordentlich edle Vorfahren haben, sie seien die »Allerkleinsten« und doch die »Allergrößten« (M 100, 148). Oder sie betont, dass diese Seele, die nichts sieht, ein Abgrund an Schlechtigkeit ist und ein Loch von einer Herberge und einer Unterkunft. Doch ist es gerade diese Tiefe, welche sie die wahre Sonne der höchsten Güte erblicken lässt (M 118, 174f.). Im paradoxen Vollzug der Vereinigung fallen die Gegensätze zusammen. Fast scheint es, als ob die göttliche Güte von der menschlichen Schlechtigkeit magisch angezogen werde, weil sie sich nur hier, im gewöhnlichen Menschen, inkarnieren kann.

Wie die »Sonne der Gerechtigkeit« (Jesus Christus) nie eine Seele pflegte und heilte, *ohne auch den Leib zu heilen*, so tut sie es auch heute noch, und zwar gegenüber dem, der daran glaubt. »Sie bewirkt es aber an niemandem, der nicht darauf vertraut« (M 78, 121). Im Schlusskapitel seines Werkes »Mysterium coniunctionis« über die drei Stufen der alchemistischen Konjunktion (GW 14, 2, Kap. VI, 8 und 9) geht Jung ausführlich auf das hier angesprochene Problem ein. Während in jeder Form des neuplatonisch gefärbten Christentums das erstrebte Ziel in der Loslösung des Geistes und der Seele von der Welt der Materie und des Irdischen liegt, ist diese beim Alchemisten Dorneus (16./17. Jh.) nur ein erster Schritt: die *unio mentalis*. In ihr geht es darum, einen von der Welt der zehntausend Dinge unabhängigen geistigen Standpunkt zu erreichen. Durch diese Bewusstwerdung kann eine gewisse Festigkeit des eigenen Standpunktes und ein ganzheitlicher Sinn, der das Leben lebenswert macht, hergestellt werden. Diese Erfahrung verleiht dem Menschen »Glauben und Vertrauen, pistis, an die Tragfähigkeit des Selbst, denn alles, was ihn von innen bedroht hat, hat er zum Eigenen gemacht und sich damit ein gewisses Recht erworben zu glauben, dass er alles, das ihm noch in der Zukunft drohen könnte, mit denselben Mitteln zu bewältigen imstande sein werde. Damit hat er eine gewisse *innere Sicherheit*, die ihn zur Selbstständigkeit befähigt, erlangt, und auch jenes erreicht, das der Alchemist als unio mentalis bezeichnet« (§ 410). Doch diese auf das Selbst und die objektive Psyche ausgerichtete Einstellung drängt nach Verwirklichung und Verirdischung, das heißt, sie muss sich im konkreten Leben bewähren. Das ist die Aufgabe der *unio corporalis*, der Wiedervereinigung des auf höherer Stufe errungenen Bewusstseins mit der konkreten, alltäglichen Welt. Dorneus vertritt die Ansicht, dass der Mensch um diese zweite Stufe ein Leben lang zu ringen hat, während deren dritte, die Vereinigung des ganzheitlichen Menschen mit dem *unus mundus*, mit der potenziellen Einheit des Kosmos, wie sie in der Identität des persönlichen mit dem überpersönlichen Atman oder im chinesischen Begriff vom Tao angedeutet ist, kaum ein Mensch schon in diesem Leben erreichen kann. Dieser *unus mundus* ist das Eine und Einfache, was eben die allerschwierigste Aufgabe überhaupt bedeutet (§ 413f.). Dahinter steht die Idee, dass die empirische Erscheinung des individuellen Lebens auf einem transzendentalen Hintergrund beruht.

Auch Marguerite weiß um diese Einheitswirklichkeit. Sie entfaltet sie in ihrer Lehre von den sieben Seinsformen oder Stufen (*estres; sg. estaz*), macht jedoch deutlich, dass man über die letzte Stufe nichts aussagen und nicht einmal denken kann, ja, sie betont, dass man davon keine Kenntnis erlange, »bis unsere Seele den Körper verlassen hat« (M 118, 177).

Die sieben Seinsformen – Marguerites Lehre vom Aufstieg der Seele zu Gott

Zwar spricht Marguerite schon im ersten Kapitel von den sieben Stufen des inneren Weges, unterlässt es aber, dieses Aufstiegsschema systematisch zu entfalten. Erst im 118. Kapitel geht sie ausführlich darauf ein, wobei sie hier die Metapher vom Aufstieg der Seele aus der Tiefe des Tales zum Gipfel des Berges, »der so vereinzelt dasteht, dass man da außer Gott nichts sieht«, verwendet. Da gilt es »alle Tode zu sterben«, den Tod der Sünde, den Tod der Natur und schließlich den Tod des Geistes. Die auf der ersten Stufe vollzogene *mors mystica* löst die von der Gnade Gottes berührte Seele vom Bann der Sünde und befähigt sie, »in großer Furcht« das zu beachten, »was Gott ihr vorgeschrieben hat, nämlich ihn zu lieben aus ihrem ganzen Herzen und auch ihren Nächsten wie sich selbst« (M 118, 170). Im zweiten, dritten und vierten Gnadenzustand widmet

sich die Seele nach dem Tod der Natur (*mors mystica 2*) ganz dem Leben des Geistes. Doch hält sie hier immer noch etwas von sich selbst und handelt nach der Art eines Sklaven, Tagelöhners, Knechts oder Händlers, indem sie nach eigenen Leistungen und nach Lohn trachtet. Noch hat sie ihr Nichts nicht erkannt, denn in falscher Selbsteinschätzung strebt sie nach eigenen Werken, das heißt sie befindet sich noch immer im Zustand des Habenwollens und nicht des Seins.
Unter Verzicht auf alle Werke der Vollkommenheit, auf Frömmigkeitsübungen und Tugendwerke, erleidet die Seele das Martyrium und verpflichtet sich, ganz dem Willen eines Anderen gehorsam zu sein, was von einer großen Qual begleitet ist: »So muss man denn gemahlen werden, indem man sein Selbst zerquetscht und zerbricht, damit sich der Raum, in dem die Liebe sich aufhalten möchte, erweitert, und damit man, in mehreren Stadien erprobt, frei werde von sich selbst und so seine Seinsweise erreiche« (M 118, 171). Die Seele wird durch diese Abtötung wund gerieben »und glüht in der Glut des Liebesfeuers. Und ihre Asche wird ins tiefe Meer geworfen durch Nichtwollen« (M 85, 131). Der als *resignatio ad infernum* bezeichnete geistliche Liebestod ist die unabdingbare Voraussetzung für den entscheidenden Sprung nach dem Tod des Geistes auf der fünften Stufe, auf welcher die Seele in das göttliche Leben eingeformt wird. Hier erreicht sie, allen Dingen entledigt, die Freiheit der Liebe, was von großen Freudenausbrüchen begleitet ist. So muss auch der Geist sterben, weil er voll ist von geistigen Begehrlichkeiten. Wer sich seiner entledigt hat, dem wächst das Leben im Übermaß (M 73, 112).
Was aber die letzten beiden Seinsformen anbelangt, so fehlt hier jede Möglichkeit der Beschreibung. »Denn alles, was man von Gott sagen oder schreiben kann, noch auch zu denken vermag – was mehr ist, als man sagen kann –, gleicht eher einer Lüge denn einer wahren Aussage!« (M 119, 177). Die Nichterkennbarkeit Gottes wird von Marguerite immer wieder betont und gehört wohl zum Wichtigsten ihrer Lehre. Damit greift sie auf Dionysius Areopagita zurück, in dessen *theologia negativa* die

Unausprechlichkeit und Unerkennbarkeit der überwesentlichen und verborgenen Gottheit ein zentrales Anliegen ist. Die Begegnung des in der Fremde weilenden Menschen mit Gott verdankt dieser allein dem Fernnahen und seiner Erniedrigung (Kenosis).[149]

Bei Menschen, welche die Bilder der Seele, Träume und andere Botschaften des Unbewussten über eine lange Zeitperiode hinweg, während zehn, fünfzehn oder zwanzig Jahren, analysiert haben, lässt sich beobachten, dass Ihre Träume allmählich so kompliziert werden, dass deren Deutung kaum mehr möglich scheint. Marie-Louise von Franz geht am Schluss des erst nach ihrem Tode publizierten Buches »The Cat – A Tale of Feminine Redemption«[150] ausführlich auf dieses Phänomen ein. Zunächst können auch am Anfang der analytischen Arbeit Schwierigkeiten auftauchen, die aber im Unterschied zu jenen der erwähnten späten Phase ganz andere Gründe haben. Die anfänglichen Widerstände sind auf die Schattenimpulse, Affekte und dunklen Emotionen zurückzuführen, kurz: auf all die Höllengeister, deren Beachtung im eigenen Innern bisher tunlichst vermieden wurde. Je mehr es gelingt, sich des eigenen Schattens bewusst zu werden, desto mehr tritt der nur natürliche Mensch und damit eine gewisse Ichhaftigkeit in den Hintergrund. Das entspricht in Marguerites Beschreibung der Loslösung vom Bann der Sünde oder positiv ausgedrückt einer Öffnung zum Leben des Geistes hin. Der »Tod der Natur« löst diese nicht auf, relativiert sie aber gegenüber dem zunehmend in den Vordergrund tretenden geistigen Standpunkt. In der Folge fördert die Begegnung mit den Träumen allerlei nützliche Einsichten zutage, man profitiert, wie M.-L. von Franz sich ausdrückt, von der geistigen Erleuchtung durch das Unbewusste, was eine gewisse geistige Erweckung mit sich bringt. Doch dann gilt es zur »Nutzlosigkeit (uselessness) des Unbewussten« fortzuschreiten. Was ist damit gemeint? Während die bisherigen analytischen Bemühungen immer noch mit ichhaften Zwecken verbunden waren, mit dem Ziel etwa, ein »besserer«, ganzheitlicher Mensch zu werden, muss nun jegliche Zweckdienlichkeit geopfert werden, das heißt jeder Wille, in der Begegnung mit dem Unbewussten etwas für sich selbst suchen zu wollen. Mit andern Worten, man muss aufhören, das Unbewusste wie eine Mutter zu behandeln, die für jede schwierige Lebenslage ihre passende Antwort bereithält. Die Qualen, von denen Marguerite spricht, und das Gemahlen-Werden, in welchem man sein Selbst (Ich) zerquetscht und zerbricht, zeigen, wie schwierig es sein kann, diese Phase zu durchlaufen. Wenn es aber gelingt, die scheinbar nutzlosen Träume zu durchdringen, lässt sich erkennen, dass diese zwar wenig mit konkreten Einsichten zu tun haben, umso mehr aber mit dem gewöhnlichen Dasein bzw. mit der Kunst, sich diesem ganz hinzugeben. Sie scheinen uns einfach darüber belehren zu wollen, was es heißt *zu sein*, ohne jede Verschönerung oder Verteufelung das anzunehmen, was wir eben sind.

Dahinter verbirgt sich die bekannte östliche Einstellung, wonach ein erleuchteter Mensch nichts mehr begehrt, auch nicht seine eigene Erleuchtung. Er kann, wie ein Zenmeister sagt, ebenso gut in eine Bar gehen, sich betrinken und alles vergessen, was er einst angestrebt hat. Natürlich ist damit keine Regression in die frühere Unbewusstheit gemeint, vielmehr ein taoistischer Zustand des Seins, das immer mit dem Tao oder dem Sinn verbunden bleibt. Der ganze intellektuelle Anspruch der Analyse, das Suchen nach Erkenntnis und nach Anweisungen des Unbewussten, hört jetzt auf. Doch lässt sich über diesen Zustand nicht anders als in paradoxen Bildern sprechen. Das ist die psychologische Wahrheit der *theologia negativa*, des Wissens um die Verborgenheit Gottes, die sich allem menschlichen Erkennen entzieht.

So bleibt am Schluss zu fragen, inwiefern Marguerite sich der paradoxen Seite des verborgenen Gottes, die sich in der Scholastik fast ganz in philosophischen und theologischen Spekulationen aufgelöst hat, wieder annähert, inwieweit sie sich also von mittelalterlichen Vorstellungen löst und damit zusammen mit Tauler und Eckhart das Terrain vorbereitet, auf welchem der Durchbruch der Reformation im 16. Jahrhundert möglich geworden ist. Um dies zu klären, ist nochmals ein Blick auf die geistigen neuplatonischen Wurzeln des Mittelalters nötig. Die christliche Tradition ist grundsätzlich skeptisch gegenüber jeder Form irdischer Schönheit, was etwa in den mittelalterlichen Volksetymologien und Gleichstellungen *corpus – corruptus* (Körper – verdorben) oder *pulchrum – sepulchrum* (das Schöne – das Grab) zum Ausdruck kommt.[151] In diesem Zusammenhang wird gerne die Stelle im Buch Salomos (Weisheit 7,9f.) zitiert, wo es heißt, dass jeder Edelstein im Vergleich mit der Weisheit wertlos sei, »denn alles Gold ist vor ihren Augen nur geringer Sand, und Silber wird vor ihr für Schmutz (oder Kot) gehalten«. Verhängnisvoll hat sich vor allem Augustinus' Lehre von der *privatio boni* ausgewirkt, weil darin jegliche Verantwortung für das Böse dem sündigen Menschen allein aufgebürdet wird, was im Grunde genommen eine Verharmlosung des real existierenden, archetypischen Bösen ist. Im Rückgriff auf Plotin[152], für den die Gemeinschaft der Seele mit dem Körper (soma) ein Ärgernis ist, da der Leib die Seele nur mit Lüsten, Begierden und Schmerzen erfüllt, hat Augustinus eine scharfe Trennung zwischen dem äußeren und dem inneren Menschen (*homo exterior, homo interior*) vollzogen und diese mit der Spaltung von Leib und Seele verbunden. Im neuplatonischen Hellenismus und nicht im paulinischen Christentum liegen die Wurzeln des abendländischen Menschenbildes.[153]

Wie ist demgegenüber die vom Eros vernichtete Seele bei Marguerite Porete zu verstehen? Zunächst wird eines deutlich: Durch ihre Verabschiedung der Tugenden überwindet sie die in der Scholastik übliche Einengung des Bösen und Hässlichen auf den sündigen Menschen. Zwar kennt auch Marguerite die abgrundtiefe Schlechtigkeit des Menschen und auch sie weiß um die schmerzliche Problematik menschlicher Existenz, man gewinnt bei ihr jedoch nie den Eindruck einer moralischen Verwerfung des Menschen. Nicht die Moral vernichtet die im Irdischen befangene Seele, sondern der Eros (l'Amour). Die Liebe adelt den Menschen und macht ihn zum Partner Gottes, trotz, oder, wie man gar sagen könnte, gerade wegen seiner

Schlechtigkeit. In der mystischen Erfahrung der Liebe werden die Gegensätze überstiegen. Nicht dass diese nun nicht mehr existieren würden, aber die vernichtete und freie Seele kümmert sich nicht darum, weder um die Hölle noch um das Paradies, weder um Armut noch um Reichtum, denn sie erträgt alles mit Gleichmut. Marguerite kennt demnach – genau wie Paulus, wenn auch nicht mit dessen Eindeutigkeit –, zwei Existenzweisen des Menschen, die doch untrennbar miteinander verbunden sind. Wie die Niederungen des Tales und die Höhe des Berges einander bedingen, so auch die Schlechtigkeit des Menschlichen und die göttliche Herrlichkeit. Das Paradox dieser Vereinigung entzieht sich dem menschlichen Verstehen, und wer es erfahren hat, ist zum Schweigen verurteilt und sollte es ihm (oder ihr) das Leben kosten (was bei Marguerite ja auch tatsächlich der Fall war).

Dem Jubel der von der Liebe erfüllten Seele steht bei der Mystikerin die Qual des Todes gegenüber. Doch sollte die Seele sich nicht wünschen, diesen Schmerz nicht erleiden zu müssen, »denn keinerlei Tod bedeutet ihr eine Qual« (M 118, 171). Nur durch den Verzicht auf das Eigene gelangt man zum göttlichen Bräutigam. Indem die Seele ihre eigene Nichtigkeit erkennt, trennt sie sich von allem Wollen. Erst dort, wo kein Wollen mehr existiert, wird der Weg frei für den Schöpfergott. So wird der Tod, das heißt die Erfahrung des Nichts, zum Ort des Durchbruchs, was als ein unaussprechliches Erlebnis der äußersten Gegensatznatur des in die Gottheit eingeformten Menschen erfahren wird: »Mein Herz ist so hoch erhoben und so tief hinabgesunken, dass ich es da nicht erreichen kann« (M 119, 177).

Gegensätzliche Begriffe sind im »Spiegel« allgegenwärtig: die Bettlerin – die Adelige; die Heilige Kirche die Kleine – die Heilige Kirche die Große; die Versklavung – die Freiheit der Liebe usw. Zwar erhebt Marguerite nicht den Anspruch, dass die dunkle Seite je ganz zu überwinden sei, – sie erlebt sich immer wieder als Bettlerin, die dem Geliebten gegenüber keinerlei Forderungen stellen kann –, dennoch nimmt die Art, mit welcher sich die Liebe bisweilen artikuliert, stellenweise enthusiastische, ja schwärmerische Züge an. Psychologisch betrachtet kann man sich fragen, ob hier nicht eine gewisse Inflation durchbricht, in welcher die Verfasserin von der mystischen Gotteserfahrung überschwemmt worden ist. Wenn dem so ist, dann hat sie sich zu sehr mit der geistig-spirituellen Seite ihres Lebens identifiziert, bei entsprechender Unterschätzung der emotional-irdischen Komponenten. Ihr tragischer Flammentod könnte demnach als Kompensation eines zu einseitigen, weil zu geistigen Gottesbildes verstanden werden.

Diese Einseitigkeit entspricht der Vergeistigung der Liebe im Mittelalter, wie sie in den mittelalterlichen Marienhymnen ebenso zum Ausdruck kommt wie in der höfischen Minnelyrik. Die Überbetonung der Reinheit des Weiblichen und der Liebe, mit der daraus resultierenden Vergeistigung der Erotik durch den Frauendienst ist nicht unproblematisch, bedeutet sie doch »immer die Zurückbehaltung eines Libidobetrages, der sonst direkt in der Sexualität sich ausleben würde. Wird ein solcher Libidobetrag zurückgehalten, so fließt zwar erfahrungsgemäß ein Teil davon in den vergeistigten Ausdruck, der andere Teil aber verfällt dem Unbewussten und bewirkt dort eine gewisse Belebung entsprechender Bilder ... Im Unbewussten erhält nun das Bild der Frau eine Besetzung, welche infantil-archaische Dominanten belebt. Die relative Entwertung der Frau kompensiert sich damit durch dämonische Züge« (GW 6, § 446f.). Hier ortet Jung die Wurzeln des Hexenwahnes, dieses »unauslöschlichen Schandflecks des späteren Mittelalters«. Im Wahn der Inquisitionsgräuel, dem Marguerite selbst zum Opfer gefallen ist, scheint sich der Deus absconditus erneut von seiner grausamsten Seite zu zeigen. Er kompensierte, wie Jung schreibt, jenen »Zweifel, der sich vom Unbewussten her aufdrängte und der schließlich eines der größten Schismen der Kirche hervorrief, nämlich die Reformation« (ebenda).

Dass der »Spiegel« in den folgenden Jahrhunderten trotz eines kirchlichen Verbots überall gelesen worden ist, zeigt unmissverständlich, wie aktuell dessen Inhalt ist. Diese Aktualität verdankt er meines Erachtens der darin aufgezeigten *persönlichen* Hinwendung zum fernnahen Gott, die keiner Vermittlung (der Kirche) und keines Vermittlers mehr bedarf. Von diesem freiheitlichen Geist der individuellen Gotteserfahrung waren die Beginen getragen, und auch darin weisen die *mulieres religiosae* bereits auf die Reformation hin.

2. JOHANNES TAULER (um 1300–1366): Höllenfahrt der Selbsterkenntnis

In der Gotteserfahrung der jüdischen Exilanten sind wir der Paradoxie des verborgenen Gottes erstmals begegnet, dem Gott, der »das Licht bildet und die Finsternis schafft, der Heil wirkt und *Unheil* schafft« (Jesaja 45,7). Der Einbruch eines neuen Gottesbildes, wie ihn die alttestamentlichen Propheten, Paulus, der Apokalyptiker Johannes und andere religiöse Erneuerer erlebt haben, führt insofern an die Grenzen des Fassbaren, als dadurch der Deus absconditus in seiner ganzen Widersprüchlichkeit konstelliert wird. Psychologisch betrachtet handelt es sich um einen archetypischen Faktor von höchster Dynamik, dessen energetisches Potenzial das Ichbewusstsein des Einzelnen bzw. das kollektive Bewusstsein eines ganzen Volkes zu zersprengen, das heißt aufzulösen droht. Das käme einem Besessenheitszustand gleich, wie er in der Geschichte der Menschheit immer wieder zu beobachten war.

Wo ein Einzelner in dieses Energiefeld hineingenommen wird, ist sein Leben in höchstem Maße bedroht, sodass ihn nur ein kleiner Schritt vom physischen Tod trennt. Das Absterben des alten Adams, der mystische Tod oder wie immer dieser Vorgang bezeichnet wird, ist ein gefährlicher und gefährdeter Übergang, welcher manche bisher gültige Ansichten und Meinungen zunichte macht, was im Sturz des Ezechiel und Paulus ganz bildlich dargestellt wird. Ihnen aber bedeutet dieser Sturz nicht das Ende, denn alsbald fordert sie die göttliche Stimme auf: »Steh auf und geh deinen Weg!« Es ist dies, wie wir heute sagen würden, der Weg der Individuation oder wie Johannes Tauler (ca. 1300-1361) ihn genannt hat, der Weg der »kompromisslosen, nüchternen und völlig illusionslosen *Selbsterkenntnis*«[154]. Mit der »Höllenfahrt« in den »unergründlichen Abgrund« (H, 44, 336) der Seele beginnt die »Arbeit der Nacht«, die geduldig erlitten und durchgestanden werden muss, bis Gott in ihr wirkt.[155]

Jubilacio

Doch damit habe ich vorgegriffen, denn Tauler ordnet das Erleiden von Finsternis und Bedrängnis der zweiten Phase des mystischen Weges zu; dieser beginnt mit der *jubilacio*, wird von der *getrenge* (Bedrängnis oder geistige Armut) fortgesetzt und durch die *ubervart*, dem Eintauchen in den göttlichen Bereich, unverhofft abgeschlossen. Natürlich sind solche Stufenmodelle niemals streng linear und schon gar nicht im Sinne der graduellen Vervollkommnung des Menschen zu verstehen, vielmehr verhält es sich so, dass der Suchende die Wegstrecken immer wieder neu zu durchlaufen und zu erleiden hat. Dasselbe gilt auch von der klassischen Form des dreigliedrigen Grundmusters des mystischen Weges, dem wir bei Tauler auch begegnen, beginnend mit der Reinigung oder Läuterung (*via purgativa*), gefolgt von der inneren Erleuchtung (*via illuminativa*) und gekrönt von der Einheitserfahrung mit Gott (*via unitativa oder unio mystica*)[156].

Doch zurück zur *jubilacio*. Die erste Berührung durch Gott vermag eine überschwängliche Freude auszulösen, die sich, besonders in der franziskanischen Mystik, im hymnischen Lob von Gottes Schöpfungswerken in der Natur ausdrückt. »Das Auge der Seele«, das Gott gleichsam zum ersten Mal erkannt hat, erfährt »gleichzeitig mit dem Anblick Gottes ... die Schönheit der Schöpfung, des ganzen Kosmos: wie es alles bluejet und gruenet und vol Gotz ist − wie alles blüht und grünt und

Gottes voll ist« (H 40, 303)[157]. »Gott lässt den Menschen von seiner eigenen Seligkeit kosten, er gibt sich dem Menschen zu schmecken. So lockt Gott den Menschen auf den mystischen Weg.«[158] Dass diese unbeschreibliche Süßigkeit, diese Umarmung des Menschen durch Gottes Liebeserweise nicht ewig währt, hat Tauler und haben viele andere Mystiker neben ihm immer betont, denn sie wussten aus eigenen Erfahrungen um die Vorläufigkeit des Anfangszustandes. Wer ihn mit dem Ziel verwechselt, – und nicht wenige haben das getan –, bleibt hoffnungslos ein Gefangener seiner selbst, denn noch ist die Arbeit der Nacht, die Vernichtung aller Ichhaftigkeit nicht durchlitten.

Die *jubilacio* kann auch in der analytischen Arbeit beobachtet werden. Dann tauchen, mit Vorliebe am Anfang der Analyse, überaus beeindruckende Traumbilder von oft numinoser Qualität auf. Sie lösen Freude, manchmal gar Begeisterung aus, sodass man den Eindruck gewinnt, als hätte Gott diesen Menschen nur deshalb berührt, um ihn auf den Weg der Individuation zu locken, das heißt auf den Weg zu dem ihm eigenen Schicksal und Sein. In dieser Phase überwiegen die lebendigen und Leben spendenden Bilder des Unbewussten, doch können diese sehr abrupt von dunklen Inhalten abgelöst werden.[159] Die Nähe von beidem ist nur natürlich und entspricht der Doppelbödigkeit aller seelischen Phänomene.

Bedrängnis – Arbeit der Nacht

Die zweite Phase des mystischen Weges beendet die glückliche Zeit der »Kindheit«. Der Mensch ist erwachsen geworden und erhält nun »gutes, hartes Roggenbrot«, denn harte, kräftige Speise ist ihm »nützlich und gut; er braucht keine Milch und kein (weiches) Brot mehr« (H 40, 304f.). Die von Gott Berufenen werden gleichsam im Fegefeuer »gesotten und gebraten und leiden so furchtbare Qualen, dass kein Herz das ergründen kann« (H 39, 291). Wohl mit einem Seitenblick auf den Dulder Hiob, den Tauler gerne erwähnt, beschreibt er Gottes Abwesenheit und Verborgenheit mit den folgenden Worten: »Auf diesem Weg nimmt ihm Gott alles (wieder) ab, was er ihm je gegeben hat. Und da wird der Mensch sich so sehr selbst überlassen, dass er von Gott gar nichts mehr weiß; und er gerät in solche Drangsal, dass er nicht weiß, ob er je auf dem rechten Weg gewesen ist (ob es mit ihm je richtig stand, L. Gnädinger), ob es einen Gott für ihn gebe oder nicht, ob er (selbst) lebe oder nicht, und darum wird ihm so seltsam wehe, so wehe, dass ihm diese ganze weite Welt zu enge wird. Er hat weder irgendein Empfinden noch ein Wissen mehr von Gott, und alles andere ist ihm zuwider, und ihm ist, als hänge er zwischen zwei Wänden und ein Schwert bedrohe ihn von rückwärts und ein scharfer Speer von vorne ... Könnte es in diesem Leben eine Hölle geben, so deuchte das solchem Menschen mehr als Hölle« (H 40, 305).

Das also ist die Hölle, dieses Zerrissensein zwischen den Gegensätzen, wo es weder ein Vorwärtsschreiten noch einen Rückzug gibt und wo dem Menschen jegliches Selbstvertrauen und jede Gottesgewissheit abhanden kommt. Wiederkehrende Selbstzweifel begleiten jeden psychischen Entwicklungsprozess. Man mag dann das Gefühl haben, in all den Jahren analytischer Bemühungen gar nichts begriffen zu haben und keinen Schritt weitergekommen zu sein. In Wirklichkeit liegt das daran, dass die Entwicklung wie eine nach oben strebende Spirale verläuft, sodass man immer wieder mit ähnlichen Themen aber auf einer *höheren* Bewusstseinsstufe konfrontiert ist. Es ist nämlich nicht so, dass beispielsweise die Integration des Schattens je abgeschlossen wäre. Wenn es gelingt, sich der eigenen Dunkelheit und primitiven Seiten einigermaßen bewusst zu werden, wird man von Schattenimpulsen heimgesucht, die mehr kollektiver und archetypischer Natur sind. Für den davon Betroffenen ist es äußerst schwierig, die Geister zu scheiden, weil er in der Regel dazu neigt, sich mit jeder Dunkelheit zu identifizieren. Dann tauchen finstere Gedanken in ihm auf, und er beginnt sich zu fragen, »ob es mit ihm je richtig stand«. Im Bild vom alten Menschen, der »mit Christus gekreuzigt worden ist« (Römer 6,6 und Galater 2,19), deutet Paulus diese archetypische Dimension des Schattens an. Und genau darum geht es auch Tauler: Erst der Mensch, der sich selbst (im mystischen Tod) abgestorben ist, wird Gott die Führung in seinem Leben überlassen. Die Frage ist nur: Wie kann der Mensch sich selbst absterben, denn es kann sich dabei ja wohl nicht um eine Befreiungstat des Menschen handeln?

Die »*Arbeit* der Nacht« besteht weniger in einem Tun, als darin, alles zu lassen: »Soll Göttliches in den Menschen hinein, so muss notwendigerweise das Geschöpfliche (der alte Adam, A.S.) zuerst den Menschen verlassen. Alles Geschöpfliche muss heraus, es sei von welcher Art auch immer; es muss alles weg. So muss der Mensch sich fallen lassen, sich leeren und vorbereiten lassen. Er muss alles lassen, dieses Lassen selbst noch ledig werden und es lassen, es für nichts halten und in sein lauteres Nichts sinken. Andernfalls vertreibt und verjagt er sicher den Heiligen Geist und hindert ihn, in der höchsten Weise in ihm zu wirken« (H 25, 171).[160]

Wer dem göttlichen Geist Raum geben will, der muss zuerst leer werden, darum die Forderung Taulers: »der Eigenliebe, der Eigenmeinung, des Eigenwillens, aller dieser sollst du dich entäußert haben« (ebenda). Noch deutlicher drückt sich Tauler in seiner dritten Pfingstpredigt aus, wo er zwei Fehlhaltungen erörtert, die dem Ledig- und Leerwerden und damit dem Wirken des lebendigen Geistes im Menschen fundamental im Wege stehen: »ein übler Hang, sich alles zuzueignen, alles auf sich zu beziehen, ... sodass er ... nur an das Seine denkt«, der Egoismus also, und »der unsagbar schlimme Hang, andere Menschen zu verurteilen« (H 27, 188f.). Mit Letzterem ist psychologisch die Projektion des eigenen Schattens auf die Mitmenschen gemeint, die Tauler ganz lebendig schildert: »Dieser Hang ist so recht im Menschen verwurzelt, einen anderen stets bessern zu wollen und sich selbst oft nicht bessern zu können. So sehr neigt der Mensch zur Verurteilung anderer: einer spricht ihm zu viel, ein anderer zu wenig, der isst ihm zu viel, jener nicht genug, dieser weint zu viel, jener sollte mehr weinen; in allen Dingen findet sich dieses todbringende Verurteilen ...« (H 27, 189).

»Alles zu lassen«, um »in sein lauteres Nichts zu sinken« erfordert die Preisgabe von allen verkehrten Sorgen, die radikale Wendung von außen nach innen. Hier soll sich der Mensch von seinem fatalen Drang nach Äußerlichkeiten, nach Ehre, Ansehen und Ruhm lossagen, indem er den Eigenwillen und sein Vollkommenheitsstreben aufgibt. Selbsterkenntnis im Sinne der Taulerschen Mystik bedeutet in erster Linie, Einsicht zu gewinnen in das eigene Unvermögen. Man soll den eigenen Werken, und seien sie noch so gut und fänden sie noch so viel Anerkennung, keinerlei Beachtung schenken: »Sobald man merkt, dass man innerlich – bei Gott – oder äußerlich – bei den Menschen – Aufsehen erregen will, soll man sogleich sich niedersinken lassen in den allertiefsten Abgrund, schnell, unverzüglich; in dem Grunde entsinke dann in dein Nichts« (H 51, 390). Mit dem »Nichts« ist hier keine ontologische oder gar metaphysische Kategorie gemeint, vielmehr ganz schlicht die eigene Nichtigkeit und damit verbunden die Einsicht, dass sich der Mensch nicht selbst zu erlösen vermag.

Trotz der oft harten Betonung der Nichtswürdigkeit des Menschen durch Tauler stimmt dieser nie in die im Mittelalter verbreitete Verachtung des Menschen ein, wie sie beispielsweise in der berühmt-berüchtigten Schrift des mächtigen Papstes Innocenz III. (1198-1216) »Über die Verachtung der Welt« (»*De miseria humanae conditionis*«) geschildert wird. Tauler hat nicht die Schlechtigkeit des Menschen als solche im Sinn, sondern immer nur dessen falsche Eigenliebe, die den Blick auf Gott hin verstellt.[161] Nicht ein Gott in irgendeinem abstrakten Jenseits ist gemeint, sondern einzig und allein das »Reich Gottes, das in uns ist« (Lukas 17,21). Wenn der Mensch mit all seinen Kräften »in seinen inwendigen Tempel« (1 Korinther 6,19) einkehrt, dann wird er dort gewiss Gott finden.[162]

In der »Arbeit der Nacht« geht es um die Befreiung von der Ichhaftigkeit und falschen Subjektivität, die dem eigenen Tun zu viel Bedeutung beimisst. Die anfangs erwähnte Überschätzung des individuellen Bewusstseins, die den faustischen Menschen in Schwindel erregende Höhen treibt, ist für Tauler die Hybris des *religiösen Bewusstseins*, der Eigenmächtigkeit des Menschen auch und gerade in religiösen Dingen, durch die er selber zu Gott gelangen will. Man solle die leeren Fässer – ein Bild für den inneren Menschen –, lieber mit Steinen und Asche füllen, als sie dem Teufel zu überlassen. »Das wäre immer noch besser, als vielmals Rosenkränze herunterzubeten« (H 44, 339). Mit anderen Worten: Äußere Frömmigkeitsübungen haben keinerlei Wert, wo die richtige innere Haltung, wenn auch in noch so bescheidenem Ausmaß (Steine und Asche), nicht vorhanden ist, ein Gedanke, dem wir bei Luther, und hier in ganz prägnanter Form, wieder begegnen werden.

Das Tun, wenn man überhaupt von einem solchen sprechen kann, beschränkt sich darauf, die Bedrängnis, Anfechtung und innere Not, Zweifel und Verzweiflung auszuhalten, ohne irgendwelche Linderung oder Ersatzfreuden zu suchen. Selbst Wallfahrten führen hier nicht zum Ziel: »Diese Bedrängnis hat manchen nach Aachen laufen lassen oder nach Rom, zu den Armen oder in Einsiedeleien. Je mehr sie ausliefen, desto weniger fanden sie ... Ach, ihr Lieben, die echten Menschen, die dieses Leiden in dieser einsamen Finsternis bis zu Ende ertragen, wurden die liebsten, edelsten Menschen. Die Natur freilich muss manchen Todes sterben« (H 61, 474).[163]

Taulers Ideen sind überaus modern und haben in einer Welt, in der die Psychologie immer mehr in religiöse Bereiche eindringt, nichts an Aktualität verloren. Je mehr psychologische Techniken und Methoden entwickelt werden, desto größer wird die Versuchung für den Einzelnen, etwas allzu schnell »nach Aachen zu laufen oder nach Rom«. Sowie es schwierig wird und schonungslose Selbsterkenntnis nötig wäre, sowie der Prozess zu stagnieren beginnt und der Leidensdruck zunimmt, hält man heimlich oder offen nach neuen Ufern Ausschau, in der Hoffnung, dass einem in einer anderen psychologischen Richtung die »Höllenfahrt« erspart werden könnte.

Dieser Versuchung ist auch der Analytiker ausgesetzt. Ich erinnere mich noch gut, wie ich in den ersten Jahren meiner therapeutischen Tätigkeit angesichts des Leidens einzelner Analysanden manchmal hin und her überlegt habe, ob eine andere Methode nicht eher zum Erfolg führen könnte. Bei aller Offenheit für verschiedene therapeutische Ansätze darf dies nicht dazu führen, beim ersten Leidensdruck eines Klienten in zu aktiver, agitatorischer Art eingreifen zu wollen. Da liegt der Verdacht doch nahe, dass man selbst unfähig ist, den andern durch dessen Dunkelheit und Depression zu begleiten.

Die wirklich schwierige Aufgabe aber, damals wie heute, ob hier oder dort, ob mit Hilfe dieser oder jener psychologischen Methode, ist und bleibt das Erdulden der eigenen Beschränkung. Wo wir immer nur die anderen Menschen oder die Welt ändern wollen, ganz egal was für ethische Motive uns dabei begleiten, ja selbst wo wir uns selber zu sehr ändern wollen, sind wir noch nicht bereit, auf die Botschaft des Unbewussten zu hören.

So sehr es richtig ist, dass das eigene Bemühen unerlässlich ist, so ist es in der Regel eben doch besser, sich dem Schicksal zu beugen und schweigend abzuwarten, bis sich das Problem von innen her zu lösen beginnt. Eine aus der islamischen Mystik stammende Quelle erzählt dazu Folgendes:

Man sagte zu Jesus: »Zeige uns ein Werk, wodurch wir ins Paradies kommen.« Er sagte: »Redet überhaupt nicht.« Sie sagten: »Das können wir aber nicht.« So sprach er: »Dann redet nur Gutes.«[164]

»Manchen Todes zu sterben« bedeutet, auf das eigene Tun zu verzichten und nicht wissen zu wollen, was für mich selbst, was für den andern gut ist. Im Wissen darum wiederholen die Alchemisten immer wieder, dass ihre Kunst eine Gabe des Heiligen Geistes sei. »Haltet euch an die verehrungswürdige Natur«, heißt es im Rosarium, »denn die Natur lässt sich nur innerhalb der eigenen Natur verbessern. Führt ihr nichts Fremdes zu!«[165] Alle Rezepte sind abzulehnen, denn Bücherwissen führt nicht zum Ziel. Wer den *spiritus absconditus* aus seiner Dunkelheit befreien will, kann nichts anderes tun, als seine Seele für Gott zu reinigen: »Wisse, mein Sohn, dass du diese Wissenschaft solange nicht haben kannst, bis du deine Seele für Gott reinigst und Gott weiß, dass du einen zuverlässigen und rechten Sinn hast. Dann wird er dich zum Herrn dieser Welt machen. Aristoteles sagt: o, wenn Gott treue Sinnesart in einem Menschen wüsste, dann würde er ihm gewiss das Geheimnis enthüllen.«[166] Wer wieder geboren werden will, braucht das einfache Gemüt eines Dummlings, dem keiner etwas Großes zutraut. Körper und Geist müssen zuvor »von allem Schmutz aufs vollkommenste gereinigt werden«[167], weil alle Eigenvorstellungen und Eigenmeinungen den Blick auf den Wesenskern des Menschen trüben. »Der philosophische Stein (das ist der neue Mensch, A.S.) findet sich nämlich von der Natur geschaffen vor, und dank dem allerhöchsten Gott braucht er (sic!) nichts weiter, als dass entfernt werde, was an ihm überflüssig ist.«[168]

Da diese Hoffnung eine große Liebesfähigkeit voraussetzt, ist es nicht verwunderlich, dass die Alchemisten gerne auf das archetypische Motiv der heiligen Hochzeit und der daraus hervorgehenden Geburt zurückgreifen. Darum sagt ein Text im Rosarium, der wohl auf die Isis-Mysterien anspielt: »Wenn ich mich also mit meiner weißen, reinen, feuchten und unberührten Gattin (Luna, A.S.) vereinige, mehre ich die Schönheit ihres Angesichts, ihrer Güte und Tugend ... Wenn ich daher mit ihr vereinigt bin, so gibt es nichts auf der Welt, was besser oder auch nur gleichwertig wäre. Sie wird nämlich schwanger werden und gebären.«[169]

Doch angesichts solcher Freuden dürfen die mit der Geburt verbundenen Qualen nicht vergessen werden. Dass diese der Adept selbst zu erleiden hat, wird den Alchemisten nur allmählich bewusst. Entsprechend heißt es, dass die Philosophen Tränen über dem Stein vergießen, wodurch dieser, benetzt von den Tränen, seine Schwärze verliert und hell wird wie eine Perle.[170] Das wichtigste alchemistische Symbol dieses Leidensprozesses ist das saturnische Blei, von welchem ein alter Meister sagt: »Das Blei bedeutet Qualen und Beschwernisse, mit denen Gott uns heimsucht und zur Sinnesänderung hinführt« (GW 13, § 445). Der Mensch erfährt die göttliche Wandlung als Qual und Strafe, das heißt als einen Zustand der Depression, den die Alchemisten gerne mit dem Kreuz Christi verbunden haben. Nicht von einem aktiven Tun ist hier die Rede, wohl aber vom Erleiden der göttlichen Finsternis, welche die Seele überschattet.

In dem einen Punkt waren sich die meisten Mystiker einig, und ich übertrage ihn ohne Bedenken auf die gegenwärtige Situation: Die Menschen tun eher zu viel, als dass sie zu viel lassen. Ihnen gibt Tauler den Rat: »Bleibe allein mit dir selber, lauf nicht fort, ertrag dein Leiden bis zum Ende, und suche nichts anderes!« (H 41, 310) Im Erdulden (Ausleiden) der Finsternis und Verborgenheit Gottes schwingt für ihn keinerlei Resignation mit, denn »wer keinen Trost sucht, den wird Gott sicher erlösen« (ebenda). Tauler war der Ansicht, dass dieses Erdulden der eigenen Finsternis durch den Menschen und die darauf gnadenhaft erfolgende »Verschmelzung« oder »Einigung« von Gott her, gewissermaßen als Antwort Gottes an den leidenden Menschen, erst in der zweiten Lebenshälfte, zwischen dem 40. und 50. Altersjahr möglich wird.

In der zweiten Phase des mystischen Weges, dem Zustand der Bedrängnis, wird dem Menschen allmählich jene Gelassenheit geschenkt, die ihn trotz der Abwesenheit und Verborgenheit Gottes und dem damit verbundenen Leiden unbekümmert sein lässt. Nicht darum geht es, nicht mehr zu leiden, das wäre allzu herzlos, sondern darum, sich von diesem Leiden nicht verzehren zu lassen; auch angesichts der Verborgenheit Gottes darauf zu hoffen, dass er in all dem Dunkel auf seine Weise wirkt: »Gott Gott sein lassen, (denn) Gott kann sich mitteilen, wem er will, wann er will, wie er will, wie lange er will.«[171] Der verborgene Gott erfordert somit nicht nur den Verzicht auf jede Eigenmächtigkeit, sondern letztlich auch den »Verzicht auf jegliche Gotteserfahrung«[172].

Ubervart – die Vereinigung mit Gott oder der Sturz in den göttlichen Abgrund

Um das zu verstehen, müssen wir nun näher auf die dritte Phase des mystischen Weges, die *ubervart*, eingehen. Es ist jedoch schon jetzt deutlich geworden, dass Tauler (wie übrigens auch Luther) zwei grundverschiedene Formen der Verborgenheit Gottes kennt. Zum einen diejenige, die sich der Mensch gewissermaßen selbst zuzuschreiben hat, zum andern die Verborgenheit Gottes im Sinne von dessen Unerreichbarkeit, in welcher sich Gott selbst verbirgt. Analog dazu kann das Nichts bei Tauler, wie wir gesehen haben, die Nichtigkeit des Menschen bedeuten, aber ebenso auch die Tatsache widerspiegeln, dass Gott all dem nicht entspricht, was der Mensch erfassen könnte. »Das ist das Nichts, von dem Sankt Dionysius sprach, dass Gott all das nicht sei, was wir nennen, verstehen oder begreifen können ...« (H 51, 395).

Mit Sankt Dionysius, auf den sich Tauler öfters beruft, ist die maßgebliche Autorität der Mystiker des Mittelalters gemeint: Dionysius Areopagita, den Tauler noch für einen Schüler des Paulus gehalten hat, der aber in Wirklichkeit ein in Syrien lebender Theologe des 5. Jahrhunderts n. Chr. war. Durch seine Vermittlung sind zwei Grundideen des Neuplatonismus in die christliche Mystik eingeflossen. Zum einen die Emanationslehre, wonach die gesamte Wirklichkeit aus dem Einen und Guten bzw. Überguten, das heißt aus der Sphäre, die alles Seiende transzendiert, hervorgegangen ist, was zugleich den Weg der Seele als eine Rückkehr in den Ursprung bestimmt; zum andern die so genannte *theologia negativa*, wonach kein Wort, kein Bild und kein Gedanke die höchste Gottheit je zu berühren vermöchte, weshalb die Einöde, die endlose Wüste, die undurchdringliche Finsternis und ähnliche Bilder zu beliebten Metaphern für das unnennbare Geheimnis der *unio mystica*, der Einheitserfahrung des Menschen mit Gott werden.

»Etliche unwissende Leute«, sagt Tauler, würden so tun, »als ob sie dieses Geheimnis wirklich durchschaut hätten und sprechen

so herrlich davon, wovon doch alle Geschöpfe nichts aussagen können. Ach, meine Lieben, unterwindet euch solch hoher Weisheit nicht ..., (denn dieses Geheimnis) kennt niemand, noch hat es jemals jemand gesehen, außer Christus ..., (und zwar) auf Grund seiner göttlichen Natur« (H 28, 193). Wie ist dieser Hinweis auf Christus und seine göttliche Natur, welche allein das Geheimnis zu schauen vermag, zu verstehen? Der Satz gehört in den Zusammenhang einer Predigt Taulers über Johannes 3,1ff., wo Jesus auf die Frage des Pharisäers Nikodemus, wie er solche Zeichen tun könne, antwortet: »Wahrlich, wahrlich, ich sage dir: Wenn jemand nicht von oben (oder: von neuem) geboren wird, kann er das Reich Gottes nicht sehen« (3,3). Nikodemus jedoch versteht nicht, wie ein Mensch, der alt ist, wieder geboren werden kann, worauf Jesus erwidert: »... Wenn jemand nicht aus Wasser und Geist geboren wird, kann er nicht in das Reich Gottes kommen ...«
Wie Jung dazu ausführt, hätte ein Alchemist der damaligen Zeit Jesus ohne weiteres verstanden (GW 13, § 136), weil ihm das wunderbare Wasser, das Wasser und Geist ist, das tötet und wieder belebt, durchaus vertraut war. »Trotz der nicht immer unbeabsichtigten Dunkelheit der alchemistischen Mysteriensprache ist es nicht schwer, zu erkennen, dass das ›göttliche Wasser‹ oder sein Symbol, der Uroboros, nichts anderes bedeuten als den Deus absconditus, den in der Materie verborgenen Gott, jenen göttlichen Nous, der sich zur Physis herunterneigte und von ihr um- und verschlungen wurde« (§ 137).[173]
Dieses göttliche Wasser, das auch Geist ist, aus seiner tödlichen Umarmung zu befreien, ist das erstrebte Ziel des Alchemisten, was zu dessen Wiederbelebung führt.
Das entspricht der psychologischen Beobachtung, dass das Unbewusste einerseits einem trägen, inaktiven Wasser gleicht, das ist der Aspekt der seelischen Matrix oder des Mutterleibes, andrerseits aber auch über eine dynamische Seite verfügt, dank welcher es inspirierend und belebend auf das Bewusstsein einwirken kann.[174] In Letzterem sieht Jung eine geistige Aktivität (*Nous*) des Unbewussten, durch welche spontan und autonom

Bilder produziert werden (Träume, Phantasien, kreative Impulse), welche zu einer eigentlichen Erneuerung des Individuums führen können. Das ist die Inspiration oder Eingeistung (Khunrath), von der die Alchemisten gesprochen haben und in der die seelische Stagnation, das heißt die Depression überwunden wird.

Die Schwierigkeiten des Nikodemus, Jesu Antwort zu verstehen[175], sind aber durchaus verständlich, handelt es sich dabei doch um ein eigentliches Wiedergeburtsmysterium, das als solches tatsächlich nicht verstanden werden kann, es sei denn mit Hilfe des göttlichen Geistes selbst. Es ist in der Tat eine »verrückte Weisheit«, die, wie die Alchemisten wohl wussten, immer nur in paradoxen Formulierungen ausgedrückt werden kann. So heißt es etwa in einem Text aus dem *Museum hermeticum*: »Der welcher das höchste Geheimnis erlangt, muss erkennen, dass diese Kunst nicht in Menschenhand liegt, sondern von Gottes Güte abhängig ist, und dass weder Wille noch Begierde zu ihm führen kann, sondern allein Gottes Gnade ... Die Natur ist eine, wahr und einfach, vollkommen in ihrer Essenz, ein geheimer Geist (der *spiritus absconditus!* A.S.) liegt in ihr verborgen. Wenn du das erkennen willst, musst du selber wahrhaftig, einfach, geduldig, ausdauernd und hingabefähig sein ..., kurz: du musst ein regeneratus sein, ein neues Wesen.«[176] Vom psychologischen Standpunkt aus betrachtet handelt es sich dabei um die Verschiebung vom Ich zum Selbst, welch Letzteres dem Bereich der objektiven Psyche, das heißt dem Nicht-Ich angehört.

Ähnlich sagt Tauler, um nun auf ihn und seine Ausführungen zum Nikodemusgespräch zurückzukommen, dass das Geheimnis der göttlichen Geburt nur in der Fremde oder in der endlosen Wüste erfahren werden kann, an einem Ort jedenfalls, an welchem die Widrigkeiten des Lebens präsent sind. »Da muss manch bitterer Tod von außen auf die Natur des Menschen fallen in den Widerwärtigkeiten des Lebens.« Denn: »ein angefochtenes Leben (ist) viel fruchtbarer, nützlicher und besser als das unserem Willen gemäße ...; durch dieses wird der

Mensch in Wahrheit wieder geboren« (H 28, 194). »Wer das erfahren will, kehre sich ins Innere, weit über alle Tätigkeit seiner äußeren und inneren Kräfte und Bilder und über alles, was jemals von außen hineingetragen wurde, und versinke und verschmelze mit dem Grunde« (H 29, 202).
Der Sturz in den göttlichen Abgrund ist trotz aller ihn begleitender Finsternis ein »liebliches Versinken«. »In solcher Kehr versinkt der geläuterte, verklärte (Menschen-)Geist in göttlicher Finsternis, in Stillschweigen und in ein unbegreifliches und unaussprechliches Einssein (mit Gott)« (H 28, 197). So sehr dieses Erlebnis nun aber auch über allen menschlichen Bemühungen stehen mag, so bedeutet das dennoch nicht, dass diese vergeblich wären. Ganz im Gegenteil: »Jede Tat guten Willens, guten Denkens und Begehrens, jedes (gute) Wort und Werk, jegliches Leiden, jeder Schmerz«, all das und vieles mehr fördert die Umkehr. Man soll sich bloß nichts darauf einbilden oder gar auf die eigene Weisheit vertrauen.
Von solcher Weisheit gilt es sich vielmehr abzuwenden hin zur tiefsten göttlichen Finsternis: »Das ist die Finsternis der göttlichen Unbekanntheit (Verborgenheit), wo Gott über allem steht, was man von ihm aussagen kann, ohne Namen und Form, ohne Bild, jenseits aller Weisen und allen Seins. Das ist die wesentliche Umkehr« (H 70, 540). Tauler spricht hier von der verborgenen Weisheit Gottes (wie Paulus: 1 Korinther 2,7), durch welche alles menschliche Wissen und Können relativiert wird. Damit wird der Mensch nun aber nicht etwa entwertet, sondern ganz im Gegenteil der höchsten Würde teilhaftig. Je mehr er sich zur Erde hinabneigt, je niedriger und tiefer das »Tal der Demut« ist, umso besser, denn »wo das Tal am tiefsten ist, da fließt das Wasser (des göttlichen Geistes) am reichlichsten, und die Täler sind im Allgemeinen fruchtbarer als die Berge« (H 51, 394).[177] Wie Gott dem Menschen im tiefsten Tal entgegenkommt, so auch in der dichtesten Finsternis, in der weglosen Wüste und in seiner grenzenlosen Einsamkeit. Die alles verändernde Kehre, die Geburt, der Überschlag, die Wende, oder wie immer die Einkehr der Seele in Gott be-

zeichnet wird, das Geschehen beginnt stets in der Fremde der göttlichen Finsternis. Taulers Vorstellung vom Entsinken des menschlichen Geistes in den göttlichen Abgrund, in welchem er sich alsbald verliert, »sodass er von sich selbst nichts (mehr) weiß« (H 52, 402), richtet sich gegen die scholastische Theologie, insbesondere gegen die Lehre des Thomas von Aquin, wonach die Vereinigung der Seele mit Gott »in und durch die Seelenvermögen oder Seelenkräfte zustande komme«[178]. Sicher, der Mensch muss am Rande des eigenen Abgrundes, in äußerster Bedrängnis, den Sprung in den Abgrund Gottes wagen, ob ihm Gott aber entgegenkommt oder nicht, ist allein dessen Sache. Erlösung, das heißt die Heilung des Menschen, ist immer und allein Gnade. Da »versinkt der geläuterte ... Geist des Menschen in göttlicher Finsternis, in Stillschweigen und in ein unbegreifliches und unaussprechliches Einssein (mit Gott)« (H 28, 197). Es ist ein Erlebnis der intensivsten Liebeserfahrung, die dem Menschen dann möglich ist, wenn »sein Geist sich in dem Geliebten verloren hat wie ein Tropfen Wasser im tiefsten Meere«.

Allein dadurch also, dass »Gott in der Seele lebt, west und wirkt«, kann diese »ganz gottfarben, göttlich (und) gottförmig« werden (H 37, 277). Auf dem tiefsten Grund der menschlichen Seele liegt das Bild Gottes. Hier muss Gott gesucht werden: »im innersten Grund der Seele, wo Gott der Seele näher und inwendiger ist, weit mehr als sie sich selbst« (H 37, 274).

Für dieses Zusammenspiel zwischen Mensch und Gott verwendet Tauler ein den Mystikern geläufiges Bild, das Bild vom Durst, das in der christlichen Mystik gerne mit dem johanneischen Jesus-Logion verbunden wird: »Wenn jemand dürstet, komme er zu mir und trinke!« (Johannes 4,10), womit das lebendige Wasser gemeint ist, von welchem im Nikodemusgespräch die Rede war. »Was bedeutet dieser Durst?«, fragt Tauler und fährt fort: »Nichts anderes, als dass ein Liebesbrand in der Seele entsteht, sobald der Heilige Geist in die Seele kommt und dort ein Liebesfeuer entfacht, eine Liebesqual ...; die Hitze wirft Funken aus, die dann einen Durst nach Gott erzeugen

und ein liebevolles Begehren. Und zuweilen weiß der Mensch nicht, was mit ihm (los) ist, denn in sich findet er ein Herzeleid und einen Überdruss an allen Geschöpfen« (H 11, 75f.).
Auch der islamische Mystiker Rumi (13. Jh.) verwendet das Bild vom Durst, wobei es bei ihm – wie alle seine Texte – weit stärker erotisch gefärbt ist: »Nachts glüht der Liebende im Feuer der Trennung wie ein Kessel; tagsüber trinkt er sein eigenes Blut ... und will doch immer mehr Durst«[179]:
»Mach durstig mich nach dir, gib mir kein Wasser!
Lass lieben mich, dass mir der Schlaf vergälle!«
Diesen Zeilen ist eine gewisse Gewalttätigkeit nicht abzusprechen, genauso wenig wie dem von Tauler verwendeten Gleichnis vom Hirschen, der solange von den Hunden gehetzt wird, bis sich sein Durst ins Unerträgliche steigert: »Wie nun der Hirsch nach jedem Jagen immer mehr erhitzt wird und sein Durst wächst und zunimmt, so sollte in Wahrheit der Mensch von jeder Versuchung immer mehr erhitzt und in wahrem Durst zu Gott hingerissen werden, wo er nichts finde als Wahrheit, Frieden, Gerechtigkeit und Trost« (H 11, 77). Psychologisch entsprechen diese Bilder der Vergewaltigung des Ich durch das Selbst. Es scheint nämlich, dass der gewöhnliche Mensch den alten Standpunkt nicht aufgeben kann, es sei denn, er werde dazu gezwungen. Dass dieser höchst psychologische Vorgang gerne durch die Metapher der Liebe ausgedrückt wird, hat seine Gründe. Es gibt ja kaum etwas, wodurch das Begehren des Menschen und dessen Auslieferung an eine ihm überlegene Macht besser illustriert werden könnte, als durch die erotische Liebessehnsucht. Aber ist es wirklich »nur« eine Metapher?

Durst Gottes – Durst nach Gott

In der islamischen Liebesmystik bleibt es vielfach ungewiss, ob deren Autoren von einem realen oder von einem symbolischen Liebesakt sprechen, und auch Taulers Gedanken zu diesem Thema sind derart realitätsbezogen, dass man eigentlich

annehmen muss, dass er die Ergriffenheit durch die Liebe zu einem andern Menschen durchaus auch aus der eigenen Erfahrung kennt. Wie dem auch sei, das Entscheidende für ihn ist die Hingabefähigkeit, das »Begehren«. Wer solchen Durst nicht kennt, gehört zu den hoffnungslos Selbstzufriedenen; die »weder ein Sehnen noch ein Dürsten kennen und auch nicht weiter darnach suchen.« Statt aus der Quelle, aus der lebendiges Wasser sprudelt, trinken sie aus der Zisterne, die sie sich selbst gegraben haben. »Gott schmeckt ihnen nicht.«[180] Demgegenüber führt die wahre Liebessehnsucht zu einer Trunkenheit, die einem zuweilen die Sinne rauben mag, zu ausgelassener Freude und Euphorie, was die Vernünftigen freilich nicht verstehen. So willkommen die Trunkenheit in der Anfangsphase der *jubilacio* auch ist, so ist sie doch noch lange nicht das Eigentliche, da sie nur den äußeren Menschen ergreift. In der zweiten Phase des mystischen Weges beginnt die unwegsame Wildnis und eine verborgene Finsternis, in welcher der Mensch nichts mehr von sich und von Gott zu wissen scheint. Und trotzdem: Auch hier trinkt er noch aus dem Quellgrund, wenn auch nicht mit vollem Munde. Das ist, was die Liebe betrifft, einerseits eine bittere Zeit der Desillusionierung, andrerseits aber findet darin auch ein Erstarken des äußeren Menschen statt. Die bisher in der Liebeserfahrung gebundene Kraft beginnt allmählich auf den Alltag und dessen Bewältigung zurückzuwirken: »So wird denn auch der äußere Mensch wohl geordnet werden und wird bleibend und groß und stark zu allem, wozu Gott ihn haben will, und wächst fort ins ewige Leben« (H 11, 82).
Tauler kommt an verschiedenen Stellen auf das Thema des Durstes zurück, wobei er diesem die alles entscheidende Wendung gibt: *Gott selbst dürstet nach dem Menschen*, er selbst sehnt sich mit starkem Verlangen nach seinem Geschöpf. »Niemand vermag sich auszudenken oder zu verstehen, wie offen und wie bereit, wie empfänglich und wie dürstend Gott ist und wie er in jedem Augenblick und zu jeglicher Stunde uns entgegeneilt« (H 27, 187). Diese Wendung, so Tauler, ist allein Gottes Werk: Er ist es, der den Menschen zur *unio mystica* führt, in-

dem er den menschlichen Abgrund in der Tiefe des göttlichen Abgrundes empfängt. Der Sturz in den Abgrund der eigenen Seele wandelt sich zur Einkehr in den Lichtabgrund Gottes. Ganz ähnlich sagt ein koreanischer Zenmeister aus dem 16. Jahrhundert: »Seid ihr so weit gekommen, so wird es Zeit, alles auf eine Karte zu setzen und euch in den Abgrund zu stürzen und so die Grundlage der Buddhaschaft zu schaffen.«[181]
Was bedeutet nun aber die Bildsprache vom dürstenden Liebenden aus psychologischer Sicht? Die Berührung der Seele durch ein archetypisches Bild des kollektiven Unbewussten kann eine starke Emotionalität (das »mystische Liebesfeuer«) auslösen. Der Einbruch des numinosen Inhaltes hinterlässt eine schwer fassbare, oft diffuse Liebessehnsucht, die einen Menschen über Jahre oder Jahrzehnte hinweg, manchmal wohl auch ein ganzes Leben lang begleiten kann. Wer dem Unbewussten, seinen Träumen und Phantasien seine ungeteilte Aufmerksamkeit schenkt (wer durstig ist!), dem kann dieses mit einer gesteigerten Aktivität antworten. Die Hinwendung zum Unbewussten bewirkt nämlich einerseits eine Herabsetzung der Bewusstseinsorientierung, andrerseits aber eine allgemeine Belebung des Unbewussten, was zu einer erhöhten Bereitschaft des psychischen Systems führt, seine Inhalte in Form von Bildern und synchronistischen Ereignissen freizugeben. Unter einem Synchronizitätsphänomen hat Jung die Koinzidenz eines äußeren, objektiven Tatbestandes mit einem innerseelischen Geschehen verstanden, wobei beide durch einen gemeinsamen Sinn verbunden sein müssen. Jung hat dabei nicht gezögert, von Schöpfungsakten in der Zeit, das heißt von einer creatio continua zu sprechen, von Ereignissen, die keine kausale Ursache haben und auf ein absolutes Wissen im kollektiven Unbewussten zurückzugehen scheinen (GW 8, § 921 und 957f.). Im Unbewussten liegt eine Sehnsucht nach Bewusstheit, nach dem warmen, menschlichen Blut und es macht den Anschein, als würden die numinosen Inhalte nach Form und Gestaltwerdung verlangen, nach einem menschlichen Gefäß, in dem sie sich inkarnieren können.

Der ortlose Raum

Doch damit zurück zu Tauler. Das Begehren, das einst die Liebe zu wecken vermocht hat, kann sich der Geburt auch widersetzen, nämlich dort, wo es sich ins Gegenteil verkehrt, in ein Besitzen- und Habenwollen, in eine Trunkenheit, die sich ständig neue Quellen gräbt, um daraus den Durst zu löschen. Dann hat der Machtteufel die Regie übernommen, und es geht nur noch um das Ich, nicht mehr um das Selbst, oder in der Sprache der Mystik ausgedrückt: um den eigenen, nicht um den Durst Gottes. Im Wissen um diese Gefahr haben die Mystiker aller Zeiten ebenso wie die östlichen Meister das Leerwerden gefordert, die Loslösung von allen egoistischen Strebungen und vom Eigennutz. Will das Ich dem Selbst die Führung überlassen, so muss es seine alleinige Herrschaft aufgeben, um den Anderen in sich wirken zu lassen. Ihm gilt der Durst, dem Anderen, dem Unbekannten, dem Verborgenen und Schöpfer, der, wie ein außerkanonisches Wort im Islam sagt, von seinem Geschöpf erkannt werden will: »Ich war ein verborgener Schatz und wollte erkannt werden; darum schuf ich die Welt.«[182] Das Erkanntwerden-Wollen der nach dem Menschen dürstenden Gottheit weist psychologisch auf die Luzidität der unbewussten Inhalte hin, welche die mystische Tradition meist im Bilde der *scintillae animae*, der Seelenfünklein, ausgedrückt hat.[183]
Nach Tauler ist der göttliche Abgrund, in welchen der Mensch einkehrt, um sich ganz der Tiefe seines Seelengrundes zu überlassen, ein ortloser Raum, eine gestalt- und formlose Weite, die »kein Hier« und »kein Dort« kennt, kurz ein Raum ohne Grenzen, der nur in kosmischen Dimensionen beschrieben werden kann. »Die Weite, die sich in dem Grund da zeigt, besitzt weder die Form eines Bildes noch einer Gestalt ...; denn es ist ein unergründlicher Abgrund, der in sich selbst schwebt, ohne Grund, so wie die Wasser wogen und wallen; jetzt sinken sie in einen Abgrund, und es scheint, als sei gar kein Wasser da; kurz darauf rauscht es daher, als ob es alles ertränken wolle ...

Darin ist Gottes Wohnung, viel eigentlicher als im Himmel oder in allen Geschöpfen. Wer da hineingelangen könnte, der fände wahrlich Gott darin, und sich selbst fände er mit Gott vereint« (H 44, 336).

Taulers Sprachgewalt mit dem ihr eigenen Pathos und der stets neu unternommene Versuch, das Unbeschreibbare in Worte zu fassen, zeugen von der Echtheit und Unmittelbarkeit seiner religiösen Erfahrung. Es sind visionäre Bilder, wie sie zu allen Zeiten und in allen Völkern einzelne Menschen bedrängt haben. Der eine derartige autochthone Urerfahrung in der Regel begleitende Schrecken ist bei Tauler jedoch nur noch selten spürbar. Dazu hat er seine visionäre Schau bereits zu sehr an den mystisch-christlichen Kontext seiner Zeit assimiliert. Nur der »heilige Wahnsinn« (L. Gnädinger), der vor allem in seiner »Liebesmystik« durchdringt, offenbart noch etwas von der ursprünglichen seelischen Erschütterung.

In der psychotherapeutischen Praxis bietet sich die einmalige Gelegenheit, ähnliche Einbrüche des Unbewussten ins Bewusstsein unmittelbar zu beobachten. Ich erinnere mich an zahlreiche Träume, in welchen jener »ortlose Raum der Gottheit« in dieser oder jener Form geschildert worden ist. In der Regel sind diese Träume, besonders dort, wo es sich um die Träume aus der eigenen Kindheit handelt, an welche sich der Erwachsene noch zu erinnern vermag, von höchster Intensität, das heißt begleitet von einem starken Glücksgefühl oder aber, weit häufiger, von einer abgrundtiefen Angst. Der eine stürzt in eine bodenlose Tiefe hinab und realisiert mit Schrecken, dass ihn nichts mehr zu halten vermag. Ein anderer steht gewissermaßen am Ende der Welt und starrt in eine endlose Leere, in ein nächtliches Dunkel, das ihn mit einer entsetzlichen Kälte empfängt. Ein Dritter wird von einem abscheulichen Monstrum, halb Tier, halb Maschine verschlungen und scheinbar zu Tode gemartert. Die Intensität solcher und ähnlicher Träume scheint auf ein Gotteserlebnis hinzuweisen, gerade so, als müsste der Träumer den »Zornwein Gottes« trinken und die damit verbundenen Qualen erleiden (Offenbarung 14,10).

Der Biograph und Zeitgenosse des Niklaus von Flüe, Heinrich Wölflin, weiß noch zu berichten, wie tief der Seher durch seine wohl wichtigste Vision von der Dreifaltigkeit erschüttert worden ist: »Alle, die zu ihm kamen, wurden beim ersten Anblick von großem Schrecken erfüllt. Über die Ursache dieses Schreckens pflegte er (Bruder Klaus) selber zu sagen, dass er ein durchdringendes Licht gesehen, das ein menschliches Antlitz vorstellte. Bei seinem Anblick habe er gefürchtet, sein Herz möchte ihm in kleine Stücke zerspringen. Deshalb habe er, von Schrecken befallen, sein Antlitz sofort abgewendet und sei auf die Erde gestürzt. Darum sei sein Antlitz jetzt den andern schreckhaft.«[184]
Weshalb sich Gott in dieser furchtbaren Weise offenbart, bleibt sein Geheimnis. Sicher aber wird jeder, dem dies in irgendeiner Weise zustößt, sein Leben – und sei es erst Jahrzehnte später – darauf ausrichten müssen. Wenn es stimmt, wie Tauler sagt, dass einem beim Sturz in den eigenen Abgrund der Abgrund Gottes entgegenkommt, dann bezeugen derartige Traumbilder und Visionen, »dass der Mensch, ehe er geschaffen wurde, von aller Ewigkeit her in Gott war. Als er in ihm war, da war der Mensch Gott in Gott« (H 44, 337).[185]
Die furchtbare Seite Gottes und die erschreckende Begegnung mit ihr dringen bei Tauler zwar immer wieder durch, sind aber doch bereits wesentlich entschärft worden, vielleicht weil er als Dominikaner doch stark in das kirchlich-dogmatische System eingebunden war. Wer sich, die eigene Finsternis und Blindheit hinter sich lassend, dem »wahren Licht« zuwendet, stürzt – so Tauler – zwar in das »Dunkel der göttlichen Einsamkeit« (*vinsternisse der goettelichen wuestunge*), in eine Finsternis, die jenseits von allem ist, was der Mensch sich vorzustellen und zu fassen vermag (H 75, 580), doch diese erweist sich letztlich als eine *edele vinsterniss*, »das heißt eine Finsternis nicht aus Mangel an Lichthaftigkeit, sondern durch Überfülle des Lichts«[186], wie sie das menschliche Auge nicht schauen kann.
Tauler greift hier auf die mystische Tradition vom »überlichthaften Dunkel« zurück, wie sie in der Theologia mystica des

Dionysius Areopagita entfaltet worden ist. Dessen Lehrer Proklos zitierend, sagt er in seiner zweiten Predigt zum Nikodemusgespräch über die Wiedergeburt, dass der Mensch, solange als er mit den alltäglichen Bildern beschäftigt sei, niemals in den allerverborgensten, tiefsten Grund der Seele gelangen könne, und fährt fort: »Daher ... lass alle Mannigfaltigkeit fahren, (denn) ... willst du höher steigen, so lass das vernünftige Hinsehen und Ansehen, denn die Vernunft liegt unter dir, und werde eins mit dem Einen. Und er (Proklos) nennt das Eine eine göttliche Finsternis, still, schweigend, schlafend, übersinnlich« (H 29, 201). In diesem neuplatonisch anmutenden Streben nach Höherem, nach einer die Sinnenwelt transzendierenden geistigen Sphäre, bleibt Tauler in mittelalterlichen Vorstellungen befangen. Noch ist die Antinomie des Gottesbildes, wie sie einst in Jahwe hervorgetreten und bei Paulus ins Innere des Menschen verlegt worden ist und in der Offenbarung des Johannes wahrhaft apokalyptische Bilder erweckt hat, nicht voll ausgebrochen. Aber sie kündet sich in vielen Gedanken Taulers mit großer Dringlichkeit an, denn er hat die am Horizont aufsteigenden dunklen Wolken der Neuzeit deutlich gesehen.

5. Kapitel
An der Schwelle zur Neuzeit

Der irdische Mensch

Im ausgehenden 15. und im 16. Jahrhundert findet eine geistige Wende von unabsehbaren Auswirkungen statt. Im Mittelalter galt »alles Vergängliche nur als ein Gleichnis« des göttlichen Dramas. Zwar sind nicht alle Dinge gleich vollkommen, aber alle sind gut, weil alles, was der Ordnung entspricht, auf die geistige, göttliche Welt hinweist, sodass selbst der verwesende Leichnam als schön gelten kann.[187] Dahinter steht die in der griechischen Philosophie (Stoa) begründete Vorstellung einer *Harmonia mundi*, wonach der gesamte Kosmos nach sinnvollen, göttlichen Gesetzen aufgebaut ist, die allesamt in der höchsten Gottheit zusammenströmen. Das Hässliche ordnet sich dem Schönen unter, das Schlechte dem Besseren, und wenn das Schlechte das Gute dominiert, dann ist das eine Perversion der göttlichen Ordnung. So schaut der mittelalterliche Mensch »die Welt als ein System, in dem alles, auch das scheinbar Kleine dazu da ist, um nach oben auf Gott, auf das Ewige hinzuweisen«[188].
Jetzt aber erwacht das, was man den Geist der Neuzeit nennen könnte. Die materiellen Dinge treten nun selbst und eigenständig ins Blickfeld. Die nachhaltige Abkehr von dem in die

Höhe strebenden Vergeistigungsideal (Gotik!) führt zu einer gleichsam heidnisch-archaischen Form der Welt- und Naturbetrachtung, deren Wiedergeburt in der Renaissance begonnen hat. Der irdische Mensch, Erde, Körper, Raum und Materie fesseln den neu erwachten Forschergeist. Damit beginnt der Siegeszug der Naturwissenschaften. Im Gegensatz zum mittelalterlichen Streben »nach oben«, zur Welt des Geistes, setzt mit den Eroberungen im geographischen wie im naturwissenschaftlichen Bereich eine Horizontalbewegung ein, die das gesamte Menschen- und Weltbild nachhaltig verändert. Kopernikus (gest. 1543) eröffnet den Angriff auf das biblische, geozentrische Weltbild – und widerruft. Doch ihm folgen andere, sodass der Entsakralisierung der Welt bald keine Grenzen mehr gesetzt sind.

Die Reformatoren des 16. Jahrhunderts reagieren auf diese auch in der Kurie sich ausbreitende Verweltlichung durch eine ausgeprägte Betonung der religiösen Verantwortung des Einzelnen. Die individuelle Gottesbeziehung rückt nun – wie schon bei Marguerite Porete – vermehrt ins Zentrum, wodurch die bisher allein selig machenden Sakramente der Kirche in den Hintergrund treten beziehungsweise offen infrage gestellt werden. Mit der Hinwendung zur materiellen Welt erwacht aber auch der »Herr dieser Welt«, das heißt der Teufel. Die neuplatonisch-christliche Ausrichtung auf das Eine, Gute und Übergute in der höchsten Gottheit vermag angesichts der Macht der Finsternis und des Bösen auf die Dauer ebenso wenig zu befriedigen, wie die sublimen scholastischen Spekulationen angesichts der ins Bewusstsein getretenen Dunkelheit des furchtbaren Gottes. So geraten, besonders in der protestantischen Reformbewegung, die wichtigsten kollektiven Obervorstellungen der christlichen Dogmatik ins Wanken, bis gar der Papst selbst, bisher Garant der kirchlichen Ordnung, zum Antichristen deklariert wird.

Der dunkle Gott

Wie Jung im »Aion« (GW 9,2) gezeigt hat, war diese zum herrschenden Zeitgeist kompensatorische Entwicklung im Unbewussten längst angelegt und hat, wie wir sahen, vor allem in den alchemistischen Spekulationen zu einer mehr oder weniger bewussten Wiederherstellung des primitiven, die Gegensätze in sich vereinigenden Gottesbildes geführt (§ 191). Wo die sublimen Wahrheiten der christlichen Dogmen ihre Gültigkeit verloren haben, weil sie als solche nicht mehr verstanden werden, werden sie durch eine *archaische Symbolbildung* ersetzt, welche hinter die bisherigen religiösen Anschauungsformen zurückgreift.[189]

Als Beispiel für dieses Wiedererwachen der dunklen, archaischen Mächte sei ein Text erwähnt, der vermutlich aus dem 16., vielleicht 17. Jahrhundert stammt, in welchem vom alchemistischen Feuer die Rede ist. Hier heißt es: »In diesem Feuer glüht Gott selber in göttlicher Liebe ... und ohne dieses Feuer kann das Werk nie vollendet werden.« Es ist »das Feuer der Philosophen, das diese verborgen und unter Verschluss halten ... das edelste Feuer, das Gott in der Erde erschaffen hat; es besitzt Tausende von Tugenden. Dazu bemerkt (ein) Lehrer, Gott habe so große Kraft und Wirksamkeit beigesteuert, dass die Göttlichkeit selber mit diesem Feuer vermischt worden sei. Und dieses Feuer reinigt gleich wie das Fegefeuer in der Hölle.«[190]

In diesem Feuer ist unschwer eine Anspielung auf das *moralische Leiden* des Menschen zu erkennen, das offenbar nicht nur sein eigenes, sondern auch das Leiden Gottes ist: *Der Gott der Liebe selbst glüht im Höllenfeuer*, was eine Paradoxie darstellt, die kaum mehr gesteigert werden kann. Damit wird der göttliche Konflikt, wie er im Hiobbuch so drastisch geschildert worden ist, endgültig und in aller Schärfe in die irdische Sphäre verlegt, weshalb dieser in seiner Unerlöstheit jenes himmlischen Trösters, das heißt des Parakleten bedarf, der bereits in der Offenbarung des Johannes im göttlichen Knaben angekündigt worden

ist. »Der Mensch kann den Konflikt aus eigener Kraft nicht überwinden«, schreibt Jung. »... Er ist auf die göttliche Tröstung und Versöhnung angewiesen, d.h. auf die spontane Offenbarung jenes Geistes, der menschlichem Willen nicht gehorcht, sondern kommt und geht, wie ER will. Jener Geist ist ein autonomes seelisches Geschehen, eine Stillung nach dem Sturm, ein versöhnendes Licht in den Finsternissen des menschlichen Verstandes und die geheime Ordnung unseres seelischen Chaos ... Es wird wohl die *Offenbarung eines Heiligen Geistes aus dem Menschen selber sein*« (GW 11, § 260 u. 267).
Einige Menschen des 16. Jahrhunderts, denen sich der dunkle Gott aufgedrängt hat, haben trotz der Unruhe ihrer Zeit und inmitten des geistigen Zerfalls eine unbändige Kraft entwickelt und damit die religiösen Erneuerungsbewegungen der Reformation und »Gegenreformation« eingeleitet, wobei dieser Begriff etwas unglücklich ist, da es sich dabei im Grunde genommen um eine eigenständige Reform innerhalb der katholischen Kirche handelt. Insofern als praktisch alle religiösen Reformen der folgenden Zeit gegen die Prunksucht des Renaissance-Menschen, vor allem aber gegen dessen heidnisch-antik anmutendes Naturgefühl gerichtet sind, haben sie eine gewisse Tendenz zu einer moralischen Verwerfung des natürlichen Menschen. Die Geringschätzung des Sinnlichen charakterisiert vor allem die katholischen Schriften, dringt aber, wenn auch in einer etwas sublimeren Form, etwa im protestantischen Pietismus durch. »Nachfolge Christi« ganz im Sinne der damals viel gelesenen, gleichnamigen Erbauungsschrift von Thomas von Kempis bedeutet jetzt vor allem ein Streben nach dem moralisch guten Menschen, das sich schon bald mit den Idealen der französischen Aufklärung verbündet.
Es gibt viele gemeinsame Züge der beiden Hauptexponenten dieser Bewegung, Martin Luther und Teresa von Avila, dieser scheinbar so gegensätzlichen Naturen. Beide waren sie großartige und auch leidenschaftliche Menschen, mit einem ausgeprägten Willen, für ihre Sache zu kämpfen; beide waren sie bereit, die ihre Zeit aufrüttelnde, politische und geistige Zerris-

senheit im eigenen Innern auszutragen. Es ist, als ob das Kreuz des Strebens nach dem Göttlichen auf der einen und der einsetzenden Säkularisierung auf der andern Seite mitten durch sie hindurchgegangen wäre. Beide litten sie an der dunklen Gegensatznatur Gottes, wobei dieses Leiden nicht der Art nach, wohl aber der Intensität und Dauerhaftigkeit nach vergleichbar ist. In manchem, etwa in ihrem ausgeprägten Sündenbewusstsein und der darin gründenden Angst vor dem Fegefeuer, leben sie noch in einer vom Mittelalter durchdrungenen Bildwelt, während sie umgekehrt in ihrer Fähigkeit zur Reflexion der innerseelischen Konflikte bereits auf die Entdeckung des Unbewussten in der Neuzeit hinweisen.

Obwohl Teresas »Weg der Vollkommenheit« (Bd. VI) als feuriger Kampfruf zur Gegenreformation und ihre zahlreichen Klostergründungen (Bd. II) gewissermaßen als Bollwerke gegen die »Häresie der Lutheraner« angelegt sind, so wäre ihr Wirken allein aus dieser Perspektive betrachtet doch missverstanden. Ganz abgesehen davon, dass mit den »Lutheranern« in erster Linie die calvinistischen Hugenotten Frankreichs gemeint sind, können Teresa und Luther in ihrer reformatorischen Kraft durchaus miteinander verglichen werden. In beiden weht derselbe revolutionäre Geist, welcher der subjektiven Verantwortung des Einzelnen vor Gott einen größeren Spielraum einräumt als je zuvor, wobei beiden die Relativität ihres Tuns gegenüber dem Wirken des letztlich unbekannten Gottes immer wieder schmerzlich bewusst wird.

1. TERESA VON AVILA (1515–1582)

Obwohl Teresa später als Luther geboren wurde und länger gewirkt hat, sei sie hier vorangestellt, weil sie unmittelbarer an die Aufbruchsbewegung von Marguerite Porete und Johannes Tauler anschließt. Auch hatte ihr Wirken ja längst nicht dieselbe durchschlagende Kraft wie dasjenige des deutschen Reformators gehabt.

Es ist ein glücklicher Umstand, dass wir von Teresa eine Autobiographie besitzen, in welcher sie uns von ihrem Lebens- und Leidensweg ausführlich berichtet. Die Gottesfinsternis war ihr, wie sie rückblickend feststellt, nicht fremd: »Auf diesem ungestümen Meere trieb ich mich fast zwanzig Jahre herum, beständig fallend und mich wieder erhebend, leider aber nur, um danach aufs Neue zu fallen ... Ich kann sagen, dass diese Lebensweise eine der peinlichsten ist, die man sich meines Erachtens denken kann. Ich fand keinen Genuss in Gott und hatte auch keine Freude an der Welt. Gab ich mich weltlichen Vergnügungen hin, so peinigte mich die Erinnerung an das, was ich Gott schuldig wäre; beschäftigte ich mich mit Gott, so ließen mir die weltlichen Neigungen keine Ruhe. Das ist ein so harter Kampf, dass ich nicht weiß, wie ich ihn einen Monat, geschweige denn so viele Jahre aushalten konnte« (I, 86).[191] Was Teresa hier beschreibt, ist die Erfahrung der *theologia crucis*, des Gekreuzigt- und Zerrissenseins zwischen einer unstillbaren Sehnsucht nach Gott und der realen Welt. Von dieser Spannung ist sie kaum je erlöst worden, was ihr zeitlebens große körperliche und seelische Schmerzen verursacht hat, außer in den kurzen Augenblicken ihrer Entrückungen und visionären Gottesschau, die sie aber erst in späteren Jahren, dann jedoch in zunehmendem Maße erlebt hat.

Mit den intensiver werdenden mystischen Erlebnissen wächst ihre Gewissheit, Gott ständig gegenwärtig zu haben. Gleichzeitig nehmen aber auch ihre weltlichen Verpflichtungen zu; immer mehr Menschen treten an sie heran, um ihre Hilfe zu beanspruchen. Manchmal wird ihr die daraus entstehende Belastung unerträglich: Ist es denn nicht genug, klagt sie Gott an, »dass du mich in diesem elenden Leben zurückhältst, und dass ich es aus Liebe zu dir ertrage; ... wo ich nur essen, schlafen, den Geschäften obliegen und mit allen Leuten verkehren muss? Dies alles ist mir, wie du, o mein Herr, wohl weißt, die größte Marter; aber aus Liebe zu dir erdulde ich sie. Und da verbirgst du noch in den wenigen Augenblicken, die mir für dich bleiben, dein Angesicht vor mir? Wie verträgt sich dies mit deiner Barmherzigkeit?« (I, 379) Teresas Erfahrungen beruhen zwar auf ihrem persönlichen Erleben, sind aber weitgehend überpersönlicher Natur. Es ist, als ob sich der ihr nahe und doch verborgene Gott in ihrer Person erneut und mit großer Wucht, ja oft auch mit der Gewalt des alttestamentlich jüdischen Gottes, zu Wort gemeldet hätte. Das Ringen um Gott hat sie zutiefst erschüttert. Teresa hat diesen Weg nicht selbst gewählt, so wenig wie die alttestamentlichen Propheten, Paulus und andere Visionäre. Wer von numinosen Mächten berührt wird, hat keine Wahl, es sei denn die, daran zugrunde zu gehen oder aber das ihm bestimmte Schicksal geduldig zu ertragen, im Vertrauen darauf, dass »Gott weiß, wozu ein jeder tauglich ist« (I, 212).

Hinter diesem »Gott weiß« liegt aus psychologischer Sicht das Wissen um den hintergründig dahinfließenden archetypischen Strom, den wir über weite Strecken des Lebens kaum wahrnehmen mögen, der sich unter der Voraussetzung einer gesunden Entwicklung aber doch in Gestalt des Individuationsprozesses kontinuierlich durchsetzt. Was das jüdische Volk als göttliche Schicksalsmacht auf kollektiver Ebene erfahren hat (Exil), verlegt sich hier in die Innerlichkeit des Individuums. Die »Heilsgeschichte« findet gewissermaßen spiegelbildlich im Einzelnen statt, wobei sie, wie schon zur Zeit des jüdischen Exils, nur allzu oft als Unheils-Geschichte voller Umwege erlebt werden mag.

In Goethes Wilhelm Meister gibt es eine schöne Stelle, wo Wilhelm nur ungern an seine am Theater verbrachte Zeit zurückdenkt, weil er in ihr nur eine unendliche Leere zu sehen vermag. Da entgegnet ihm sein Begleiter, ein katholischer Geistlicher: »Da irren Sie sich; alles, was uns begegnet, lässt Spuren zurück, alles trägt unmerklich zu unserer Bildung bei; doch es ist gefährlich, sich davon Rechenschaft geben zu wollen. Wir werden dabei entweder stolz und lässig oder niedergeschlagen und kleinmütig, und eins ist für die Folge so hinderlich wie das andere. Das Sicherste bleibt immer, nur das Nächste zu tun, was vor uns liegt ...«[192] Der pragmatische Standpunkt des Geistlichen ist wohl das beste Heilmittel gegen die Gefahren der Inflation oder Deflation.

Während Teresa am Anfang noch mehrheitlich vom eigenen Leben spricht, geht es ihr mit zunehmenden mystischen Erfahrungen mehr und mehr und bald ausschließlich nur noch um das Leben Gottes in ihr (I, 216), um das, was Gott in ihr wirkt. Psychologisch betrachtet entspricht dies einer zunehmenden Verschiebung der Aufmerksamkeit vom mehr persönlichen Material, das heißt von der Auseinandersetzung mit dem eigenen biographischen Hintergrund zu den Inhalten des kollektiven Unbewussten. Dadurch tritt die Wirklichkeit der Seele insofern in ganz neuer Art ins Bewusstsein, als die archetypischen Faktoren der Psyche jetzt mehr und mehr als die eigentlichen Dominanten des Lebens erkannt werden können. Es ist ein wiederkehrendes Merkmal der Biographie großer Menschen, dass sich das archetypische Schicksal darin schon in frühester Kindheit mit deutlichen Zeichen durchzusetzen beginnt. Teresa gehört zu jenen Menschen. Sie war noch nicht siebenjährig, als sie zusammen mit ihrem Bruder in die Fremde ziehen wollte, um dort das Martyrium zu erleiden (zu sterben). Dann, so erhoffte sich die kindliche Seele, werde sie gewiss ins Paradies gelangen. Mit elterlicher Gewalt wurde sie schließlich wieder nach Hause geholt. Auch pflegte sie mit anderen Mädchen im Garten ihrer Eltern Nonne zu spielen.[193] In diesen an sich harmlosen Episoden ist ihr Lebensweg symbolhaft vorweggenommen: die tiefe Sehnsucht nach der Gottheit, der Weg einer Frau, die sich um weltliche Freuden wenig kümmert, die aber umso mehr bereit ist, das Leiden in der Welt und damit wohl auch das Leiden Gottes an der Welt auf sich zu nehmen, was Teresa selbst allerdings nie so formuliert, denn sie weiß sehr wohl um die stets lauernde Gefahr der Inflation, weshalb sie einmal davor warnt, »gleich der ganzen Welt zu Hilfe eilen (zu) wollen«. Stattdessen solle man vielmehr versuchen, denen zu nützen, mit denen man zusammenlebt (V, 229).

Es gibt viele Menschen, die in ihrer frühen Kindheit ähnliche, ihr persönliches Schicksal symbolisch vorwegnehmende Erfahrungen gemacht haben, sei dies nun ein äußeres Erlebnis von besonderer Eindrücklichkeit oder sei es ein ungewöhnlich nachhaltiger Traum. Etwas in uns weiß um das individuelle Schicksal, längst bevor wir auch nur ahnen, was uns bevorsteht. Das meint Paulus, wenn er in Galater 4,9 sagt, dass wir Gott erkannt haben, *vielmehr von ihm erkannt worden sind*. Nicht ich wähle mein Leben, sondern das Leben wählt mich.

Freilich ist der, welcher um sein Schicksal weiß, damit noch lange nicht von seinen Zweifeln, seiner Ungewissheit und seelischen Not befreit. Auch Teresa wird immer wieder von Phasen quälender Gottverlassenheit heimgesucht, wobei die kurzen, aber intensiven Begegnungen mit dem Göttlichen die Qual der Sehnsucht nach ihm noch zu verstärken scheinen. Das allerdings ist ihr eine »bittere, aber auch süße Marter« (I, 186). »Zuweilen kommt es mir vor, als gehe die Seele wie in größter Not umher, sich selbst fragend und sprechend: ›Wo ist nun dein Gott?‹ (Psalm 42,4)«. Da erhält dann die Seele weder vom Himmel noch von der Erde einen Trost; »sie schwebt also gleichsam gekreuzigt zwischen Himmel und Erde und leidet, ohne dass ihr von irgendeiner Stelle Hilfe kommt. Denn die Hilfe, die sie vom Himmel hat – und das ist, wie gesagt, eine so wunderbare Erkenntnis Gottes, die alles, was immer wir können, weit übertrifft –, vermehrt nur ihre Qual« (I, 186). Ungeachtet aller Verlassenheit und Einsamkeit, welche es hier zu erdulden gilt, gibt es kein Zurück in die Gesellschaft der Welt, es sei denn, und das wäre ein echter Trost, man fände einen Menschen, der eine ähnliche Gotteserfahrung gemacht hat (vgl. I, 187).

Das Schweben zwischen Himmel und Erde und die Ungewissheit, in welcher sich nirgends ein fester Boden finden lässt – eine sinnvolle Aufgabe etwa, für die es sich einzusetzen lohnte, oder ein verlässliches Ziel, das man mit ganzem Herzen anstreben könnte –, ist ein wiederkehrender Zustand auf dem Weg der inneren Entwicklung. Die Berührung durch archetypische

Inhalte des Unbewussten kann die alte, bisher dienliche und nützliche Bewusstseinseinstellung schlagartig zerstören. Dinge, die einem bisher zu begeistern und zu fesseln vermocht haben, verlieren plötzlich ihren Reiz. Oft gilt das aber nur für uns und nicht für die Freunde, mit denen wir jene Erlebnisse geteilt haben, und so werden wir denn Fremde unter den Eigenen. Während uns jene drängen, dieses oder jenes weiterhin mit ihnen zu teilen, ist es uns nicht mehr möglich, zur alten Lebensweise zurückzukehren.

Teresa sagt einmal, dass sie selbst mit Verwandten und ehemaligen Freunden nicht mehr verkehren könne, wenn diese nicht in irgendeiner Weise Gott dienen würden (I, 231). Das Berührtsein vom Hintergrund der Seele in irgendeiner Form ist das verbindende Element. Hier, wo die Wirklichkeit der Seele, das Menschliche im Andern, sein Humanum spürbar ist, kann der Eros, das heißt eine echte Gefühlsbeziehung erwachen. In einem Gespräch mit angehenden Analytikern äußerte C.G. Jung, dass das analytische Gespräch zwischen zwei großen Menschen, Teresa würde formulieren: zwischen zwei Gott liebenden Menschen, stattfinde.[194] Hier wie dort ist eine Begegnung gemeint, die in erster Linie auf das seelische Hintergrundgeschehen im andern Menschen und nicht auf Äußerlichkeiten gerichtet ist. Nicht auf oberflächliche Gemeinsamkeiten sollen wir uns einlassen, vielmehr auf das *Leben Gottes im Andern* – oder, sagen wir es jetzt noch direkter, auf den im Andern verborgenen Gott. Wir werden einem Menschen nicht gerecht und können ihm großes Leid zufügen, wenn wir die Stimme Gottes in ihm nicht als solche erkennen. Jede zwischenmenschliche Beziehung ist von Vorurteilen geprägt und es bleibt eine offene Frage, inwieweit wir überhaupt fähig sind, diese abzubauen, um dem Andern als das zu begegnen, *was er wirklich ist*.

Teresa hat unter vielen ihrer Beichtväter gelitten, weil diese das in ihr keimende Leben Gottes nicht erkannt haben. Stattdessen hielten sie ihre Visionen für eine Wirkung des Teufels und ermahnten sie, sich von ihrer Sünde, heute würden wir sagen: von ihrer Verrücktheit, loszusagen (etwa I, 224 u. ö.).

Andere jedoch, wie Pater Vinzenz Barron, der Beichtvater ihres Vaters, oder Johannes vom Kreuz (I, 485), sahen ihr religiöses Charisma und ermutigten sie, auf dem begonnenen Weg vorwärts zu schreiten.

Wie angedeutet sprechen wir heute nicht mehr von Sünde, wohl aber von einer verkehrten Grundeinstellung, vom »neurotischen« Verhalten eines Menschen, von seinen Komplexen, Abwehrmechanismen und narzisstischen Störungen. Sicher, das alles mögen hilfreiche psychologische Begriffe sein, um einen Menschen zur Selbsterkenntnis zu führen. Niemand, der sich ernsthaft und über längere Zeit mit sich selbst auseinander gesetzt hat, wird daran zweifeln, dass diese und andere Fehlhaltungen auch in ihm existieren. Wo wir den Blick aber zu einseitig auf das Kranke richten, werden wir leicht das in allem Chaos wirkende seelische Geheimnis übersehen. In einem Seminar sprach Jung einmal von den Menschen, denen die Gnade zufällt, dass Gott ihnen eine Neurose schickt. Hinter dieser Einstellung steht der Gedanke oder besser: die Erfahrung, dass der verborgene Sinn gerade dort liegen kann, wo der Mensch sein Leben nicht mehr begreift, weil es einen Verlauf genommen hat, den er sich so jedenfalls nicht gewünscht hat.

Doch was die »Gnade der Neurose« anbelangt, so ist die Verleihung dieser Gnade durch Gott so lange unwirksam, als der Mensch diese nicht auch als solche erkennt. Wie Tauler sagt, kann Gott nur wirken, wenn sich der Mensch dafür öffnet. Für Teresa bedarf es dabei des Zusammenspiels dreier Faktoren: der Verleihung der Gnade durch Gott, deren Erkenntnis seitens des Menschen und der »Fähigkeit, diese Gnade auch auszudrücken und andern verständlich zu machen« (I, 159). Nun geht es bei der Erkenntnis der eigenen Fehlhaltungen nicht darum, sich in endlosen Selbstvorwürfen moralisch zu verurteilen, vielmehr darum, im Wissen um die eigene Beschränkung für anders denkende Menschen offen zu sein. Echte Selbsterkenntnis offenbart einem die eigenen Schwächen und sollte deshalb eigentlich dazu befähigen, mit den Schwächen der Mitmenschen menschlich und tolerant umzugehen.

Schweigen

Dafür, wie schwierig es sein kann, über archetypische Erfahrungen zu schweigen, gibt Teresa ein eindrückliches Beispiel. Nachdem sie in einer ihrer Visionen von Gott den Auftrag erhalten hatte, ein neues Kloster mit strengeren Regeln zu gründen und dies in die Tat umsetzen wollte, wurde sie von ihren Mitschwestern heftig angegriffen. Einige meinten gar, man solle sie ins Gefängnis (eine besonders dunkle Zelle) werfen (I, 322ff.). Auch ihr damaliger Beichtvater misstraute ihr und hielt die ganze Unternehmung für eine Träumerei. Schließlich wurde ihr gar mit der Inquisition gedroht. Doch trotz aller Anfechtungen schwieg Teresa über den wahren, in der Vision begründeten Ursprung ihres Planes. Es wäre ein Leichtes gewesen, auf den göttlichen Auftrag hinzuweisen, um ihre Gegnerinnen und Gegner gewissermaßen mit Gottes Stimme mundtot zu machen. Aber sie tat es nicht, vielleicht weil sie spürte, dass die andern die Sprache ihrer Visionen nicht verstanden hätten. Jedenfalls widerstand sie damit der Versuchung, unter Berufung auf die innere Stimme Macht auszuüben.

Das Schweigen über eine offenbarte innere Wahrheit gehört bisweilen zum Schwierigsten, das einem Menschen auferlegt werden kann: »Wessen das Herz voll ist, dem läuft der Mund über« besagt ein altes Sprichwort im Wissen um die Redseligkeit dessen, dem etwas Außergewöhnliches zugestoßen ist. Wenn wir Menschen beobachten, die zufällig Zeugen eines Unfalles geworden sind, finden wir oft ähnliche Reaktionsweisen. »Mein Gott!« oder »Um Himmels Willen!« werden sie ausrufen und sich sogleich mit dem nächst Besten in ein Gespräch über dies und das, was hier vorgefallen sein mag, verwickeln. In der spontanen Anrufung Gottes oder des Himmels manifestiert sich eine unbewusste Ahnung, dass da offenbar höhere Mächte am Werk waren, während sich der Drang, über das schreckliche Ereignis zu reden, aus dem erhöhten energetischen Spannungspotenzial erklärt, das immer dann eintritt, wenn archetypische Mächte im Spiel sind.

Ganz ähnlich kann es uns gehen, wenn wir einen besonders eindrücklichen, numinosen Traum hatten: Wir möchten unbedingt darüber reden und möglichst viel über dessen tieferen Sinn erfahren. In der Regel ist es (auch für den Analytiker) aber besser, zu schweigen und sich einer Deutung zu enthalten, nicht nur im Wissen darum, dass jede Interpretation das numinose Geheimnis zu zerreden droht und damit tötet, sondern auch darum, weil archetypische Botschaften das Ich gerne inflationieren. Wir berühren hier das Problem der Inflation oder Aufgeblasenheit, die, wie Jung einmal sagte, »paradoxerweise ein Unbewusstwerden des Bewusstseins (ist). Dieser Fall tritt ein, wenn Letzteres sich an Inhalten des Unbewussten übernimmt und die Unterscheidungsfähigkeit, diese conditio sine qua non aller Bewusstheit, verliert« (GW 12, § 563). Dann identifiziert sich das Ich mit dem lebendigen, autonomen Geist der Psyche und hält sich selbst für den Urheber dessen, was ihm doch durch Eingeistung oder Inspiration (Khunrath) geschenkt worden ist.

Die Alchemisten haben immer um diese mit dem Opus verbundene Gefahr gewusst, weshalb Khunrath seinem Werk gewissermaßen als Leitgedanke und vielleicht nicht ganz ohne Selbstkritik die folgenden Verse vorangestellt hat:

›Lobet den HERRN! Lobet den HERRN! Lobet den HERRN!
Pfuy sey dem Teuffel ...
Du Geist der Weisheit Gottes
Stehe mir bey!
AMEN.

Am Schluss der alchemistischen Bilderserie des »Mutus liber« findet sich eine Darstellung (GW 12, Abb. 269), in welcher sich der Artifex und seine Soror mystica einander gegenüber stehen, wobei ihre rechte Hand jeweils nach oben zeigt, während die Linke auf ihrem Mund ruht. Mit dieser Geste des Schweigens – darum der Titel Mutus liber (das stumme Buch) –, weisen sie auf das Geheimnis hin, das *zwischen ihnen* liegt, auf das Mysterium ihrer Liebe oder in alchemistischer

Sprache ausgedrückt auf die vollbrachte Vereinigung von Sol und Luna, aus welcher der *filius philosophorum* hervorgegangen ist. Der wirkliche Grund einer Liebesbeziehung ist nämlich nicht in irgendwelchen persönlichen Vorzügen der eigenen Person oder derjenigen des andern zu sehen, vielmehr in einem letztlich numinosen Geschehen im Seelenhintergrund, wo sich die unvereinbaren Gegensätze allmählich anzunähern beginnen, was eine den moralischen Konflikt erlösende oder doch zumindest lindernde Wirkung hat. Da dieses Geschehen das Ich zu überwältigen droht, indem dessen Assimilation mit größten Gefahren verbunden ist, haben es die Alchemisten vorgezogen, darüber möglichst zu schweigen. Sowie nämlich die Integration numinoser Inhalte aus dem Unbewussten ins Bewusstsein misslingt, verkehrt sich die Liebe zur Macht, worauf der Teufel, der sich gerne ins Opus einschleicht, außen bekämpft wird.

Wie Teresa berichtet, erzeugt dieses Schweigen wegen der damit verbundenen Einsamkeit und Entfremdung von den Mitmenschen zwar ein großes Leiden, aber auch einen noch viel größeren Trost: »Der Herr, der mich in allen Leiden, die ich erzählt habe, nie verlassen hatte, der so oft mich getröstet und gestärkt hatte, dass ich es hier gar nicht sagen kann, tat es auch diesmal« (I, 323).

Die Kehrseite der Inflation ist die falsche Bescheidenheit, die sich gar nichts mehr zutrauen will und in übertriebener Selbstanklage alles Eigene schlecht macht. Dass sich auch darin ein Machtteufel verbergen kann, hat Teresa wohl gewusst. Sie nennt das eine »falsche Demut« und sagt auch gleich, wie wir diese »Erfindung des Teufels« erkennen können. Während die *»falsche Demut«* Unruhe und Verwirrung, Finsternis und Angst, ja einen Zustand der Trockenheit und Untauglichkeit bewirke, verursache die *»wahre Demut«* Ruhe, Wonne und Licht sowie die Fähigkeit, mit Gott zu verkehren (I, 287). Das ängstliche Kreisen um sich selbst führt immer tiefer in die eigenen Verstrickungen hinein, in eine seelische Stagnation, die wir psychologisch als Deflation bezeichnen. Darum sagt ein alter

Volksbrauch zu Recht, dass man dem Teufel das Kreuz, das heißt eine klare Orientierung entgegenhalten soll. Das bedeutet freilich nicht, dass wir unseren Weg jederzeit kennen müssten. Unterwegssein schließt die gelegentliche Desorientierung und Zerrissenheit zwischen den Gegensätzen (Kreuz) notwendig ein. Doch ist diese nicht mit jenem ängstlichen Zögern zu verwechseln, das den wachen, schöpferischen Geist zu verdunkeln pflegt. Es gibt Menschen, die auch im Leiden Ruhe bewahren und die trotz aller Not nicht aufhören, nach dem Sinn zu fragen. Diese innere Festigkeit hat Teresa im Auge, wenn sie schreibt:»Die Seele, die arm im Geiste ist, bleibt in Leiden und Trockenheiten ruhig; sie wird wohl schmerzlich davon berührt, gibt sich aber der Unruhe und der Traurigkeit nicht so hin wie manche Personen, die da meinen, es sei alles verloren, wenn sie nicht immer mit dem Verstande tätig sind, ... als ob man sich durch eigene Anstrengung ein so großes Gut erwerben könnte« (I, 211f.).

Gelassenheit in Gott

An der Verborgenheit Gottes in der Welt zu leiden und darin Gelassenheit zu üben, erfordert jenen klaren und wachen Geist der Achtsamkeit (awareness), der im östlichen Denken eine so zentrale Rolle spielt. Darin manifestiert sich die religiöse, auf das Unbekannte gerichtete Einstellung, die inmitten der verwirrenden Vielfalt, Ruhe bewahrt, ohne durch eine übertriebene Verstandestätigkeit (Analysieren) den Blick auf das Eine zu verlieren. So heißt es etwa in der Bhagavadgita (13,30):
> Wer jedes Dinges Einzelsein
> In *einem* Geist vereint erblickt,
> Aus dem das All entfaltet ist,
> Der wird zum Brahma (zur höchsten Gottheit) einst entrückt.

Bei den Mystikern sind es gerade die (psychologischen) Erklärungsversuche, welche die Seele entscheidend daran hindern, zu Gott zu gelangen. Wer »mit dem Verstande viele Erwägungen anstellt und nach vielen Worten sucht«, sagt Teresa, und wer über seine Sünden und Fehler allzu sehr nachdenkt, dem fehlt die »stille Hingabe« des Ruhegebets (I, 143). Ein zu intensives Erforschen der eigenen Psyche verursacht bloß störende Nebengeräusche.

Auf das Gebet und seine verschiedenen Stufen kommt Teresa in all ihren Werken in immer neuer Weise zu sprechen. Es ist die für sie wichtigste Tätigkeit des religiösen Menschen. Wer sich *in Gott versenken* will – und das allein ist das Anliegen des Gebets, nicht irgendwelches ichhaftes Wünschen und Bitten –, der wende sich nach innen. Teresa verweist dabei gerne auf Augustinus, der »Gott an vielen Orten gesucht und ihn endlich in seinem eigenen Innern gefunden habe« (VI, 14, ebenso V, 75 u. ö.). »Die zerstreute Seele«, so fährt sie fort, »braucht auch nicht laut ihre Stimme zu ihm (Gott) zu erheben; denn er ist ihr so nahe, dass er sie hört, auch wenn sie ganz leise zu ihm spricht. Um ihn zu suchen, bedarf sie keiner Flügel, nur in die Einsamkeit muss sie gehen, in ihr Inneres schauen und sich nicht wundern über einen so hohen Gast« (VI, 142).[195] Gebet ist *Kontemplation*, Besinnung auf den »großen König«, der »in dem kleinen Palast meiner Seele ... wohnt« (VI, 146).

Das Problem des weiblichen Gottesbildes

Mit jenem Gast tritt der königliche Mensch, der filius regius der Alchemisten beziehungsweise der *Eine Große Mensch*, dem nichts Menschliches fremd ist, am Horizont des Bewusstseins auf. In der weiblichen Psychologie entspricht dieser König allerdings weniger dem Selbst als vielmehr dem inneren Begleiter, dem Animus. Wegen der im Christentum fehlenden Figur der weiblichen Gottheit, die allein das höchste seelische Bild der Frau repräsentieren kann, ergibt sich eine nicht zu unterschätzende Problematik für den religiösen Weg der Frau. Psychologisch gesehen führt die Identifikation mit dem *Herrn*, von dem Teresa immer wieder spricht und dem sie sich in der mystischen Vermählung hingibt, bei aller Wonne der Vereinigung letztlich doch zu einer Entfremdung vom weiblichen Wesenskern. Insofern als diese unbewusst bleibt, wird sie von einer umso stärkeren Betonung männlicher Werte kompensiert, was zu einer religiösen Besessenheit führen kann, der eine differenzierte Gefühlsbezogenheit und Einfühlung in die Mitmenschen abgeht.

In ihrer Schilderung der siebten Wohnung der Seelenburg, wo »die intimsten Dinge zwischen Gott und der Seele geschehen«, wird Teresa – wohl ganz instinktiv – dazu gedrängt, der Gottheit weibliche Züge zuzuschreiben. Hier spricht sie von *»jenen göttlichen Brüsten*, an denen Gott die Seele beständig zu nähren scheint«, und an deren Milch sich alle Bewohner der Burg stärken (V, 210). Doch diese Stelle ist, so weit ich sehe, ebenso einzigartig wie die wenigen Hinweise der Bibel auf die Mütterlichkeit Gottes (Jesaja 49,15; 66,13; Weisheit 7,12) und kontrastiert zu den unzähligen anderen Passagen, in welchen die männliche Qualität des Gottesbildes das weibliche Ichbewusstsein auszulöschen droht. So schreibt Teresa in ihren persönlichen Aufzeichnungen (*Exclamaciones*): »Es sterbe nun das eigene Ich, und ein anderer lebe in mir, der höher steht und mir, um ihm dienen zu können, nützlicher ist als ich. *Er* lebe und gebe mir das Leben! *Er* herrsche, und ich sei die Gefangene; denn meine Seele will keine andere Freiheit« (V, 317). Man kann darin eine Anspielung auf das paulinische »Ich lebe, aber nicht mehr ich, sondern Christus in mir« (Galater 2,20) sehen. Zwar darf die Sehnsucht nach dem mystischen Tod, die sich in solchen Äußerungen Teresas ausdrückt, nicht durch psychologische Kriterien aufgelöst werden, dennoch muss man sich fragen, ob das Leiden Teresas an der Verborgenheit Gottes, an welchen sie »durch die Bande von Furcht und Liebe gefesselt ist« (V, 318), nicht ein Leiden an der Verborgenheit von dessen *weiblich-naturhafter* Seite sei. Ich werde darauf zurückkommen.

Gespräche mit Gott

Teresas Versenkung in Gott, ihre intimen Zwiegespräche mit Christus und die von ihr geschauten visionären Bilder gleichen, nicht dem Inhalt nach, aber doch in ihrer psychischen Dynamik dem, was C.G. Jung als Aktive Imagination bezeichnet hat. Sie ist ein Dialog zwischen dem Ich und einer oder mehreren Gestalten oder Bildern aus dem Unbewussten in meditativer Form, das heißt eine *aktive* Begegnung mit der Welt der objektiven Psyche, welche dem Ich stets als das Andere und Fremde entgegentritt. Die Botschaften der »jenseitigen« Figuren haben eine belebende Wirkung. Da wir gewohnt sind, alles Eigene mit Skepsis zu betrachten und abzuwerten, ist die Liebe, die uns von den inneren Figuren oft entgegengebracht wird, wie sie auch Teresa von Christus her erlebt hat, eine Wohltat: »Meiner Ansicht nach ist ... das innerliche Gebet nichts anderes als ein Freundschaftsverkehr, bei dem wir uns oftmals im Geheimen mit dem unterhalten, von dem wir wissen, dass er uns liebt« (I, 88).

Das spezifisch Christliche ihres Verweilens im Gebet zeigt sich am deutlichsten in der von ihr geübten *Vergegenwärtigung der Menschheit Christi* (I, 209). Diese hat ihren Ursprung in dem Bekehrungserlebnis, das Teresas ganzes späteres Leben geprägt hat. Damals sah sie im Oratorium ein Bild von dem mit vielen Wunden übersäten Christus. Plötzlich überfiel sie eine große Bestürzung über das tiefe Leiden Christi: »Ich warf mich nieder, und indem ich einen Strom von Tränen vergoss, bat ich ihn, er möge mich doch endlich einmal stärken, damit ich ihn nicht mehr beleidige« (I, 93). Von diesem Tag an versuchte Teresa stets, sich in ihrem Gebet den *Menschen* Christus, das heißt dessen Leiden zu vergegenwärtigen. »Solange wir leben und Menschen sind«, begründet sie ihr Vorgehen, ist es wichtig, »den Herrn als Menschen vor Augen zu haben«, denn wir sind keine Engel, sondern haben einen Leib. »Es ist Torheit, uns selbst zu Engeln machen zu wollen, während wir noch auf Erden sind, und noch dazu so tief in sie versunken sind, wie ich es war« (I, 210). Teresa hält nichts von einem falschen Höhen- oder Seelenflug, in welchem der mit Erde beladene (!) Geist (I, 213) versucht, sich aus eigenen Kräften zu Gott zu erheben.

Der Gekreuzigte

Die Betrachtung der Menschheit Christi im Sinne Teresas vermag diese geistige Einengung auf das Individuelle dadurch aufzulösen, dass sie alles Subjektive, insbesondere aber das persönliche Leiden, in den größeren, überpersönlichen Zusammenhang des Gekreuzigten hineinstellt. Im Bild des leidenden und doch erhöhten Gottessohnes spiegelt sich den Menschen des ausgehenden Mittelalters die Zerrissenheit ihrer Zeit. Das war nicht immer so. In frühen Christusbildern erscheint der Gekreuzigte »nicht als Leidender, sondern als König in triumphierender, majestätischer Haltung, eher schwebend oder vor dem Kreuz stehend, nicht daran hängend und fixiert. Er ist bekleidet mit einer langen Tunika und nicht, wie später üblich, nackt bis auf das Lendentuch. Er trägt eine Königskrone, nicht eine solche aus Dornen. Das Gesicht zeigt keine Schmerzen. Die Wundmale sind kaum sichtbar.«[196] Das ändert sich bereits im 12. Jahrhundert. »An die Stelle des siegreich auferstandenen Erlösers, des ewigen Sohnes Gottes, trat der leidende Gott, der Menschensohn, der Gekreuzigte.«
Die in Teresas Visionen durchdringende Realistik des am Kreuz leidenden Christus ist somit ein allgemeiner Wesenszug der Christusdarstellungen ihrer Zeit. Darin zeigt sich an der Schwelle vom Mittelalter zur Neuzeit der Wandel des religiösen Bewusstseins, in dessen Verlauf sich der reale, irdische Mensch trotz all seiner dunklen, unfertigen und unerlösten Seiten mehr und mehr als mitverantwortlicher *Partner Gottes* zu verstehen beginnt. Damit wird der Ort des Kampfes, den Hiob einst mit Jahwe und dieser mit sich selbst ausgetragen hat, ins Innere des Menschen verlegt, was Letzterem eine schwere Bürde auferlegt. Dass der neuzeitliche Mensch noch lange nicht fähig ist, diese Verantwortung zu tragen, ist

in Goethes Faust und in Nietzsches Zarathustra unheilvoll angekündigt worden, und es macht nicht den Eindruck, als ob der heutige Mensch bescheidener geworden wäre. Die Erhöhung der Stellung des Menschen bedeutet aber auch dessen Erniedrigung, denn je höher dieser steigt, umso tiefer wird er auch fallen.

Teresas visionäre Bilder und ihre intimen Gespräche mit dem Herrn offenbaren ihr die *Paradoxie Gottes* in manchmal schockierender, dann wieder beglückender Weise. Ihre Gefühle schwanken denn auch zwischen tiefstem Leiden und höchster Glückseligkeit. So erlebt sie einmal in einer ihrer Visionen, wie der Herr ihr Holzkreuz, das sie am Rosenkranz trug, in seine Hand nahm: »als er es mir wieder zustellte, war es aus vier großen Edelsteinen zusammengesetzt, die ohne Vergleich weit kostbarer waren als Diamanten. Ja, nach ihrem übernatürlichen Glanze zu urteilen, gibt es hienieden gar keine Edelsteine, womit jene verglichen werden können ... Auch waren auf dem Kreuze die fünf Wunden wunderschön abgebildet« (I, 276).

Die Edelsteine enthalten die Weisheit Gottes, weshalb es bei Ezechiel heißt, dass der Menschensohn ganz und gar von ihnen bedeckt und voller Weisheit ist (28,12).[197] Die Festigkeit des Steines symbolisiert den ewigen, göttlichen Wesenskern, der psychologisch dem Selbst entspricht, während die Vierzahl auf einen Ordnungsfaktor hinweist, der von wahrhaft kosmischer Dimension (vier Himmelsrichtungen) ist. Dessen Weisheit lässt sich aber nicht realisieren, es sei denn durch die Quintessenz des realen, das heißt gewöhnlichen Lebens, was stets ein Leiden bedeutet (fünf Wunden). In der Spannung zwischen der Zahl vier und fünf ist die Problematik des neuzeitlichen Menschen vorweggenommen, dessen Schwanken zwischen dem Streben nach seinen hohen Idealen der Humanität auf der einen, und deren realer Verwirklichung, der immer etwas Schmerzhaftes anhaftet, auf der andern Seite.

Vereinigung mit Gott

Das jeweils plötzlich sie durchdringende Gefühl der unmittelbaren Gegenwart Gottes bezeichnet Teresa als Gebet der Vereinigung oder auch als mystische Theologie (I, 99; V, 87). Dies ist ein geheimnisvoller Vorgang im innersten Seelengrund, in welchem Gott ganz im Verborgenen wirkt, denn »was bei dieser Vereinigung in der Seele vorgeht, ist so dunkel«, dass darin alle Seelenkräfte schwinden und die Seele selbst völlig zerstört wird, um nur umso besser in Gott eindringen zu können. Was immer sie vorher getan und geleistet haben mag, vergisst sie, denn »der kleine lästige Schmetterling des Gedächtnisses verbrennt sich hier die Flügel und kann nicht mehr unruhig umherflattern« (I, 168f.). Jetzt »ist die Seele ganz wach für Gott, für Dinge dieser Welt aber und für sich selbst ganz empfindungslos ... Ein süßer Tod, fürwahr! ... ein Sichloslösen von aller Tätigkeit, ... ein wonnevoller Tod« (V, 87).

In Anlehnung an das Bild von der Seelenburg könnte die mystische Vereinigung als Einwohnung Gottes im Menschen bezeichnet werden. Damit ist angedeutet, dass es sich dabei um ein reales Geschehen im konkreten Menschen handelt. Natürlich weiß Teresa um dessen Unermesslichkeit, weshalb sie ihren Schöpfer, ein traditionelles Bild verwendend, einmal bittet, er möge doch eine so kostbare Flüssigkeit nicht in ein so zerbrechliches Gefäß gießen, da er doch sehe, wie leicht es hier verschüttet werde (I, 163)! Trotz aller Numinosität des mystischen Erlebnisses hat dieses nichts zu tun mit einer Flucht vor der Welt in die Innerlichkeit. In einer kleinen, kritischen Schrift tadelt Teresa den Pater Johannes vom Kreuz in echt weiblicher Art für dessen zu weltabgewandter Einstellung: »Es wäre übel mit uns bestellt, wenn wir erst dann Gott suchen könnten, nachdem wir der Welt schon abgestorben sind. Magdalena, die Samaritanerin (Lukas 7,36ff.) und das kanaanäische Weib (Matthäus 15,21ff.) waren es noch nicht, als sie ihn fanden« (V, 323). Es ist eben gerade der irdische und ganz gewöhnliche Mensch – und darin offenbart sich der Geist der Neuzeit in Teresas Schriften –, in den Gott einwohnen will.

Selbstvergessenheit der Seele

Die Begegnung mit Gott im Innern der Seele bewirkt eine große Gelassenheit oder, wie Teresa sich ausdrückt, ein »Selbstvergessen der Seele«. Und so lebt sie denn unbekümmert um alles, was geschehen kann, und in einem ganz einzigartigen Sichselbstvergessen, sodass es »den Anschein hat, sie sei gar nicht mehr und wolle in keiner Weise etwas sein, außer sie sieht, dass sie zur Ehre und Verherrlichung Gottes etwas beitragen kann; denn dafür würde sie herzlich gern ihr Leben hingeben« (V, 214). Der »süße Tod« kann als plötzliches Erwachen (V, 214), als tiefe Ruhe (V, 133) oder auch als Verwundung durch Liebespein und Liebesfeuer (V, 193) erfahren werden, immer aber ist es ein Erlebnis von höchster Intensität. Das Absterben der Ichhaftigkeit bedeutet aber nicht, dass der Mensch von nun an, gewissermaßen über dem Irdischen schwebend, seiner täglichen Aufgaben enthoben wäre. Man soll von dem, was die Seele, das heißt hier der auf die Gottheit ausgerichtete Mensch, noch zu tun vermag, »um nichts in der Welt etwas unterlassen« (V, 215). Das erzeugt zwar einen qualvollen Konflikt zwischen der Sehnsucht, ganz in Gott zu verharren, und den notwendigen Verpflichtungen des Alltags, der Welt, sich selbst und dem Mitmenschen gegenüber, den es aber auszuhalten gilt.

Dazu braucht es ein starkes und in sich gefestigtes Ich, denn nur ein solches kann dem einen großen Menschen gegenübertreten, ohne ihm den Platz streitig zu machen. Eine egoistische Grundhaltung weist immer auf ein schwaches Ich hin und ist insofern verständlich, als das Ich in diesem Fall tatsächlich zuerst erstarken muss, ehe es sich gegenüber den Inhalten des Unbewussten und der ihm fremden Welt öffnen kann. C.G. Jung hat das hier angesprochene Problem prägnant formuliert:

»Insofern die Individuation ... eine schwerste Aufgabe darstellt, bedeutet sie Leiden, eine *Passion des Ich*, d.h. des empirischen, gewöhnlichen, bisherigen Menschen, dem es zustößt, in einen größeren Umfang aufgenommen und seiner sich frei dünkenden Eigenwilligkeit beraubt zu werden. Er leidet sozusagen an der Vergewaltigung durch das Selbst« (GW 11, § 233).
Es gibt eine wunderschöne altchinesische Geschichte aus dem 12. Jahrhundert n. Chr. »Der Ochs und sein Hirte«[198], die damit endet, dass der nach einem langen mühevollen Weg erleuchtete Meister in völliger Selbstvergessenheit über den Markt schlendert, wo er die Weinkneipen und Fischbuden besucht. Vergessen ist die Suche nach dem entlaufenen Ochsen – ein Bild für das Selbst, das es zu finden und zu bändigen gilt –, vergessen sind dessen Zähmung und Heimführung aus der Wildnis der Berge, vergessen auch die vielen Stunden von Meditation und Gebet. Selbst die beglückende Erfahrung der Erleuchtung scheint keinerlei Bedeutung mehr zu haben. Der Meister fühlt sich nicht mehr einzigartig, er *ist* einzigartig. Doch wo immer er vorbeigeht, da beginnen die Bäume zu blühen, da springt der innere Funke seiner Erleuchtung auf die Mitmenschen über, worauf deren Seelen zu neuem Leben erwachen. Das ist östlicher Geist, Tun durch Nicht-Tun, wie es im Taoismus heißt. Der Meister ist eins mit dem Kosmos und dessen Harmonie, im Einklang mit dem Weltengrund.
Auch Teresa kennt diese Dimension, mit dem bezeichnenden Unterschied freilich, dass die kosmische Dimension in den Hintergrund tritt beziehungsweise ganz fehlt, und durch eine allumfassende christliche Nächstenliebe ersetzt wird. Die von himmlischen Schätzen beschenkte Seele »trägt Verlangen in sich, diese mit andern zu teilen ... Fast ohne es zu bemerken und ohne selbst etwas dabei zu tun, fängt sie nun an, ihren Nebenmenschen nützlich zu werden. Aber jene bemerken es wohl; denn der Geruch der Blumen hat so sehr zugenommen, dass er in anderen das Verlangen erweckt, sich ihnen zu nähern« (I, 171). In ihrer Auslegung einiger Verse aus dem Hohenlied »Gedanken über die Liebe Gottes« (Bd. V), dessen

Original die Verfasserin auf Befehl ihres damaligen Beichtvaters verbrannt hat, weil es für eine Frau ungehörig sei, sich über diesen Text Gedanken zu machen (!), das aber in der Abschrift einer ihrer Mitschwestern erhalten ist, kommt Teresa auf das Motiv des Blühens zurück. Bezug nehmend auf die Stelle, wo die Braut sagt, »stärket mich mit Blüten, lobet mich mit Äpfeln; denn krank bin ich vor Liebe« (Hohelied 2,5 zit. nach V, 287), spricht Teresa vom »Lebensbaum der Liebe Gottes«, dessen Blüten nur um seinetwillen hervorwachsen und dessen Wohlgeruch sich überall ausbreitet, »um vielen zu nützen« (V, 288). Mit der Braut ist die sich mit Gott vereinigende Seele gemeint. Deshalb weist das Erblühen auf ein *überpersönliches* Geschehen hin, auf die Gegenwart Gottes im Menschen, deren belebende Wirkung auch die Umgebung beeinflusst. Denn durch eine von Gott erleuchtete Seele, sagt Teresa an anderer Stelle, »werden viele andere Licht erhalten« (V, 307).

Teresa kann sich der religiösen Atmosphäre ihrer Zeit nicht ganz entziehen. Spanien hat sich längst vom Joch der Araber befreit und ist durch die Eroberung und Unterdrückung fremder Kontinente reich geworden. Gleichsam als Gegenbewegung gegen den allgemeinen Luxus der spanischen Aristokratie sind überall geistliche Bücher entstanden, deren Inhalt sich vorwiegend auf eine moralistische Predigt von der Abtötung der Sinne, von der Jungfräulichkeit und anderen asketischen Idealen beschränkt. Alles Natürliche gerät in den Verdacht der Sünde. Man kann Teresa sicher nicht vorwerfen, dass sie dieser öfters doch eher plumpen Begeisterung für die Askese verfällt; aber auch sie kann sich, wie die folgende Deutung vom Blühen des Liebesbaumes zeigt, nicht ganz von den geistigen Vorurteilen ihrer Zeit, die sich in erster Linie gegen die weibliche Qualität der Gefühlsbezogenheit, des Körpers und des Eros richten, befreien: »Diese Blüten«, schreibt sie, »haben einen ganz anderen Grund als jene, die wir hier auf Erden finden. Nach meinem Dafürhalten bittet hier die Seele um *Verrichtung guter Werke* im Dienste unseres Herrn und des Nächsten« (V, 288).

Ungleich lebensfroher tönt es dagegen im alchemistischen Text der »Aurora consurgens« aus dem späteren Mittelalter: »An keiner Wiese soll unsere Lust vorbeigehen, und keiner von uns allen bleibe unserer Fröhlichkeit ferne.« Wie Marie-Louise von Franz in ihrem Kommentar dazu ausführt, kommt es darin zum »Durchbruch eines heidnisch-antiken Naturgefühls«. Als ein Symbol des Gefühls deuten die Blumen auf eine wachsende Gefühlsbezogenheit hin, die jedoch nicht willentlich vollzogen wird, vielmehr gewissermaßen so selbstverständlich und selbstlos wie das Blühen der Pflanzen in der Seele konstelliert ist.

Auch bei den Alchemisten spielt das Blütenmotiv eine Rolle, wobei hier bezeichnenderweise die makrokosmische Dimension mit einbezogen ist. »Die Blumen sind gleichsam Ingredienzen des ›unteren Himmels‹, Äquivalente der Sterne, d.h. Komponenten der seelischen Totalität, des Selbst. Da die ›Seele von den Beziehungen lebt‹ (Jung, GW 16, § 444; 454; A.S.), so weisen diese Blüten, die bei und während der Coniunctio entstehen, auf ein Aufblühen der seelischen Bezogenheit hin. Letzteres ist ein Erfülltsein von der Sapientia Dei« (GW 14,3, § 571). In dem sowohl im alten Ägypten als auch in der östlichen Ikonographie allgemein verbreiteten Motiv des aus der Lotosblume hervorgegangenen göttlichen Kindes wird der kosmogone Charakter dieser Gefühlsbezogenheit besonders schön dargestellt.

Es gehört zum Geheimnis des im Verborgenen wirkenden Gottes, dass er dem eigenen Wollen des Menschen, das heißt dem freien Willen Grenzen setzt und gerade dadurch die Seele zum Blühen bringt. In einer kleinen Schrift, die *spontane* Aufzeichnungen von Teresa enthält und deshalb besonders echt wirkt, weil sich die Verfasserin hier ganz frei vom Druck der katholischen Zensur fühlt – der Text erschien gut zehn Jahre nach ihrem Tod und trägt den Titel »Rufe (*exclamaciones*) der Seele nach Gott« –, heißt es: »O freier Wille, welch ein Sklave deiner Freiheit bist du doch, wenn du nicht durch die Bande der *Furcht und Liebe* an deinen Schöpfer gefesselt bist« (V, 318). Könnte es also sein, dass wir darum so sehr auf den freien Willen pochen, weil wir die Begegnung mit dem Deus absconditus fürchten, mit jenem Gott, den man lieben kann und fürchten muss? Jedenfalls ist es die Unfassbarkeit dieses Gottes, die dem von ihm verwundeten Menschen Bescheidenheit auferlegt.

Die visionären Erlebnisse Teresas könnten den falschen Eindruck eines *einmaligen* Durchbruchs der Gegenwart Gottes in der Seele erwecken. Dass dem nur teilweise so ist und es daneben um einen langen und beschwerlichen mystischen Weg geht, schildert die Autorin in ihrem Spätwerk »*Castillio Interior*« – Die Seelenburg (Bd. V), das sie als 62-Jährige, fünf Jahre vor ihrem Tod, geschrieben hat. Die Burg besteht aus sieben ringförmig um das Zentrum angelegten Wohnungen (vgl. auch die sieben Planetensphären, 7-stufiger Weg bei Marguerite Porete, bei den Alchemisten u.a.). Der Weg zur Mitte in die innerste Wohnung, »in der zwischen Gott und der Seele höchst geheime Dinge vorgehen« (V, 20), ist schwierig. Besonders am Anfang lauern allerlei Gefahren, was freilich nicht am Gemach der ersten Wohnung liegt, sondern daran, dass die Seele zu viel unnötigen Ballast mit sich hineinschleppt (V, 32). Da soll man sich denn vor allen fremden Sorgen hüten, aber ebenso vor jenem Teufel, der uns »in der Gestalt eines Engels des Lichts« täuscht (V, 33). Gegen einen allfälligen Rückschritt weiß Teresa »kein anderes Mittel, als immer wieder von neuem zu beginnen« (V, 43).

Die innere Burg ist ein Werk von größter psychologischer Differenzierung. Teresa war eine Meisterin der psychologischen Formulierung, welche von tiefer Menschenkenntnis zeugt. Einmal beispielsweise beklagt sie die schwer zu überwindende Gewohnheit des Herumschweifens unseres Geistes, die uns an der entscheidenden Erkenntnis hindert, dass Gott in uns gegenwärtig ist (V, 75). Oder sie spricht von der narzisstischen Trauer: »Wir mögen ... uns noch so sehr anstrengen und noch so viele Tränen vergießen, es strömt uns dieses (göttliche) Wasser dadurch doch nicht zu, es wird nur dem zuteil, dem es Gott geben will, und er gibt es oft gerade dann, wenn die Seele am wenigsten daran denkt« (V, 73).

In diesem »Herumschweifen« kann leicht jener unruhige Geist erkannt werden, der bald dies, bald das will und den Menschen von einer Sorge in die nächste jagt. Ihm steht das Leerwerden gegenüber, das »ledige Gemüt«, wie es Meister Eckhart immer wieder betont hat: »Du musst dich selbst lassen, und zwar völlig lassen, dann hast du recht gelassen« (Predigt Nr. 31).[199] Das entbindet den Menschen aber nicht von der Selbsterkenntnis. Es geht nur darum, weniger darüber nachzudenken, was wir *tun* sollen, umso mehr aber zu bedenken, was wir *sind*. »Es wäre Torheit«, sagt Teresa ganz analog, »wenn wir meinten, wir könnten in den Himmel eingehen, ohne in uns selbst einzukehren, um uns selbst kennen zu lernen, (und) ohne unser eigenes Elend und unsere Verpflichtung gegen Gott zu betrachten ...« (V, 44). Nicht dass der Mensch Gott von sich aus erreichen könnte, doch »erfüllt (Gott) uns ganz gewiss mit sich selbst, sobald wir uns alles Erschaffenen (d.h. aller Ichhaftigkeit) entledigen und aus Liebe zu Gott uns davon losreißen« (V, 211). Obwohl Schwester Teresa als Gründerin des neuen Ordens der unbeschuhten Karmeliterinnen mit seinen strengen Regeln in größter Armut und Besitzlosigkeit gelebt hat, versteht sie das Ledig-Werden weniger im materiellen als im geistig-spirituellen Sinn – als Gelassenheit und Selbstvergessenheit der Seele, die in Gott ruht, weil der »*Gottmensch immer ihr Begleiter ist*« (V, 168).

Liebesmystik – Liebeskrieg

Wenn Teresa auf die mystische Vermählung mit Gott zu sprechen kommt, gebraucht sie, nur zögernd zwar, dafür aber in oft origineller Art, das Vokabular der Liebesmystik. Sie ist von der »Glut der Liebe« ergriffen, erfüllt von »Sehnsuchtsgefühlen« (V, 213), die ihr »zärtliche Worte entlocken« (V, 210). Der Wein, den ihr der Geliebte einschenkt, ist so kostbar, dass ein einziger Tropfen davon genügt, alles Geschaffene zu vergessen (V, 274). Doch dann mischen sich bisweilen auch düstere Töne in ihre Sprache. Nach langen Jahren, während derer sie in großer Furcht gelebt hat, wird ihr durch einige Stellen aus dem Hohenlied plötzlich klar, dass sich ihre Seele trotz dieser Leiden auf gutem Wege befindet. Denn niemand anderer, als der *ihre Seele verwundende* göttliche Bräutigam hat ihr alle Tröstungen und Liebesentzückungen, Todesnöte und Leidenszustände geschickt (V, 240). Er ist es, der *Wunden schlägt und kein Heilmittel reicht,* der tötet und doch zum Leben erweckt (V, 301). Ja, er selbst ist der Gequälte: »Ach, ach, ach, was ist das doch Entsetzliches um die Sünde, die da hinreicht, einen Gott durch so große Schmerzen zu töten! ... Wohin kannst du dich wenden, wo sie dich nicht peinigen? Von allen Seiten schlagen sie dir Todeswunden« (V, 305f.). Doch selbst der Wahnsinn derer, die Gott mit ihrer ganzen Wut verfolgen, kann zum Guten führen, was Teresa verständlicherweise eine völlig »unbegreifliche Weisheit« nennt (V, 308).

Die Vorstellung, dass Gott den Menschen quält, um dessen Sinneswandel zu bewirken, ist eine bekannte alttestamentliche Tradition.[200] Auch die Alchemisten kennen die von Gott gesandte Qual, wobei sie diese meist mit dem Symbol des saturnischen Bleis verbinden: »Das Blei bedeutet Qualen und Beschwernisse, mit denen Gott uns heimsucht und zur Sinnesänderung hinführt«, sagt ein offensichtlich christlich beeinflusster Alchemist.[201] Auf subjektiver Ebene entspricht dieser Zustand der Nigredo oder Depression, in welchem der saturnische Geist den Adepten mit »melancholischem Leiden übermannt«. Etwas anderes ist es nun aber, wenn *Gott selbst der Gequälte* ist. Auch dieser Gedanke ist den Alchemisten geläufig, wie Jung in seiner Interpretation der Zosimosvisionen (3. Jh. n. Chr.) in eindrücklicher Art dargelegt hat. Das Motiv von Zerreißung, Tötung, Qual und Verwandlung gehört dabei in denselben Sinnzusammenhang wie die Zerstückelung des alten Königs beziehungsweise des diesen ersetzenden Opfertieres, wie wir sie aus verschiedenen antiken Religionen kennen. Der Alchemist projiziert den in Wirklichkeit innerpsychischen Vorgang auf die *prima materia.* So heißt es etwa in der *»Turba philosophorum«*: »Nehmt den alten, schwarzen Geist und zerstört und quält mit ihm die Körper, bis sie verändert werden« (zit. nach: GW 13, § 354). Dass mit den ursprünglich auf die Materie projizierten Qualen ein eigenes Leiden gemeint sein könnte, wird den mittelalterlichen Naturforschern erst relativ spät bewusst. Einige, wie etwa Petrus Bonus oder Dorneus, haben die psychologischen Implikationen ihrer Experimente jedoch klar erkannt. Für Teresa ist es der in die Sünde verstrickte Mensch, der Gott Qualen zufügt und ihn gar tötet. Wie wir von Porete, Eckhart und Tauler wissen, besteht die Sünde weniger in einem falschen Tun, als vielmehr in der verkehrten Einstellung dessen, der sich sein Heil mit Frömmigkeitswerken selbst schaffen möchte und darüber Gott, das heißt sein wirkliches Ziel aus den Augen verliert.[202] Darum warnen die Mystiker immer wieder vor übertriebener Verstandestätigkeit. Psychologisch gesehen zeigt sich die falsche Einstellung darin, dass das Ich dem schöpferischen Geist des Unbewussten zu wenig oder auch gar nichts zutraut. Solche Ichhaftigkeit tötet den lebendigen Geist der Psyche und quält ihn damit, dass sie ihm die Führung streitig macht. Es scheint nämlich, dass sich die im kollektiven Unbewussten aktivierten, archetypischen Inhalte danach sehnen, bewusst zu werden und dadurch in die Sphäre des Menschen einzutreten.

Der Wahnsinn des Deus absconditus

Könnte es sein, dass Teresa mehr intuitiv als bewusst geahnt hat, wie sehr der Mensch der Neuzeit vom Deus absconditus ergriffen ist? Jedenfalls hat sie erkannt, dass es nicht nur der Mensch ist, der Gott mit seiner Ichhaftigkeit quält, sondern auch umgekehrt Gott, der den Menschen mit seinem »Liebeskrieg« heimsucht. Sie scheint um den Deus absconditus gewusst zu haben, wenn sie vom *Wahnsinn* spricht, mit dem Gott uns verfolgt, um uns zu heilen. Der dunkle, zu fürchtende Gott ist in ihren Schriften zwar nicht im gleichen Maße präsent wie der Gott der Liebe, bricht aber doch da und dort durch, sodass sich beide Seiten kompensieren, was psychologisch gesehen durchaus richtig ist. Es ist der göttliche Bräutigam, nicht etwa der Mensch, der diesen Liebeskrieg angezettelt hat, und da der Kampf nun einmal begonnen hat, muss er bis zum bitteren oder seligen Ende ausgefochten werden. Gott vertreibt die Seele aus ihrer Festung, »damit sie wiederkehre, ihren Besieger zu besiegen«. Zwar verliert sie in diesem Kampf alle Kräfte, aber bloß um nachher umso herrlicher zu kämpfen. Und »dadurch, dass sie sich als Überwundene dem Sieger ergibt, überwindet sie den Sieger«. Dieser »wunderbare Kampf« führt dazu, dass sich die beiden Feuer des göttlichen Bräutigams und seiner Soror mystica zu *einem Feuer* vereinigen (V, 315f.). Dies ist ein Kampf auf Leben und Tod und es bleibt offen, wer darin der Sieger, wer der Besiegte ist.

Für Teresa ist klar, dass das, was das göttliche Feuer krank gemacht hat, nicht vom Menschen, sondern nur von Gott geheilt werden kann (V, 315). Ihr Gott offenbart sich denen, die er heimsucht, »durch Leiden und durch den bittersten Tod, durch Martern und Qualen, durch tägliche Ertragung von Unbilden und durch Verzeihen« (V, 271). Um diesen Wahnsinn zu ertragen, bedarf es der ganzen Fülle seiner Liebe zu den Geschöpfen, was freilich eine unbegreifliche Weisheit ist, die der Verstand nicht zu fassen vermag (V, 308).

In der *unio mystica* wird die Seele in Gott eingeformt. Teresa verwendet für diese geheimnisvolle Vereinigung zweier so ungleicher Partner ein schönes Bild: Wenn sich ein Bauernmädchen mit einem König vereint, so sind doch deren Kinder von königlichem Geblüt (V, 268). Und Bezug nehmend auf das Hohelied 2,16 »Mein Geliebter ist mein, und ich bin sein«, sagt sie: »Er ist für meine Interessen besorgt, und ich für die seinen« (V, 276), was auf eine echte Partnerschaft zwischen Mensch und Gott hinweist.

Das war nicht immer so. Jahrzehnte früher hat die erste Begegnung mit Gott Teresa in einen großen Schrecken versetzt. Damals hatte sie noch nie eine Vision erlebt, als sie in einer, ihr bis anhin unbekannten plötzlichen Entrückung eine Stimme hörte: »Ich will, dass du fortan nicht mehr mit Menschen, sondern mit Engeln verkehrst« (I, 231). Damit begann die immer stärker werdende Ausrichtung auf den in ihr verborgenen Gott, bis sie ihn kurz vor ihrem Tode freudig begrüßen konnte: »So ist sie denn gekommen, die so oft und so heiß ersehnte Stunde, o mein Herr und Bräutigam! So ist denn die Zeit da, dass wir einander sehen werden.«[203] Ungeachtet dieser großen Hoffnung und Erfüllung hat sie sich noch in ihren letzten, zu ihren »Töchtern und Frauen« gesprochenen Worten als die »größte Sünderin der Welt« bezeichnet (V, 342). In den Abschiedsworten des sterbenden Luthers werden wir demselben tiefen Sündenbewusstsein begegnen. Das ist die Zerrissenheit, welche die Seele der Menschen im 16. Jahrhundert ergriffen hat. In ihr offenbart sich der verborgene Gott gerade in der Widersprüchlichkeit menschlicher Existenz, in dem *einen großen Menschen*, welcher die höchsten Höhen des Himmels und die tiefsten Tiefen der Hölle in sich vereint.

2. MARTIN LUTHER (1483–1546):
Der Mensch im Widerspruch

Das Leiden an Gottes Zorn

Kein anderer hat die Gewalt des Deus absconditus so in den Mittelpunkt seines Lebens gestellt wie der 1483 in Eisleben geborene und 1546 auch dort verstorbene Martin Luther. Wie Teresa von Avila suchte er ein Leben lang den Zugang zum lebendigen, gnädigen Gott und wie sie war er stets von einem tiefen Sündenbewusstsein erfüllt. 1518, inmitten der Zeit des reformatorischen Durchbruchs, schreibt er in Anlehnung an den Bericht von der Entrückung des Paulus ins »Paradies« (2 Korinther 12), doch in typisch mittelalterlicher Weise nicht den Himmel, sondern die Hölle betonend: »Auch ich kenne einen Menschen, der, wie er versichert hat, solche Strafen öfter erlitten hat, ... so ungeheure und höllische, wie keine Zunge zu sagen, keine Feder zu schreiben und niemand zu glauben vermag, der es nicht selbst erfahren hat ... Da erscheint Gott furchtbar in seinem Zorn und samt ihm gleicher Weise die gesamte Kreatur. Da gibt's keine Flucht, keinen Trost, weder innerlich noch äußerlich, sondern alles klagt an ... In solchem Augenblick – sonderbar zu sagen – vermag die Seele nicht zu glauben, sie könnte je erlöst werden ... Es bleibt nur nacktes Verlangen nach Hilfe und grauenhaftes Seufzen, aber sie weiß nicht, woher Hilfe erflehen. Da ist die Seele ausgespannt mit (dem gekreuzigten) Christus, ... und es ist kein einziger Winkel in ihr, der nicht voll wäre von bitterster Bitterkeit, von Schrecken, Angst und Traurigkeit, doch so, als ob das alles ausschließlich ewig wäre« (WA 1, 557, 33ff.; EL 31f.).[204]

Die Menschen des Spätmittelalters waren von einer tiefen Unruhe und von großen Ängsten um ihr Seelenheil befallen. Christus galt ihnen als Weltenrichter, dessen Urteil den armen Sünder erbarmungslos der Hölle ausliefert. Entsprechend groß war die Sehnsucht nach Erlösung von dieser Höllenpein. In dieser vom Gefühl des Untergangs getragenen Stimmung lag die Reformation in der Luft, aber es bedurfte der starken Natur eines Martin Luther, der, wie einst Jakob und Hiob, den *Kampf mit Gott* aufzunehmen gewillt war.

Luthers Todesangst ist nun aber nicht nur ein Relikt mittelalterlicher Höllenpein. In einem am 25. November 1538 an seinen Freund Nikolaus von Amsdorf geschriebenen Brief macht Luther deutlich, dass es ihm um viel mehr geht, nämlich um die *Neue Zeit*, welche die alte der »Papisten« aufheben wird: »... Denn solange wir im Papstglauben lebten, waren wir wie Trunkene, Schläfrige oder gar Rasende, indem wir auch den wirklichen Tod für Leben hielten, *ahnungslos* also, *was Tod und Zorn Gottes sei*. Jetzt aber, wo die Wahrheit hell leuchtet und wir den Zorn Gottes deutlicher erkennen, fühlt die Natur, aufgeschreckt aus Schlaf und Wahn, dass ihre Kräfte schlechterdings nichts vermögen zum Ertragen des Todes ... Ich meine nämlich, diese jetzige letzte Zeit sei *das hohe Alter Christi und die Zeit der schwindenden Kräfte, und das bedeutet: höchster und äußerster Ansturm des Satans*« (aus: WA 8; 327-329 Nr. 3277; LS 321). Der reale Hintergrund dieses Briefes ist die Pest, die damals viele Opfer gefordert hat. Doch überraschenderweise stellt Luther fest, dass sich die Todesangst durch die evangelische Verkündigung des Lebens in Christus erst recht breit mache.[205] Man hätte doch eher das Gegenteil erwartet: dass die teils in realen Bedrohungen, teils in mittelalterlichen Vorstellungen wurzelnden, irrationalen Ängste dank der Frohbotschaft abnehmen würden. Wie ist diese Veränderung zum Schlechteren zu erklären?

Die Angst vor dem Fegefeuer und die damit verbundenen Bemühungen um Sündenerlass sind den Menschen des Spätmittelalters allgegenwärtig. Doch handelt es sich dabei immer um Tatsünden, die begangen oder eben auch vermieden werden können, während Luther vom *peccatum radicale* spricht, von der radikalen Sünde des Unglaubens, womit er jedes Streben nach Selbstsicherheit und Selbsterlösung, oder wie wir heute eher sagen würden: nach Selbstverwirklichung, infrage stellt. Wie die Mystiker versteht er die Sünde weniger im Sinne einer moralischen bzw. unmoralischen Tat, vielmehr als falsche Selbsteinschätzung des Menschen, die je nach Veranlagung ganz unterschiedlich ausfallen kann, als Anmaßung und Überbewertung seiner selbst oder im Gegenteil als Verachtung und Unterbewertung der eigenen Fähigkeiten, wobei beide Grundhaltungen gleichermaßen falsch sind. Ob der Mensch zu heilig sein will oder sich gänzlich als Sünder verwirft, ob er sich auf sich selbst verlässt oder sich völlig von Gott verlassen fühlt, so oder so bleibt er in seinem Versuch, vollkommen zu sein, ein Gefangener seiner selbst.

Die reformatorische Erneuerungsbewegung will keine *ecclesia triumphans*, keine Gemeinschaft von Auserwählten gründen, die das zwiespältige Los des Menschlichen bereits hinter sich haben. Der Zorn Gottes ist in ihr präsent, denn sie hat nichts im Griff, verkündet sie doch die Zeit des Antichristen und damit eine Zeit schwerster Anfechtungen. Auch eine noch so hell leuchtende Wahrheit des Evangeliums vermag weder den Tod zu verharmlosen noch Gottes Zorn zu besiegen. Luther will die Furcht vor Gott nicht austreiben, weil *nur der, der Gott fürchtet, ihn wirklich versteht.* Dabei geht es ihm nicht um die nackte Angst als solche, sondern darum, die menschliche Furcht der Kraft und dem Trost, die von Christus ausgehen, gegenüberzustellen. Beide Seiten gehören unabdingbar zusammen, was Luther immer wieder mit dem paulinischen Satz untermauert, wonach sich die Kraft in der Schwachheit vollendet (2 Korinther 12,9). Das ist eine biblische Grundeinstellung, die sich auch im johanneischen Jesuswort findet: »In der Welt habt ihr Angst; aber seid getrost, ich habe die Welt überwunden.« (Johannes 16,33), was wohl nur so verstanden werden kann, dass immer beides wahr ist. Nur dann zielt der Satz auf den *ganzen* Menschen, denn nur wer beide Seiten wahrnimmt, kommt in die Mitte.

In Luthers Gottes- und Menschenbild prallen die Gegensätze voll aufeinander. Todesangst und Lebenshoffnung gehören ebenso zusammen, wie die Nachstellungen durch den Teufel und das Licht Christi. Die Intensivierung der einen Seite provoziert eine eben solche der andern. Wer schwach ist, kann stark sein, und wer das Nichts erfährt, dem mag sich *alles* offenbaren. Luther macht Ernst mit der Realität des Teufels als psychologische Wirklichkeit, die nicht aus der Welt zu schaffen ist. Dem lichten Sohn Gottes steht das dunkle Geschöpf radikal gegenüber. Aus dieser im 16. Jahrhundert bewusst werdenden Spannung ist die geistige Differenzierung des neuzeitlichen Bewusstseins hervorgegangen, was uns gewaltige Fortschritte in der Beherrschung der Naturmächte beschert hat, wobei man sich allerdings fragen kann, ob diese nicht auf einem faustischen Pakt mit dem Teufel beruhen.

Es lässt sich jedenfalls nicht bestreiten, dass »das Böse eine wirksame, ja sogar bedrohliche Beschränkung des Guten (ist), sodass nicht zu viel gesagt ist, wenn man annimmt, dass in dieser Welt nicht nur Tag und Nacht, sondern auch Gut und Böse sich mehr oder weniger die Waage halten, und dass dies der Grund sei, warum der Sieg des Guten immer einen besonderen Gnadenakt bedeutet« (GW 11, § 253). Damit bricht das Problem des moralisch leidenden Menschen hervor, wobei dieser anerkennen muss, dass er den Konflikt nicht aus eigener Kraft überwinden kann. Er ist, wie Jung in seiner psychologischen Deutung des Trinitätsdogmas schreibt, »auf die göttliche Tröstung und Versöhnung angewiesen, d.h. auf die spontane Offenbarung jenes Geistes, der menschlichem Willen nicht gehorcht, sondern kommt und geht, wie *Er* will. Jener Geist ist ein autonomes seelisches Geschehen, eine Stillung nach dem Sturm, ein versöhnendes Licht in den Finsternissen des menschlichen Verstandes und die geheime Ordnung unseres seelischen Chaos. Der Heilige Geist ist ein Tröster wie der Vater, ein stilles, ewiges und abgründiges Eines, in welchem die Liebe und der Schrecken Gottes zur wortlosen Einheit zusammengeschmolzen sind.« Er ist »die Antwort auf jenes Leiden in der Gottheit, das Christus personifiziert« (GW 11, § 260).

Die Schrecken Gottes, die schon den jungen Luther heimgesucht haben, erfüllen ihn auch in seinem späteren Leben. Im erwähnten Brief beispielsweise beruft er sich wie Paulus auf die bittere Erfahrung von Todesangst: »Auch ich habe fürwahr während nahezu eines ganzen Jahres gelernt, mit Paulus das zu singen: ›... So wahr ihr mein Ruhm seid, *so sterbe ich täglich*‹ (1 Korinther 15,31). Ich glaube ganz gewiss nicht, Paulus sei Holz und Stein gewesen, einer, der das Entsetzen und die Macht des Todes nicht spürte.« Und mit einem Seitenblick auf die spätmittelalterlichen Frömmigkeitsübungen der *meditatio mortis und ars moriendi*, der Totentanzdarstellungen und der Praxis lebensfeindlicher Askese, die doch alle den Tod vergegenwärtigen wollen[206], fährt er fort: »Für ihn (Paulus) war das nicht ein Betrachten des Todes oder ein Nachdenken über ihn, vielmehr das Erfahren und die Macht des Todes selbst, als gäbe es keine Hoffnung auf Leben. Was ist denn der Tod, wenn man ihn nur spekulativ betrachtet, anders als Ahnungslosigkeit und Gefühllosigkeit in Bezug auf den Tod?« (LS 323)

»Fare hin mit deim geist an galgen« – Vom Licht des Evangeliums

Das führt uns dem näher, was Luther unter dem »Licht des Evangeliums« versteht. Wobei es uns hier allein um den psychologischen Standpunkt gehen soll, was etwas anderes als eine heilsgeschichtliche oder metaphysische Wahrheit ist. Damit wird die Existenz einer solchen weder geleugnet noch bestätigt; dies aber ist Sache des Theologen. Wenn Luther feststellt, dass der extremen Erfahrung von Todesangst und der eigenen Nichtigkeit eine ebenso mächtige Erfahrung der Befreiung vom Tode durch das »*Wort Gottes*« gegenübersteht, so kann diese Befreiung nur aufgrund einer, durch die Begegnung mit der biblischen Schrift ausgelösten Berührung der Seele erreicht werden.[207] Dabei darf Luthers Lust an paradoxen Formulierungen nicht übersehen werden. Diese entsprechen dem Wesen der Seele bzw. des Selbst als einer *complexio oppositorum*, in welcher sich alle erdenklichen Gegensätze miteinander vereinen. »Die Paradoxie«, schreibt Jung, »gehört sonderbarerweise zum höchsten geistigen Gut; die Eindeutigkeit aber ist ein Zeichen der Schwäche. Darum verarmt eine Religion innerlich, wenn sie ihre Paradoxien verliert oder vermindert; deren Vermehrung aber bereichert, denn nur das Paradoxe vermag die Fülle des Lebens annähernd zu fassen, die Eindeutigkeit und das Widerspruchslose aber sind einseitig und darum ungeeignet, das Unerfassliche auszudrücken« (GW 12, § 18).
Meister der paradoxen Formulierung waren Paulus wie Luther, und beiden war ein ähnliches Schicksal beschieden, indem die Radikalität ihrer ursprünglichen Aussagen von ihren Nachfolgern verwässert worden ist, sodass die einstige Lebendigkeit und Kraft zur Rechtgläubigkeit und Spekulation degeneriert sind. So geschah es bei den lateinischen Kirchenvätern und in der Scholastik, aber auch im Protestantismus, dessen fortschreitende geistige Verarmung den heutigen Menschen immer weniger zu berühren vermag. Diese Verarmung ist das Schicksal jeder religiösen Erneuerung, denn das seelische Le-

ben erträgt keinen Stillstand. »Alles Irdische ist dem Wechsel unterworfen«, heißt es im Hexagramm Nr. 11 (»Der Friede«) des chinesischen I Ging im Kommentar zur dritten Linie. »Auf Blüte folgt Niedergang. Das ist das ewige Gesetz auf Erden. Das Schlechte kann wohl zurückgedrängt, aber nicht dauernd beseitigt werden. Es kommt wieder. Diese Überzeugung könnte einen schwermütig machen. Aber das soll sie nicht. Sie soll nur bewirken, dass man ... nicht in Verblendung gerät.« Das Pochen auf die eigene Erfahrung inmitten von Bedrängnis und Todesangst verbindet Luther mit den Mystikern. Der Weg und das Ziel freilich sind hier und dort verschieden. Luthers Skepsis gegenüber einer allzu einseitigen Betonung der Innerlichkeit zeigt sich in seinem nicht immer mit fairen Mitteln geführten Kampf gegen die »Schwärmer«.[208] Während er den Papisten vorwirft, sie würden den Heiligen Geist materialisieren, indem sie die Gnadenmittel der Kirche verabsolutieren, trifft die Schwärmer wie Andreas Karlstadt oder Thomas Müntzer der umgekehrte Vorwurf der forcierten Innerlichkeit, wodurch die Schrift vernachlässigt werde. Dem Ersten hält er entgegen: »*Fare hin mit deim geist an galgen, oportet te audire verbum* (Man muss auf das Wort hören). *Die geisterey spey an et dic: es diabolus.*«[209]
Psychologisch gesehen steht hinter diesen unterschiedlichen Auffassungen ein typologisches Problem. Karlstadt gehört zum introvertierten Typus und betont deshalb die Notwendigkeit der inneren Erfahrung, während Luther aufgrund seiner extravertierten Natur im *verbum externum*, im äußeren Wort, die unentbehrliche Grundlage der Offenbarung sieht. »Für ihn ist Karlstadts Vertrauen auf das Wirken des Heiligen Geistes im inwendigen Menschen, das eine Abwertung der Schrift ... in Kauf nimmt, unakzeptabel«[210], denn, so Luther, die *illuminatio* von innen her ist eine Folge der Verkündigung des Evangeliums, nicht umgekehrt.
Dennoch kann Luther durchaus mystische Töne anschlagen.[211] Der Geist entzündet des Menschen Herz mit seinen Liebesflammen und durchströmt es mit seiner Glut. Luther distanziert sich

dabei aber von jeglicher Form einer Aufstiegsmystik. Sein Streben gilt nicht der Vereinigung mit Gott. Ihn treibt eine ganz andere Frage um, die Frage nämlich, wie der Mensch vor Gott bestehen kann. Jener Vers im Römerbrief (1,17), wonach sich die *Gerechtigkeit Gottes* im Evangelium offenbare, irritiert den jungen Augustiner-Eremiten, denn, sollte Gott wirklich gerecht sein und den Sünder bestrafen, wie könnte ein Mensch Gottes Zorn je entkommen? Im Rückblick, ein Jahr vor seinem Tod, berichtet Luther von seiner damaligen seelischen Not: »Ich konnte den gerechten, die Sünder strafenden Gott nicht lieben, im Gegenteil, ich *hasste* ihn sogar. Wenn ich als Mönch untadelig lebte, fühlte ich mich vor Gott doch als Sünder, und mein Gewissen quälte mich sehr ... musste denn Gott auch noch durch das Evangelium Jammer auf Jammer häufen und uns ... seine Gerechtigkeit und seinen Zorn androhen? So wütete ich wild und mit verwirrtem Gewissen, jedoch klopfte ich rücksichtslos bei Paulus an dieser Stelle an; ich dürstete glühend zu wissen, was Paulus wolle.« Endlich kommt es zur befreienden Einsicht, zum so genannten »Turmerlebnis«: »Da erbarmte sich Gott meiner. Tag und Nacht war ich in tiefe Gedanken versunken ... Da fing ich an, die Gerechtigkeit Gottes als eine solche zu verstehen, durch welche der Gerechte als durch Gottes *Gabe* lebt, nämlich aus dem Glauben ... Da fühlte ich mich wie ganz und gar neu geboren, und durch offene Türen trat ich in das Paradies selbst ein« (LD 2, 19f.).

In seinem Bekenntnis, dass er, der damals dem mönchischen Leben verpflichtet war, den gerechten, die Sünder strafenden Gott nicht zu lieben vermochte, beginnt sich das alte Gottesbild, wonach sich das Verhältnis zwischen Gott und Mensch durch die von Letzterem begangenen Sünden definiert, aufzulösen. Zwar bleibt die Widersprüchlichkeit zwischen Gott und Mensch bestehen, aber nicht auf Kosten der moralischen Verwerfung des einen zugunsten des anderen, vielmehr so, dass beide unauflöslich aufeinander bezogen sind. Gott kann nicht Gott sein, es sei denn, er lasse sich auf die widersprüchliche Realität des Menschen ein, und der Mensch kann nicht

Mensch sein, es sei denn, er lasse sich auf den letztlich unfassbaren Widerstreit *in Gott* ein.

Die Einsamkeit des Menschen vor Gott

Luther hat viele Jahre lang unter der »Finsternis der göttlichen Einsamkeit« (Tauler), unter dem Zorn des sich ihm verbergenden Gottes gelitten. Da mag er sein Mönchsgelübde noch so getreulich einhalten und untadelig leben, es wird ihm dies, so spürte er, wenig nützen, um vor Gott bestehen zu können. Doch dann, er befindet sich bereits in seiner Lebensmitte, wird ihm, während seine Gedanken unablässig um das Geschehen auf Golgatha kreisen, plötzlich bewusst, dass Gott selber leidet, indem er die furchtbare Qual auf sich genommen hat, die Welt in ihrer Realität ertragen zu müssen (vgl. GW 11, § 265). Luthers Erkenntnis der Unermesslichkeit und Anstößigkeit dessen, was am Kreuz geschehen ist, hat ihn vom Zwang zur Selbstrechtfertigung oder, wie wir heute sagen würden, vom Zwang zur Selbstverwirklichung befreit. »Wer würde denn erkennen, dass wer in der Sichtbarkeit gedemütigt, angefochten, verworfen und getötet wird, in höchstem Maße zugleich inwendig erhöht, getröstet, angenommen und lebendig gemacht wird ..., wenn ihn nicht die Weisheit des Geistes dies lehrte?« (EL 114f.) Im Symbol des Kreuzes gewinnt Luther die Gewissheit, dass Gott auch im Leiden dieser Welt und in der äußersten Gottverlassenheit dem Menschen gegenwärtig ist, freilich nicht in Gestalt des triumphierenden Christus, vielmehr in der Dunkelheit des Deus absconditus, dessen furchtbare Abgründigkeit nicht verschönert werden soll. Luther ist skeptisch gegenüber jeglicher Form christlicher Frömmigkeit. Er tritt mystisch-enthusiastischen Strömungen ebenso entgegen wie der humanistischen Religiosität seines Gegners Erasmus, dem er vorwirft, eine »sanfte, skeptische Theologie« (LD 3, 169) zu betreiben. Darunter gehe die Wucht des zu fürchtenden Gottes verloren, der seinerseits nichts mit einem frommen Lebenswandel zu tun habe. Luther möchte das Christentum von allem Moralisieren befreien, weil ein moralisches Leben letztlich nichts Entscheidendes zur Erneuerung des Menschen beiträgt. Der neuzeitliche Mensch ist und bleibt der Mensch im Widerspruch, der an der dunklen Schwere der Erde zu leiden hat. Keine noch so helle Freiheit des Geistes vermag ihn davon zu erlösen. Luther war kein Liebhaber der Philosophie, keiner, der die bittere Realität des Lebens übersteigen wollte. Darum meidet er jedes System, in welchem der Mensch gewissermaßen einen Heilsweg beschreitend allmählich zu Gott gelangen kann, weil der Mensch – so seine paradoxe Formulierung –, *simul iustus – simul peccator,* »Gerechter und Sünder zugleich ist«[212]. Immer lebt er in zwei verschiedenen Zeiten, er weiß um Gott und weiß doch nichts von ihm, er ist Gott nahe und ihm doch fern, und was er auch tun mag, so hilft ihm das doch wenig, weil er sich nicht selbst erlösen kann.

Und wenn der Fromme noch so gute Werke verrichtet, sich selbst erniedrigt, durch unablässiges Beten, Meditieren und Fasten zu Gott finden möchte, so bleibt er ihm vielleicht gerade durch solche Bemühungen fern, »denn es ist unmöglich, durch seine guten Werke (nicht) aufgeblasen zu werden, wenn man nicht zuvor durch Leiden und Übel vollkommen arm und leer geworden ist, bis man weiß, dass man selbst nichts ist (vermag) und dass die Werke nicht einem selbst, sondern Gott entstammen« (LD 1, 389f.). »Wer aber durch Leiden zunichte geworden ist, handelt nicht mehr selbst, sondern weiß, dass Gott in ihm seine Werke tut und alles wirkt« (LD 1, 391).

C.G. Jung hat immer wieder vor dieser Aufgeblasenheit oder Inflation gewarnt. Diesbezüglich stimmt sein Ansatz mit demjenigen Luthers überein. »Wer sich mit dem Schöpfer (seiner Werke) identifiziert, indem er glaubt, selbst deren Schöpfer zu sein, wird früher oder später mit einem furchtbaren Sturz und einer außergewöhnlichen Finsternis konfrontiert sein. Wer sich an der göttlichen Prärogative der Schöpfung vergreift, wird die Strafe des Schöpfergottes erleiden: die Zerstückelung.«[213] Weil wir jener Versuchung nicht widerstehen können, holt uns die schmerzliche Realität des Schattens, Luther würde sagen: der Zorn Gottes, immer wieder ein. Diese Dunkelheit scheint notwendig zu sein, um aus deren Dämmerung das anfänglich noch schwache Licht des *Selbst* und damit die eigentliche Quelle des schöpferischen Lebens zu erkennen. Nicht ich mache mir etwas bewusst, sondern es wird mir bewusst, nicht ich habe einen guten Einfall, sondern ES fällt mir ein. Individuation und Erneuerung ist letzten Endes nicht Sache des Menschen, sondern Gottes, mehr ein Erleiden des göttlichen Willens, als eigenes Tun.

Luther hat die im 16. Jahrhundert aufbrechende Autonomie des Menschen der Neuzeit erkannt und in eine *religiöse* Erneuerungskraft umzusetzen gewusst. Damals tagte in Rom das V. Laterankonzil (es endete 1517), in welchem viel von der menschlichen Seele und deren Unsterblichkeit die Rede war. Dabei trat die Individualität des Einzelnen in einer bisher unbekannten Deutlichkeit in den Vordergrund der kirchlichen Lehre.[214] Dies war eine Reaktion der Kurie auf die in Italien seit dem 14. Jahrhundert aufkommenden Strömungen des Humanismus und der Renaissance. Doch Luther macht insofern einen Schritt über diese noch zaghaften Ankündigungen der Neuzeit hinaus, als er die Erfahrung des Individuellen in einen deutlichen Kontrast zu den philosophischen und metaphysischen Autoritäten (Scholastik) stellt. In dieser Befreiung von kollektiven Normen überschreitet er das geistige Klima des Mittelalters, auch dasjenige der spätmittelalterlichen Mystik[215], wodurch er – in logischer Konsequenz – dazu gezwungen wird, die katholische Kirche zu verlassen.

Die heutige Situation, in welcher immer mehr Menschen aus der Kirche austreten, ist die Folge dieser mit Luther ansetzenden Entwicklung. Die Heiligen Riten, das Wunder der Messe und die Verkündigung des Wortes Gottes haben für die große Mehrzahl der heutigen Menschen ihre seelisch nährende Wirksamkeit verloren. Wer die schützenden Mauern der kirchlichen Gemeinschaft verlassen hat, von Gott aber dennoch berührt bleibt, den erwartet zunächst eine kosmische Einsamkeit, die manchmal nur schwer zu ertragen ist. Anfänglich mag er sich bemühen, in die Gemeinschaft zurückzukehren, aber bloß um die schmerzliche Erfahrung zu machen, dass er nicht mehr dazugehört. Der Glanz der Weihnachtskerzen vermag allenfalls noch eine leise Erinnerung an den einstigen Sinn zu wecken, im Übrigen aber bleibt die Seele davon unberührt. Wir können das Rad der Zeit nicht zurückdrehen, um zu einer einst lebendigen Symbolik zurückzukehren. Wer aus der ehemals tragenden religiösen Gemeinschaft herausgefallen ist und wer, wie Jung einmal in einem Vortrag vor kirchlichen Vertretern gesagt hat[216], nicht mehr »im Schoß der Allbarmherzigen Mutter« (Kirche) ruht, der ist allein, und alle Höllengeister werden auf ihn losgelassen. »*Extra ecclesiam nulla salus*« – außerhalb der Kirche gibt es kein Heil – hat es einst geheißen, und die Unerlöstheit des heutigen Menschen, dessen Einsamkeit und seelisches Leiden, scheinen die alte Wahrheit zu bestätigen, denn keine religiöse Gemeinschaft vermag diesen zu trösten.

Da bleibt wohl nur der Weg offen, den schon Paulus angedeutet hat und der in der Vorstellung Meister Eckharts von der Gottesgeburt im Menschen konsequent fortgesetzt worden war: damit Ernst zu machen, dass Christus, der Gottmensch, *in uns* lebt. Dann genügt es nicht mehr zu sagen, dass Christus für uns gelitten hat und wir durch ihn erlöst worden sind. Es geht vielmehr darum, dessen Weg mit derselben Konsequenz, die ihm eigen war, zu beschreiten, nicht im Sinne einer bloßen Nachahmung Christi, sondern dadurch, dass wir den »geringsten meiner Brüder« (Matthäus 25,40) in uns entdecken. Das ist der Schatten, der schlechte Kerl in uns, der Penner, der Rebell und Versager oder was immer für Randfiguren in unseren Träumen auftauchen mögen. Diesen gilt es als eigenen Seelenanteil anzunehmen, und zwar nicht nur außen im Gebot der Nächstenliebe, sondern innen als der Andere in mir, der vielleicht mehr weiß, als ich selbst. Wenn einer sein Leben gemäß den individuellen Voraussetzungen bis zum bitteren Ende lebt, auf dass der Wille erfüllt werde, der in ihm lebt, weiß er, dass Christus sein Bruder ist (vgl. GW 18,1, § 639).

Die Freiheit des neuzeitlichen Menschen

Doch damit zurück zu Luthers Zeit: Der Ruf zur Befreiung von den kirchlichen Autoritäten stößt vielerorts auf offene Ohren. Die Menschen des beginnenden 16. Jahrhunderts sind von einer tiefen Sehnsucht nach religiöser Erneuerung und Reform erfüllt. Die kirchlichen Missstände haben ein unerträgliches Maß angenommen. Die Verweltlichung der Kurie im 15. Jahrhundert, das Schisma des Papsttums, nationalistische Strebungen in Spanien, Frankreich und England, all das und vieles mehr führt in Deutschland zu einer weit verbreiteten antipäpstlichen Stimmung, die sich vor allem gegen die finanzielle Ausbeutung durch Rom im so genannten Ablasswesen richtet. Es fehlt der Kurie an neuen Gedanken und an religiöser Kraft. Natürlich gibt es auch Ausnahmen wie etwa der überaus originelle und schöpferische Geist eines Niklaus von Kues (Cusanus, gest. 1464) mit seiner fruchtbaren Vorstellung von Gott als einer *coincidentia oppositorum*, das heißt als der Vereinigung von allen möglichen Gegensätze, ein Gottesbild übrigens, das demjenigen Luthers in vielem ähnlich ist. Es ist, als ob die Zerrissenheit des damaligen Zeitgeistes nur im äußersten Paradox heilsam zusammengefügt werden könnte.

Luther ist eine Kämpfernatur, ein Mensch, der nicht nur an sich selbst, sondern auch an seiner Zeit leidet. »Dem dichten Dunkel, das unsere Zeit überschattet«, sagt er 1515/16 in seiner Römerbriefvorlesung, »kann man nur fassungslos gegenüberstehen. Die Geistlichen von heute, das heißt: die weit geöffneten Schlünde für alles Weltliche sind heute über nichts mehr aufgebracht als über einen Eingriff in die Freiheiten, Rechte, Herrschaftsverhältnisse und Befugnisse der Kirche« (LD 1, 244). Nur allzu schnell, so Luther weiter, würden sie einen unliebsamen Gegner exkommunizieren und ihn als »Ketzer« verurteilen, bloß um ihre Reichtümer und Privilegien zu sichern.

Die bittere Wahrheit dieser Sätze wird er bald am eigenen Leib erfahren müssen. Denn wie er 1517 mit seinen 95 Thesen öffentlich gegen den Ablasshandel Stellung bezieht, wird der Prozess gegen ihn eröffnet, und schon bald werden Stimmen laut, die den Feuertod des Ketzers auf dem Scheiterhaufen fordern.[217] Nur drei Jahre später wird Luther vom Papst verurteilt, es sei denn, er widerrufe, was dieser freilich nicht tut. Ganz im Gegenteil: Er wirft die päpstliche Bannandrohungsbulle vor aller Augen ins Feuer, wobei seine Feinde ihrerseits längst damit begonnen haben, Luthers Bücher öffentlich zu verbrennen. Jetzt entflammt der lange im Volk angestaute Unwille gegen das Papsttum erst recht. Luther erhält immer mehr Zulauf und leidet darunter, wie wir aus einem Brief aus dem Jahre 1520 erfahren: »Was soll ich Elender Ehre suchen, der ich doch keinen andern Wunsch habe, als in aller Stille und Verborgenheit abseits von der Öffentlichkeit leben zu dürfen? Meine Ämter mag haben, wer will; meine Bücher mag verbrennen, wer will« (EL 75). Und in einem anderen Brief aus derselben Zeit heißt es: »Es ist schwer, zu allen Bischöfen und Fürsten in Widerspruch zu stehen. Aber es gibt keinen andern Weg, um der Hölle und dem göttlichen Zorn zu entrinnen« (EL 75). Das klingt, als ob er sich in seine Mönchszelle der Augustiner-Eremiten zurücksehnen würde!

Dass dem nicht so ist, zeigt ein Brief, den er 1521 von der Wartburg aus seinem Vater schreibt. Hier hält sich Luther erzwungenermaßen versteckt, um sich nach seiner Verurteilung dem Zugriff seiner Feinde zu entziehen. Zwar, schreibt er, fühle er sich als Mönch, aber »nicht des Papstes, sondern Christi ... Obwohl jedermanns Knecht, (ist er) niemandem untertan ... als ihm allein«, ihm, der alles in einem ist, »Bischof, Abt, Prior, Herr, Vater und Lehrer. Einen andern kenne ich nicht mehr« (LD 2, 327-329).

Luther bricht hier einmal mehr mit der Tradition der kirchlichen Autorität. So sehr darin der freiheitliche Geist der beginnenden Neuzeit aufleuchtet, so unterscheiden sich Luthers Vorstellungen doch radikal vom fast dionysischen Freiheitsrausch der Renaissance (GW 7, § 14). Bei ihm mündet die im 16. Jahrhundert vollzogene Trennung von Wissenschaft und Religion nicht in den materialistischen Geist der Aufklärung und der Moderne, denn für ihn endet jede menschliche Freiheit dort, wo *Gottes Wille* anfängt. Zunächst geht es ihm um die völlig unterschiedliche Wahrnehmung der Welt vom Menschen auf der einen und von Gott her auf der andern Seite, was psychologisch der Differenzierung zwischen dem Ich als dem erkennenden Subjekt und dem Selbst als einem objektiven Faktor entspricht, wobei Letzterem ein »absolutes Wissen« eignet, das im Dienste der inneren Erneuerung steht, die sich von der subjektiven Erkenntnis durch ihre Dauerhaftigkeit und Festigkeit abhebt.[218] Daraus folgert Luther, dass manches, was dem menschlichen Auge als willkürlich und zufällig erscheinen mag, von Gott her gesehen durchaus sinnvoll sein kann. »Denn nicht wie wir wollen, sondern wie er will, so leben, handeln, leiden wir alle und (geschieht überhaupt) alles. Gott gegenüber entschwindet der freie Wille, der bloß uns und dem Zeitlichen gegenüber in Erscheinung tritt« (EL 246f.). Das Pochen auf dem freien Willen verkörpert jene falsche Haltung des Ich, die Jung im Blick auf den Dieb, der sich ins *opus* einschleichen will, folgendermaßen beschrieben hat: »Du möchtest Ergebnisse, die deiner *superbia* (deinem Stolz oder deiner Überheblichkeit, A.S.) schmeicheln, kurz, du möchtest und erwartest eine Zweckdienlichkeit, aber davon, wie du mit Schrecken ahnst, ist keine Rede. Darum *willst* du nicht fruchtbar sein, denn es wäre ja bloß um Gottes – aber leider nicht um deinetwillen« (GW 14, 1, § 185).

Der entscheidende Punkt, den Luther seinem Gegner, dem Humanisten Erasmus und der scholastischen Theologie vorwirft, ist folgender: Möge sich der Mensch auch noch so bemühen, noch so sehr seine besten moralischen und religiösen Kräfte anstrengen, so vermag er doch nichts aus seinem eigenen Willen heraus zu bewirken, das ihm in irgendeiner Weise das Heil vor Gott verschaffen könnte. Freiheit gibt es, aber nur von Gott her. Mit andern Worten, Freiheit ist erst dort sinnvoll, wo sie in Gott begründet ist.

C.G. Jung hat denselben Gedanken in einem Gespräch mit Studenten im Jahre 1958 so formuliert: »In der Analyse befassen wir uns zur Hauptsache damit, wie mit den Inhalten umzugehen ist, die aus dem Unbewussten auftauchen. Man muss erkennen, worauf sie unterschwellig hinzielen – was Gottes Wille ist. Man ist verdammt, wenn man dem nicht folgt. Man ruiniert sein eigenes Leben, seine Gesundheit.«[219] Weder Luther noch Jung bestreiten die moralische Verantwortung des Menschen, bloß ist diese nicht im Subjekt, vielmehr vom Objekt her begründet. Ohne die Gnade Gottes, das heißt ohne sein heilsames Wirken ist der Wille des Menschen nicht frei, sondern versklavt (EL 245), so Luther, und ganz entsprechend Jung: »Die Ethik entsteht zwischen mir und dem Großen Menschen«, das ist derjenige in mir, der um Gottes Wille weiß und diesen befolgt (ebenda).

Die Einsamkeit des schöpferischen Menschen

Luther hat die Konfrontation mit dem Papsttum als solche nicht gesucht, vielmehr leidet er darunter, zu allen im Widerspruch stehen zu müssen. Konsequent auf Christus und damit auf die heilige Schrift ausgerichtet zu sein, ist für ihn der einzige Weg, Gottes Zorn zu entrinnen. Schöpferische Menschen stehen notwendig im Widerspruch zum kollektiven Zeitgeist, weil sie, verbunden mit dem unterirdischen, *verborgenen* Strom unbewusster archetypischer Faktoren[220], an der Veränderung gerade dieses Zeitgeistes mitwirken. »Siehe, nun schaffe ich Neues ... Seht ihr es nicht?« (Jesaja 43,19), heißt es bei Deuterojesaja, und wie der alttestamentliche Prophet seinen Auftrag zwingend von Gott erhält, so muss jeder, der vom schöpferischen Geist des Unbewussten berührt wird, nach bestem Vermögen an der Zukunft bauen. Dann werden die alten Machtstrukturen hinfällig, ein Vorgang, der nicht in einer subjektiven Entscheidung, sondern in einer *objektiven Erschütterung* begründet ist. Wie Furcht erregend ein derartiger Einbruch des Unbewussten sein kann, zeigt die Berufungsvision des Propheten Ezechiel (Ezechiel 1) vom unheimlichen tierisch-menschlichen Mischwesen, das in Feuer und Sturmwind daherbraust. In den Träumen heutiger Menschen sind es manchmal gewaltige Natur- oder Atomkatastrophen, die eine ähnlich fundamentale Erschütterung ankündigen. Daran, dass trotz aller Zerstörung Gott die Hände im Spiel hat, zweifelt Luther nicht: »Wenn Gott lebendig macht, tut er das, indem er tötet, wenn er gerecht macht, tut er das, indem er schuldig macht, wenn er in den Himmel bringt, tut er das, indem er zur Hölle führt ... So verbirgt er seine ewige Güte und Barmherzigkeit unter ewigem Zorn« (LD 3, 194). Was allerdings nach Luther nicht begriffen, nur geglaubt oder, wie ich hinzufügen möchte, erfahren werden kann. Das eben ist das *opus alienum*, das fremde oder befremdliche Werk Gottes, das »Kreuz, Mühsal, mancherlei Pein und endlich den Tod« bewirkt (LD 2, 72)[221]. Ich werde darauf zurückkommen.

Am Schluss des erwähnten Briefes Martin Luthers an seinen Vater steht die lapidare Bemerkung: »aus der Einöde«. Wir kennen die Metapher der Wüste bereits aus der Mystik. Dort bezeichnet sie die *Einsamkeit Gottes*, die jeden mit in die Verlassenheit hineinreißt, der sich dem verborgenen Gott nähert beziehungsweise von diesem berührt wird. Das entspricht der psychologischen Erfahrung der Isolierung durch die Begegnung mit archetypischen Inhalten, deren Numinosität schwer mitteilbar ist. Je mehr die Welt der objektiven Psyche ins individuelle Bewusstsein tritt, desto »freier« wird Letzteres vom kollektiven Zeitgeist, was gewöhnlich mit dem Gefühl einer gewissen Fremdheit bezahlt werden muss.

Die Einsamkeit des schöpferischen Menschen darf nun aber nicht mit der Isolation verwechselt werden, unter der viele heutige Menschen leiden. Ihr fehlt die *echte Gefühlsbezogenheit*, das heißt die Liebe zur Welt der Seele und zu den Mitmenschen. Es ist ein Merkmal des schöpferischen Menschen, dass er sich trotz oder gerade aus seiner Einsamkeit heraus tief mit der Umgebung verbunden fühlt und oft an ihr leidet. Aus einem Gefühl der eigenen Nichtigkeit heraus – ich erinnere an die letzten Worte Teresas gegenüber ihren Mitschwestern, in welchen sie sich als die Niedrigste von allen bezeichnet hat –, wächst eine Liebe, die letztlich im fernnahen Gott wurzelt. Auch Luthers letzte Notiz weist in dieselbe Richtung. Zwei Tage vor seinem Tod schreibt er die folgenden Worte auf einen Zettel: »Niemand solle meinen, die Verfasser der Heiligen Schrift auch nur ahnungsweise verstanden zu haben.« Es folgt ein Zitat des lateinischen Dichters Stotius: »Vergreife dich nicht an dieser göttlichen Aeneis, sondern beuge dich und *verehre die Fußspuren.*« Und gewissermaßen als »Vermächtnis des einstigen Bettelmönchs, der mehr von der Sache der Theologie verstanden hat als wir« (Ebeling), bekennt Luther: »Wir sind Bettler. Das ist wahr« (EL 278f.).

Das Verehren der Fußspuren, dieses kritische Hinterfragen des eigenen Standpunktes, hat Luther ein Leben lang geübt. In seinen frühen Schriften erinnern viele Passagen an die Demutstheologie der Mystiker. So etwa, wenn es in der Psalmenvorlesung (1513/15) heißt: »Dann nämlich wird Gott erst richtig verehrt, wenn wir uns selbst ganz und gar zuschanden machen und alles Lob und allen Ruhm und was in uns ist, *ihm* zuerkennen« (LD 1, 50). Alles Werden ist ein ständiges Hin und Her zwischen »Nichtsein« und »Erleiden« (LD 1, 230), denn »Fortschreiten (Individuation!) ist nichts anderes als ständig anfangen« (EL 181f.). »Immer sind wir unterwegs und müssen hinter uns lassen, was wir wissen und haben, und suchen nach dem, was wir noch nicht wissen und haben« (EL 182). Die unbedingte Ausrichtung auf das Neue, das in unserm Leben entstehen möchte und auf den uns bedrängenden Willen, die Zukunft mitgestalten zu wollen, kennzeichnet nach Luther den schöpferischen Mensch. Dabei wird ihm klar, dass die religiöse Erneuerung nicht nur Sache des Papstes und vieler Kardinäle (Konzile) – heute würden wir wohl eher sagen, nicht nur Sache der Politiker und Mächtigen – sein kann, sondern eine Angelegenheit jedes Einzelnen, ja Gottes allein ist (LD 2, 81).

Das ist die *theologische* Formulierung dessen, was wir *psychologisch* als den unterirdischen archetypischen Strom bezeichnen,

von dessen Wirksamkeit die Wandlung des jeweiligen Zeitgeistes abhängt. Ob Prophet, Reformator, Maler oder Dichter, wer immer in seinem Leben Zukunft gestaltet, ist mit diesem untergründigen archetypischen Strom verbunden. Stets im Widerspruch stehend zum gegenwärtigen Zeitgeist, wird er von Innen her dazu gedrängt, den aus dem kollektiven Unbewussten auftauchenden, inneren Bildern eine Form zu geben.
Wie Luther sagt, ist der Widerspruch die einzige Möglichkeit, um Gottes Zorn zu entgehen. Das zeigt die bedrängende Gewalt, mit welcher das Archetypische ins Bewusstsein einbrechen kann. Der schöpferische Mensch *muss* Neues schaffen, weil sonst die in ihm konstellierte Energie destruktiv, das heißt neurotisch wird. Da ist der Teufel mit seinen höhnischen Einflüsterungen überall und jederzeit zur Stelle: »Glaub ja nicht, dass du als Einzelner etwas zu ändern vermagst!«, »Bringe dich zuerst selbst in Ordnung und dann schau weiter« etc. Solchen und ähnlichen Attacken, die letztlich immer ichhaft bleiben, weil sie um die eigenen Schwächen oder Vorzüge kreisen, können, so weit ich sehe, drei Dinge entgegengesetzt werden: die Verinnerlichung, das heißt beten oder, um ein modernes Wort dafür zu gebrauchen, meditieren, die sorgfältige und gewissenhafte Erledigung der täglichen Arbeit und die Pflege der Gemeinschaft mit seinen Freunden und Mitmenschen.
Wie Luther zu Recht betont, erfordert dies ein ständiges Unterwegssein, was, wie wir wissen, das wohl charakteristischste Merkmal des Individuationsweges ist: »Daher besteht das ganze Leben des neuen, glaubenden geistlichen Volkes darin, mit dem Seufzen seines Herzens, mit der Stimme seines Tuns, mit dem Tun seines Körpers nur danach zu begehren, zu streben und zu trachten, fortwährend bis zum Tode gerechtfertigt zu werden, niemals festen Stand zu haben, niemals (etwas) im Griff zu haben, keinerlei Werke als Vollendung erlangter Gerechtigkeit anzusehen, sondern auf sie zu warten, wie auf etwas immer noch außerhalb Befindliches ...« (LD 1, 165f.). Das würde heute etwa so tönen: Das Leben des neuen, spirituellen Menschen besteht darin, sich selbst geduldig auszuhalten und

in unaufhörlicher Selbsterkenntnis sowie in Erfüllung der täglichen Pflichten stets danach zu trachten, unter Zurückstellung des eigenen Willens auf die *innere Stimme* zu hören, ohne je stehen zu bleiben und ohne auf seine Lebenserfahrung pochend das Leben im Griff haben zu wollen, wohl wissend, dass sich alles Erreichte wandeln möchte, wobei die entscheidenden Impulse niemals vom Ich, sondern vom Selbst ausgehen.
Dass es kein Innehalten auf diesem Wege gibt, ist zwar faszinierend, aber auch beschwerlich. Kaum dass wir glauben, einen wesentlichen Schritt getan zu haben, folgt die nächste Demütigung, sodass wir bald einmal meinen, gar nichts verstanden zu haben. Wenn wir uns allerdings die Mühe machen, längere Traumsequenzen etwas genauer unter die Lupe zu nehmen, so können wir darin eine kontinuierliche Erweiterung und Anreicherung der Motive und Themen feststellen, was letztlich eine Festigung der Gesamtpersönlichkeit bewirkt, womit eben ein höheres Bewusstseinsniveau erreicht worden ist. Die damit eintretende geistige Vertiefung führt auch zur Einsicht in die eigene Schuld, weshalb man Luther zustimmen muss: »Schwieriges und was für uns beschwerlich ist und über unsere Willenskraft ganz und gar hinausgeht, gerade das will Gott« (LD 1, 124).

Der Gott, der uns nichts angeht

Den »ranzigen Philosophen« und dem »schamlosen Geschwätz« der mit ihnen spekulierenden Theologen macht Luther zum Vorwurf, sie würden *den gekreuzigten Gott*, den im tiefsten Menschlichen verborgenen Gott, den *Deus humanus*, vergessen. Stattdessen stiegen sie vom Sichtbaren zum Unsichtbaren stetig empor, um »nur den herrlichen Gott, den *Deus gloriosus*, in seinen metaphysischen Eigenschaften als den allgegenwärtigen und allmächtigen, als höchstes Gut und höchsten Gegenstand des Eros« zu verkünden.[222] Das aber ist eine verblendende, notwendig zur Inflation führende Weisheit, die jedenfalls am befremdlichen Wirken Gottes, am *opus*

alienum, vorbeiführt. »So weit sich nur Gott verbirgt und nicht von uns erkannt werden will, geht er uns nichts an ... (Denn): *Quae supra nos, nihil ad nos* -, was über uns ist, geht uns nichts an« (LD 3, 247 u. 159).[223]
Luther protestiert zeitlebens gegen jede Form der spekulativen Theologie neuplatonisch-scholastischer Färbung, weil sie von Gott *sub specie aeternitatis* statt *sub specie temporis* rede, unter dem Blickwinkel der Ewigkeit, das heißt metaphysisch, statt unter Bezugnahme auf die faktische Situation des realen Menschen.[224] Diejenigen, die alles Entscheidende von außerordentlichen Erleuchtungen (*illuminationes singulares*), das heißt von Visionen und Offenbarungen erwarten, gleichen jenen, die ohne Leiter zum Himmel aufsteigen wollen (WA 43, 72). Der Mensch aber bleibe ein Mensch und begnüge sich mit dem Gott, der unter uns und in uns ist. »Wir müssen also Gott in seiner Majestät und in seinem Wesen lassen, denn so haben wir nichts mit ihm zu schaffen ...« (LD 3, 247).
Die Verborgenheit Gottes in seiner Majestät, die uns nichts angeht, hat nun aber auch eine fürchterliche und dunkle Seite, und auch diese, so Luther, geht uns nichts an. »Gott – das ist nicht nur der bekannte und vertraute, der kirchliche, der sonntägliche Gott. Gott – das ist auch Auschwitz und Hiroshima oder die nüchterne alltägliche Wirklichkeit, also auch die Gottlosigkeit in allen Modifikationen. ›Der in seiner Majestät verborgene Gott beklagt weder den Tod noch hebt er ihn auf, sondern wirkt Leben, Tod und alles in allem‹« (LD 3, 248).[225] Dies ist der verborgene Gott, der »hinter allem steht, was geschieht, auch hinter dem Schrecklichsten und Fürchterlichsten, hinter all den Sinnlosigkeiten der Geschichte, ... an dem man verzweifelt und scheitert, der die Maske des Teufels tragen und in die völlige Abwesenheit entschwinden kann ... Gegen diesen *Deus absconditus* muss der Mensch beim Deus revelatus (beim offenbaren Gott) Zuflucht suchen, vor Gott zu Gott fliehen ...«[226]

Die Realität des Bösen

Luther weiß um die Dunkelheit und die Helle, die Fürchterlichkeit und die Herrlichkeit Gottes. Vor beiden soll sich der Mensch hüten, sie je verstehen zu wollen. Das ist der *Deus nudus*, Gott in seiner Nacktheit, die ihrerseits den Menschen völlig hilflos, zum *homo nudus*, macht.[227] Doch die erschreckende und entblößende Erfahrung, in welcher Gott in der Gestalt des Bösen auf den Menschen zukommt, ist eine Grundbedingung der echten Gotteserfahrung.[228] Wiederum hat Luther das überaus radikal formuliert: »Gott kann nicht Gott sein, er muss zuvor ein Teufel werden, und wir können nicht gen Himmel kommen, wir müssen vorhin in die Hölle fahren, (wir) können nicht Gottes Kinder werden, wir werden denn zuvor des Teufels Kinder. Denn alles, was Gott redet und tut, das muss (zuvor) der Teufel geredet und getan haben ... Und die Gottlosen fahren nicht in die Hölle, sie seien denn zuvor in den Himmel gefahren und werden nicht des Teufels Kinder, sie müssen zuvor Gottes Kinder sein« (EL 273).

Luther macht Ernst mit der Macht des Bösen, in dem er diese in sein Gottesverständnis einbezieht: »Ich muss dem Teufel ein Stündlein die Gottheit gönnen und unserem Gott die Teufelheit zuschreiben lassen« (EL 274). Damit verfolgt er nicht die Absicht, den fürchterlichen Widerspruch aufzuheben, etwa so, dass er einen majestätischen Gott konstruiert, der jenseits alles Gottwidrigen seine Herrschaft ausübt. Ganz im Gegenteil: Er will den Widerspruch aufs äußerste zuspitzen und gerade darin Gottes *verborgenes* Wirken erkennen. Damit ist die Existenz des Bösen nicht erklärt, wohl aber dem menschlichen Verstehen entzogen, denn jedes Verstehen-Wollen wäre eine Verharmlosung oder eben: Hybris. Wir müssen uns immer bewusst bleiben, dass das Ausmaß an radikal Bösem und am unermesslichen Leiden in der Welt so groß ist, dass wir diese »Welt, wie sie ist, nur ertragen (können), indem wir uns dem Unerträglichen in ihr nicht allzu stark aussetzen. Sein Anblick und die eigene Ohnmacht demgegenüber könnten einen sonst in die Verzweiflung treiben.«[229]

Für Luther besteht kein Zweifel darüber, dass sich der fatale Hang zum Bösen niemals und bei keinem vollkommen heilen lässt, weshalb man auch keinen verachten soll, der sündigt. Man soll diesen vielmehr »wie einen Gefährten in gemeinsamer Not bereitwillig tragen« und ertragen, denn diesbezüglich stecken wir alle in »demselben Sumpf« (LD 1, 157f.). Was immer der Mensch gegen die Macht des Bösen unternimmt, er bleibt doch zeitlebens darin verstrickt. Wer dies erkannt hat, kommt zwar vom Bösen nie ganz los, kann aber doch von seinen selbstquälerischen Zweifeln befreit werden.

»Nicht durch Macht und Gewalt«, so Martin Luther, »wird ... der Tod und das Böse überwunden, nicht durch Fliehen und Sträuben kann man ihnen entkommen, sondern durch Schwachheit (das heißt Ohnmacht), mit andern Worten: durch geduldiges und bereitwilliges Ausharren, wie es uns Christus durch sein Beispiel zeigt und dadurch, dass er dem Tod und dem Leiden zuversichtlich entgegenschritt« (LD 1, 194f.). Luther kann Christus geradezu als »Todfresser« bezeichnen[230], was allerdings notwendig voraussetzt, dass der Mensch den Versuch aufgibt, sich selbst zu erlösen: »Willst du ihm (dem Tode) entkommen, so vergiss deine Werke, denn du kannst nichts damit ausrichten« (ebenda). Natürlich ist damit nicht allein die Überwindung des physischen Todes gemeint, sondern darüber hinaus ein Erwachen zu neuem Leben mitten im gegenwärtigen Leben. In solchen Gedanken knüpft Luther an die mystische Tradition der *mors mystica* an, in welcher der »Tod mit dem Tod überwunden« wird.[231] Unvergleichlich fassen das einige Verse aus der islamischen Mystik des 18. Jahrhunderts zusammen:[232]

»Ach Tor du, wenn wir sterben
wird dies bestätigt werden:
Ein Traum war, was wir sahen,
was wir gehört, ein Märchen.«

Das ist eine Anspielung auf ein dem Propheten Mohammed zugeschriebenes Wort: »Die Menschen schlafen, und wenn sie sterben, erwachen sie.«

Die nicht zu erforschende Wirklichkeit Gottes

Dass Gott in seiner Majestät, in seiner Herrlichkeit und Güte ebenso wie in seiner Dunkelheit und seinem Zorn verborgen ist und verborgen bleiben soll, ist ein theologisches Konzept, das dem psychologischen Modell von C.G. Jung entspricht, wie er es besonders in seinen späten Schriften entwickelt hat. Seit dem Ende des zweiten Weltkrieges warnt Jung immer eindringlicher vor der gefahrvollen Verwechslung zwischen dem archetypischen Bild und dem Archetypus an *sich*. In seinem 1946 erschienenen Aufsatz »Theoretische Überlegungen zum Wesen des Psychischen« (GW 8) ergänzt Jung seine bisherige Archetypenlehre durch eine bedeutsame Differenzierung. Der Archetypus an sich, heißt es nun, ist ein *psychoider Faktor* und als solcher nicht bewusstseinsfähig, das heißt transzendent. »Was immer wir von Archetypen aussagen, sind Veranschaulichungen oder Konkretisierungen, die dem Bewusstsein angehören. Aber anders können wir von Archetypen gar nicht reden« (GW 8, § 417). Das Psychoide entspricht einer Sphäre jenseits von Raum und Zeit, jenseits aber auch von Geist und Materie, weshalb die Archetypen einen nicht-psychischen, also stofflichen, die Materie aber einen nicht-physischen, also geistigen Aspekt besitzen müssen (GW 8, § 440). Das ist die hypothetische Erklärung für die Synchronizitätsphänomene, deren Vorhandensein zwar nicht zu leugnen ist, die sich aber dem Erklärungsmodell der Kausalität entziehen. Obwohl sich der Archetyp an sich dem erkennenden Bewusstsein verbirgt, kann dessen spontane Wirksamkeit dennoch erfahren werden. Was immer der Psychologe deshalb von Gott aussagen kann, betrifft lediglich das Gottes*bild*, niemals die dahinter wirksame Realität Gottes.

Ganz im Sinne dieser Unterscheidung betont Luther die fundamentale Differenz zwischen dem gepredigten Gott (*Deus praedicatus*) und dem verborgenen Gott (*Deus absconditus* oder *absolutus*) beziehungsweise zwischen Gottes Wort (*verbum Dei*) und Gott selbst (*Deus ipse*) (LD 3, 247). Den »verborgenen, furchtlosen Willen Gottes ... sollen wir nicht erforschen, sondern nur voll Ehrfurcht anbeten als ein höchst verehrungswürdiges Geheimnis göttlicher Majestät« (ebenda). So vernichtend dieser »wortlose und darum sprachlos machende Gott« in seiner Majestät für den ist, der sich ihm zu nähern sucht, so nahe ist dem Menschen der gekreuzigte Gott in seiner ganzen Ohnmacht und Menschlichkeit. Zwar müssen beide Seiten radikal voneinander unterschieden werden, dennoch gehören sie *untrennbar* zusammen.[233]

Das ist ein unauflösbares Paradox; denn wie immer ein aus dem psychoiden Hintergrund auftauchender und ins Bewusstsein einbrechender Inhalt konkret gestaltet wird, sei es in sprachlicher (*Deus praedicatus*), sei es in bildhafter Form, so kann dadurch der Archetypus an sich doch niemals erfasst werden. Diese Unterscheidung ist deshalb so wichtig, weil die unmittelbare Berührung durch archetypisches Material regelmäßig die Gefahr heraufbeschwört, dass sich das Ich mit dem Göttlichen identifiziert. Dabei wird das Ich vom Selbst verschlungen, »das heißt es ist, seiner selbst unbewusst, mit all seiner Unzulänglichkeit und Dunkelheit zu einem Gott geworden und dünkt sich über den unerleuchteten Nebenmenschen erhaben. Es hat sich mit seiner eigenen Auffassung des ›höheren Menschen‹ identifiziert« (GW 11, § 446). Nach dem Gesetz der Enantiodromie, wonach alles einmal in sein Gegenteil hineinläuft, muss eine derartige Einseitigkeit notwendig kompensiert werden. Die Natur hat viele Möglichkeiten, den »höheren Menschen« notfalls auf den Boden der Realität zurückzubringen. Man muss deshalb fast vermuten, dass jeder, der Gott in unmittelbarer Weise begegnet, auch von ihm gezeichnet wird, so als müsste er sich augenblicklich auf seine Menschlichkeit zurückbesinnen. So jedenfalls hat es der an seiner Hüfte verwundete Jakob erfahren, nachdem er in dunkler Nacht mit dem Engel Gottes gerungen hat, um schließlich von ihm gesegnet zu werden.

Luther warnt vor der Flucht zum majestätischen Gott, wie dies in der spekulativen Theologie (*speculatio maiestatis*) der Scholastik geschieht. Daher sein berühmtes Bild von den »Gämsensteiger«, die immer höher steigend gewisslich »*den hals sturtzen*«, das heißt das Genick brechen werden.[234] Statt im Himmel, gewissermaßen mit dem Bau des Daches anzufangen, solle man sich, so Luther weiter, »der Windeln und der Krippe«, seiner Menschlichkeit und Bedürftigkeit nicht schämen. Damit nimmt Luther unbewusst das vorweg, was C.G. Jung im Blick auf das Selbst und die von diesem ausgehenden Gefahren *psychologisch* formuliert hat. Da es sich bei der Symbolik des Selbst stets um ein Konglomerat von äußerster Gegensätzlichkeit handelt, die den Rahmen des Ichbewusstseins jedenfalls sprengt, muss die bewusstseinstranszendente Natur aller das Selbst personifizierender Gestalten, wie etwa der Anthropos, der *filius philosophorum*, der Alte Weise, Christus, der Eine Große Mensch, der Gottmensch usw., sorgfältig bewahrt werden. »Eine solche Gestalt«, schreibt Jung, »ist schlechthin unbegreiflich und ein ›schauerliches Geheimnis‹, mit dem man sich besser nicht identifiziert, solange man bei gesunden Sinnen ist. Es würde genügen zu wissen, dass ein derartiges Geheimnis existiert und dass der Mensch irgendwo in dessen Nähe steht, sich aber hüten sollte, sein Ich damit zu verwechseln. Im Gegenteil sollte ihn die Konfrontation mit seiner Dunkelheit nicht nur vor der Identifikation warnen, sondern ihm auch einen heilsamen Schrecken vor dem, wessen ein Mensch fähig ist, einjagen. Er kann den unheimlichen Gegensatz seiner Natur nicht aus eigener Kraft bewältigen, sondern nur durch die Erfahrung eines von ihm unabhängigen, das heißt eines von ihm nicht bewirkten seelischen Vorganges« (GW 11, § 446).
So sehr Jung die Erfahrbarkeit des Individuationsprozesses hervorhebt, so ist er sich dennoch stets bewusst, dass damit das diesem zugrunde liegende Mysterium mitnichten erklärt ist. So wenig wir nämlich sagen können, was Materie wirklich ist, so sehr bleibt auch alles Psychische ein Geheimnis, »das dich-

teste Dunkel« (GW 11, § 448), das jeder empirischen Forschung eine unüberwindliche Grenze setzt und deshalb als solches respektiert werden soll.

In psychologischen Kreisen herrscht manchmal die Meinung vor, dass alles Dunkle, Komplexhafte, Abartige und Kranke so weit als möglich bewusst gemacht werden müsse. Nur dadurch, dass diese Inhalte ans Licht gezerrt würden, so die weit verbreitete Auffassung, könne der Patient von seinem Leiden befreit werden. Hinter diesem Ansatz steckt immer noch der Geist der Aufklärung mit deren Vision vom zu gestaltenden Paradies und der Aufforderung, die gegenwärtigen Verhältnisse der Welt zu ändern. Denn »so kann es unmöglich bleiben sollen; es muss, o, es muss alles anders und besser werden« (J.G. Fichte).[235] So sehr die Bewusstwerdung ein Heilmittel par excellence ist, so hat sie doch ihre Grenzen etwa dort, wo das Dunkle dämonische und destruktive Züge annimmt und wo die Macht des Bösen den Menschen zu überwältigen droht. Es ist eine Frage der individuellen Persönlichkeitsstruktur bzw. des Schicksals, wie viel Einsicht in die Abgründe der Seele und der Welt der Einzelne verkraften beziehungsweise erleiden muss. Immer aber wird es Dimensionen des radikal Bösen geben, denen kein Mensch standhalten kann. Dahinter verbirgt sich der *Deus nudus*, der nackte Gott, dem der Mensch nicht gewachsen ist. Von ihm sollen wir unseren Blick abwenden, hin zum *Deus humanus*, zu jenem Gott, der sich im tiefsten Menschlichen offenbart.

Der an der Welt leidende Gott

In den berühmten Ablassthesen (1517/18), die entscheidend zum Durchbruch der Reformation beigetragen haben, schreibt Luther, dass es keinen größeren Schaden gebe, als dass man den Menschen das *Bild des Sohnes Gottes* wegnehme. Dieses Bild sei von unschätzbarem Wert, »ein kostbares, goldenes Kleinod«, in dem das »Lied vom Kreuz« erklingt. Kein irdenes Gefäß, und sei es noch so kostbar, aus Gold, Silber, Edelstein oder Seide gefertigt, vermöge diesen Schatz aufzubewahren, als allein das Herz des Gläubigen, das unendlich viel kostbarer ist als alles Gold und alle Edelsteine der Welt (LD 2, 74f.). Wir können diesen schwer zu fassenden und überaus kostbaren Schatz psychologisch als ein *göttliches, schöpferisches Element* des Unbewussten verstehen, das Luther im Innern des Menschen ansiedelt. Nicht von der »hohen« Geistigkeit des scholastisch-philosophischen Gottesbildes ist hier die Rede, sondern von der Niedrigkeit und Demut des inneren Christus, der den Menschen erst zum wahren Menschen macht.

Die von Luther gewählte Bildsprache stimmt mit der alten christlich-alchemistischen Tradition überein, deren Vertreter oft in bewusster Anlehnung an den gekreuzigten Gott betonen, dass ihr Gold, das heißt das von ihnen gesuchte Heilmittel, kein gewöhnliches Gold sei: *aurum nostrum non est aurum vulgi*, nicht das Gold des Volkes, sondern ein *Deus absconditus in materia*, ein in der Dunkelheit der Materie verborgener göttlicher Geist (GW 13, § 127). Wie Jung mit Blick auf die Alchemisten des 16. Jahrhunderts, allen voran Khunrath und Dorneus, ausführt, kompensiert deren Auffassung von dem in der Materie verborgenen Gott die spirituelle Einseitigkeit des Christusbildes der damaligen Zeit. Für sie beginnt die Erneuerung im tiefsten Dunkeln, dort eben, wo gewissermaßen alles an sein Ende gekommen ist. Dieser geistigen Tradition schließt sich Luther an, nur dass sich sein Gott nicht in *materia*, sondern in *homine*, im Menschen, verbirgt. Damit rückt der Mensch zur beginnenden Neuzeit ungewöhnlich stark ins Zentrum, was bei Luther mit überraschender Klarheit so formuliert werden kann: »Gottes Reich sind wir selbst.«[236]

Mit dem »Bild des Sohnes Gottes« ist jedenfalls nicht der triumphierende, sondern der am Kreuz leidende Christus gemeint. Das ist ein Gottesbild, das die furchtbare Widersprüchlichkeit der menschlichen Existenz nicht infrage stellt. Wer sich darauf einlässt, muss gegen den Strom schwimmen, denn dieser Gott, so Luther, offenbart sich dort und in der Weise, wo und wie wir es nicht erwarten. Darum entzieht er sich dem

Zugriff der menschlichen Vernunft, denn die Begegnung mit ihm »geschieht fast immer dort, dann und in der Weise, und durch einen solchen Menschen, durch den wir, wo wir und wie wir es nicht für möglich halten ... Denn er ist nahe bei uns und *in uns*, freilich nur in *fremder Gestalt*, nicht im Glanz der Herrlichkeit, sondern in Niedrigkeit und Sanftmut, sodass man meinen möchte, er sei es nicht; aber er ist es wahrhaftig« (LD 1, 162; Hervorhebung A.S.). So sieht Luther den *Deus humanus*, den im Irdischen verborgenen Gott, dem nichts Menschliches fremd ist. Ihn sollen wir in unser Herz einschließen als den einen wahren und unvergänglichen Schatz, auch wenn er unseren Wünschen und Vorstellungen zuwiderläuft.

Das ist ein überaus psychologisches und dynamisches Gottesbild, denn wo immer das Selbst als ein autonomer Faktor ins Leben eingreift, widerspricht dies der alten Bewusstseinseinstellung beziehungsweise dem kollektiven Zeitgeist. Wegen dieser Autonomie des Unbewussten, die dem Bewusstseinsstandpunkt stets zuwiderläuft, können wir sagen, dass ein Traum erst dann verstanden ist, wenn seine Botschaft dem Träumer eine neue und in ihrer Weise überraschende Einsicht vermittelt. Die aus dem kollektiven Unbewussten einbrechenden Inhalte zerstören die festgefahrenen Strukturen alter Überzeugungen, wodurch die bisher gültigen moralischen Gesetze ins Wanken geraten. Das kann eine Erschütterung zur Folge haben, die bisweilen nur schwer ertragbar ist. Da mögen im Traum Bilder von gewaltigen Katastrophen erscheinen, die Unheil verheißend ins Bewusstsein einbrechen, Bilder vom Krieg, von Chaos und Gewalt. Doch hinter der Zerstörung mag ein neuer, heilsamer Inhalt auftauchen, aber eben nicht oder kaum je »im Glanz der Herrlichkeit«, sondern in befremdlicher Gestalt, »sodass man meinen könnte, er (das ist Christus oder das zukünftige, dominante Selbstsymbol) sei es nicht«. Letzteres wird in den Träumen gerne durch eine ganz unscheinbare Figur ausgedrückt, durch einen armselig gekleideten Wanderer oder Landstreicher, durch einen Affenmenschen, eine unbekannte, fremde Frau, ein Hilfe suchendes Tier und anderes mehr. Es liegt an dieser seiner Verborgenheit unter dem Gegenteil dessen, was wir erwarten, dass wir den fremden Besucher, der uns doch zu Gott führen könnte, gerne übersehen.

Ganz im Sinne der mittelalterlichen Mystik bekennt sich Luther zur Armut des Geistes, der von seinen Höhen herabsteigen muss, wenn er Gottes Wirken erkennen will. »Gottes Natur ist, dass er aus nichts etwas macht. Darum, wer noch nicht nichts ist, aus dem kann Gott auch nichts machen« (EL 149). Nur der Kranke bedarf des Arztes, und wo keine Sünde ist, da gibt es auch keine Vergebung, wo keine Not, keine Gnade. Darum gebe man alle Versuche auf, selbst zur Heiligkeit zu gelangen, denn gerade in dem Vertrauen auf die eigenen Machtmittel und in der frommen Selbstbehauptung Gott gegenüber besteht für Luther die eigentliche Sünde. Darunter fällt auch der böse Hang, sich ständig selbst zu verurteilen, ein Übel, das damals offenbar genauso verbreitet war wie heute. Letzteres ist eine besonders perfide Form der Selbstgerechtigkeit, weil sich der Machtanspruch, das Leben aus eigenen Kräften bewältigen zu wollen, unter der Maske der Bescheidenheit verbirgt. Der Prediger Luther bringt dies auf einen einfachen Nenner: »Wer menschlicher Heiligkeit folgt, ist der ärgste Feind Gottes.«[237]

Nun könnte das leicht im moralischen Sinne missverstanden werden. Doch es geht nicht um Moral. Die konsequente Betonung des *verborgenen* Wirkens Gottes soll den Menschen frei machen von seinen Voreingenommenheiten, Vorurteilen und Illusionen, auf dass er wach werde für das wirkliche Leben. Um Gott nahe zu sein, braucht der Mensch einen wachen, offenen und freien Geist.

Aber was heißt das: wach sein für das wirkliche Leben? Diese Wachheit erfordert eine *Umkehr* oder eben ein Erwachen. Dazu ist es unumgänglich, jene narzisstische Haltung zu überwinden, die alles auf sich selbst bezieht und alles nach dem Nutzen für das Eigene befragt. Es gilt, sich abzuwenden vom ständigen Kreisen um sich selbst, von den eigenen Sorgen und Ängsten, kurz: von den *Verstrickungen ins eigene Bewusstsein*, denn diese halten uns von der Berührung mit den Dingen ab, wie sie wirklich sind, mit den Menschen, wie sie wirklich sind, und mit Gott, wie er wirklich ist. In dieser Umkehr verschiebt sich der Schwerpunkt vom Ich zum Selbst, vom Ich zum Anderen in mir. »Wir müssen ... einen neuen, weiteren Horizont in uns selbst suchen, innerhalb dessen wir das Feld des Bewusstseins transzendieren, indem wir es, auf es zurückblickend, in unsere eigene neue Perspektive hineinnehmen.«[238] Hinter dem eigenen Bewusstsein offenbaren sich tiefere Seinsschichten – biblisch gesprochen »Christus in uns« –, womit psychologisch eine Lebendigkeit angesprochen ist, die nicht vom Ich ausgeht, sondern von der Welt des Objektiv-Psychischen, das heißt von der Welt der Seele. Zwar vermögen wir diese nicht selbst herbeizuführen, aber wir können doch Bedingungen schaffen, die dem lebendigen schöpferischen Geist Raum geben. Dabei wird, wie sich Jung einmal ausgedrückt hat, das Selbst zum »Gefäß für die göttliche Gnade«[239].

Die reformatorische Forderung, nicht auf die eigenen Werke zu bauen und auf jegliche menschliche Heiligkeit zu verzichten, bedeutet nun aber nicht, dass der Mensch keine (guten) Werke mehr tun soll: »Man soll ... nicht meinen, gerechte, gute, heilige Werke würden verworfen, sodass sie zu unterlassen seien .... Denn mit diesen (Werken) müssen wir den Weg des Herrn vorbereiten, der in uns kommen soll« (LD 1, 136). Allein darum geht es, sich nichts auf sein eigenes Tun einzubilden, so als könnte man Gott dadurch aus eigenen Kräften gefallen.

Der Verzicht auf die Selbstverherrlichung erweist sich im konkreten Leben als überaus schwierig, denn jeder auch noch so kleine Erfolg hat eine gewisse Aufgeblasenheit zur Folge. Das ist ganz natürlich, weil sich das Ich stets als Urheber seiner Taten oder Worte betrachtet. Es vergisst dabei, dass alles schöpferische Leben aus einem Urgrund stammt, über welchen das Bewusstsein nicht verfügt. Das bleibt die zentrale, ewig gültige

Botschaft von dem ältesten uns bekannten Traum des Königs Gilgamesch, in welchem diesem ein Stern aus dem Himmel vor die Füße fällt.[240] Der Sternenfall symbolisiert den Einbruch des individuellen Schicksals aus dem Jenseits, wie er seit Jahrtausenden das Leben und die Einzigartigkeit eines jeden Menschen bestimmt. Nicht *ich* bestimme mein Leben, vielmehr ist mir dieses bestimmt, längst bevor ich auch nur ahne, worum es geht.

In Luthers Gottesbild konzentriert sich alles auf den einen Brennpunkt: auf den Ort der intimen Berührung zwischen Gott und Mensch. Von dem in der Wirklichkeit der Welt verborgenen Gott, vom *Deus humanus*, kann man deshalb nicht reden, ohne die Realität des Menschen in all ihren Facetten einzubeziehen. Darin bleibt Luther ein vehementer Vertreter des Paulus und dessen Theologie des Kreuzes. Unter Letzterem ist die Zerrissenheit des Menschen zwischen der gegensätzlichen Wirklichkeit von Gott und Welt gemeint, die, wenn sie als solche angenommen wird, zur Vereinigung dieser Gegensätze im Gottmenschen führen kann. Gott muss »in einer jeglichen Kreatur in ihrem Allerinnersten, Auswendigsten, um und um, durch und durch, unten und oben, vorn und hinten selbst da sein, dass nichts Gegenwärtigeres noch Innerlicheres sein kann in allen Kreaturen denn Gott selbst mit seiner Gewalt« (EL 304f.). Und an anderer Stelle: »Nichts ist so klein, Gott ist noch kleiner, nichts ist so groß, Gott ist noch größer, nichts so kurz, Gott ist noch kürzer ... und so fort an, ist's ein unaussprechlich Wesen über und außer allem, das man nennen oder denken kann« (EL 305).

In Luthers Beschreibung vom paradoxen Wesen Gottes in seiner Vielschichtigkeit und doch Einzigartigkeit lässt sich unschwer die psychologische Wirklichkeit des Selbst erkennen. Manches darin erinnert an das *ineffabile*, das Unaussprechliche, mit dem C.G. Jung das Selbst charakterisiert hat. Wenn Jung dieses das »Allerunbedeutendste« und zugleich das »Allerbedeutendste« nennt, eine seelische Ganzheit, die allumfassend und zugleich das Zentrum der größtmöglichen Einzigartigkeit ist (GW 9,1, § 248 u. ö.), dann greift er mit diesen Versuchen, das Unnennbare zu umschreiben – wie übrigens auch Luther – auf die Tradition der *theologia negativa* zurück, wie sie in besonders origineller Weise von Cusanus (gest. 1464) aufgenommen worden ist.

In dem fingierten Gespräch zwischen einem Heiden und einem Christen über den verborgenen Gott heißt es da etwa: »Ich weiß, dass alles, was ich weiß, nicht Gott ist ...«, weshalb eines der Bücher von Cusanus denn auch den Titel trägt »wissende Unwissenheit« (*De docta ignorantia*)[241]. Im oben erwähnten Traktat fährt er in seiner Beschreibung von Gott fort: »Er, dessen Größe unfasslich ist, bleibt unsagbar (*ineffablis*) ... Gott ist nicht Wurzel und Ursprung des Widerspruchs (*contradictionis*), sondern die Einfachheit (*simplicitas*), die vor jedem Ursprung steht.« Das hat höchst modern anmutende Folgen für das Menschenbild des Cusaners: »Insoweit das Geschöpf Gottes Sein ist, bezweifelt niemand, dass es die Ewigkeit sei. Insoweit es aber der Zeit unterworfen ist, ist es nicht von Gott, der ewig ist. Die unendliche Gestalt ist nur auf endliche Weise aufgenommen, sodass jedes Geschöpf eine endliche Unendlichkeit oder ein geschaffener Gott (*Deus creatus*) ist und dies auf bestmögliche Weise.«[242]

Luthers *Deus humanus*, der sich im Menschlichen offenbart und an der Welt leidet, widerspricht dem Wunschdenken der Vernunft. Überhaupt lässt er sich mit dieser nicht begreifen. Ganz im Gegenteil: »Die Vernunft (spielt) Blindekuh mit Gott und tut eitel Fehlgriffe und schlägt immer nebenhin, dass sie das Gott heißt, das nicht Gott ist, und wiederum nicht Gott heißt, das Gott ist ... Darum plumpst sie so herein ... und trifft also nimmermehr den rechten Gott, sondern allewg den Teufel oder ihren eigenen Dünkel, den der Teufel regiert« (EL 203f.). In schärfstem Gegensatz zu allen vernünftigen Spekulationen erkennt Luther in Jesus Christus, dem Gekreuzigten, den dem Menschen nahe gekommenen, sich offenbarenden Gott, der sich aber stets *sub contrario*, unter dem Gegensatz dessen, was dem Menschen vernünftig und weise erscheint, enthüllt. Gott

als das »Mysterium eines Widerspruchs«[243], das sich nicht auflösen lässt, akzeptiert die Widersprüchlichkeit des Menschen, ohne sie in irgendeiner spekulativen Theologie, Philosophie oder Psychologie übersteigen zu wollen.
Damit ist für Luther ein Weg vorgezeichnet, auf dem es kein Ausruhen gibt: »Denn dieses Leben wird durchlaufen, nicht indem wir Gott haben, sondern indem wir ihn suchen. Immer müssen wir suchen und fragen, das heißt wieder und wiederum suchen. ... Denn nicht wer anfängt und sucht, sondern wer ›beharrt‹ und nachsucht ›bis ans Ende, der wird selig.‹ (Matthäus 10,22), indem er immer wieder beginnt, sucht und das Gesuchte immer wieder durchsucht. Wer nämlich auf dem Wege Gottes nicht vorwärts schreitet, der fällt zurück. Und wer nicht sucht, verliert das Gesuchte, weil man auf dem Wege Gottes nicht stillstehen darf« (LD 1, 146f.).
Natürlich weiß Luther, dass alles Finden Gnade ist, dennoch »muss man ... inständig bitten, beständig lernen, beständig sich bemühen ... Denn ohne diese Arbeit an sich selbst wird die Gnade nicht gewährt werden« (LD 1, 153f.). Hier wird dem Einzelnen eine Position zugewiesen, vor der es ihm eigentlich grauen müsste. Durch den Glauben und nur durch ihn – *sola fide* – wird der Mensch zum Teilhaber am Schöpfungsprozess: »Sieh, was der Glaube ist – etwas Unvergleichliches und von unermesslicher Kraft, nämlich Gott Ehre zu geben ... Der Glaube ist Schöpfer der Gottheit (*creatrix divinitatis*, wörtlich: die ›weibliche‹ Schöpferkraft der Göttlichkeit), nicht in Person, sondern in uns. Außerhalb des Glaubens (das heißt außerhalb der Beziehung von Gott und Mensch, A.S.) verliert Gott seine Gerechtigkeit, Herrlichkeit, Reichtum usw., und nichts an ... Göttlichkeit ist da, wo kein Glaube ist ... *Gott verlangt nur, dass ich ihn zum Gott mache*« (EL 297). Das sind gewagte Formulierungen, die den protestantischen und damit den modernen Menschen insgesamt der Gefahr ausliefern, sich selbst an die Stelle Gottes zu setzen. Darum betont Luther, dass der Glaube kein Werk des Menschen ist, sondern jene Einstellung, die auf Gottes Tun vertraut, gleichsam ein »Gefäß ..., durch

welches der Brunn göttlicher Güte ohn Unterlass fließen soll in andere Leute« (EL 178), kein Besitz also, sondern ein Geschehen, ein Werden und Tätigsein, stetige Wandlung. Es geht nicht darum, an etwas zu glauben, beispielsweise an die Auferstehung oder an die Göttlichkeit Christi, sondern darum, dass der Einzelne, wie Luther sagt, stets coram Deo stehe, das heißt immer in Gegenwart Gottes (und seiner Mitmenschen), was leider vom Beginn des Protestantismus an bis heute stets miteinander verwechselt worden ist. Die Verwechslung kommt nicht von ungefähr, denn vom unentwegten Suchen nach Gottes Nähe führt nur ein kleiner Schritt zum Zwang des Sich-selbst-erlösen-Müssens, zur »frommen Selbstbehauptung gegenüber Gott«[244], in welcher Luther die Sünde schlechthin erkennt. Das ist die »Sünde« des faustischen Menschen, die Hybris jenes Bewusstseins, das sich selbst zu viel Eigenverantwortlichkeit aufbürdet. »Der Mensch«, schreibt Jung in einem Brief aus dem Jahre 1953, »verwechselt sich mit Gott, ist identisch mit dem Demiurgen und beginnt, sich kosmische Kräfte der Zerstörung anzueignen, das heißt eine moderne Sintflut zu arrangieren. Er sollte sich aber der ungeheuren Gefahr der Menschwerdung Gottes, die ihn mit Gottwerdung bedroht, bewusst werden und die *mysteria Dei* besser verstehen« (Briefe 2, 30.8.1953, 328). Das aber erfordert ein hohes Maß an Selbstkritik und Selbsterkenntnis.

6. Kapitel
Der Deus absconditus und die Hochzeit des Lammes

Weltzerstörendes Feuer

Eine Gefahr der fortschreitenden Menschwerdung Gottes liegt darin, dass sich der Mensch an Gottes Stelle setzt und die ihm in die Hände gelegte Macht für eigene Zwecke missbraucht. Dann gehen die *mysteria Dei* verloren, die numinosen Seelenbilder, die dem Leben seinen Zauber zu geben vermögen. Doch der in der Renaissance einsetzende und in der Reformationszeit bis in den religiösen Bereich eindringende Säkularisierungsprozess mit der zunehmenden Abwertung der irrationalen Mächte ist Schicksal und dementsprechend nicht rückgängig zu machen. Man kann die Schuld für diese Verweltlichung niemandem anlasten, weder der katholischen Kirche des späten Mittelalters mit ihrer Neigung zum Prunk und zur Machtentfaltung noch dem aufklärerischen Geist der Reformatoren, weder den Naturwissenschaften mit ihrer Abkehr von der göttlichen Weltordnung noch der Psychologie des 20. Jahrhunderts und ihrer Religionskritik. »Aber eines ist sicher«, schreibt Jung, »dass der moderne Mensch, Protestant oder nicht, (dadurch) den Schutz der kirchlichen Mauern, die seit den Tagen Roms sorgfältig aufgerichtet und verstärkt worden waren, weitgehend verloren und wegen dieses Verlustes sich der Zone des weltzerstörenden und weltschaffenden Feuers genähert hat. Das Leben ist schneller und intensiver geworden. Unsere Welt ist erschüttert und durchdrungen von Wellen der Ruhelosigkeit und der Furcht« (GW 11, § 84).

Wie die vielen Träume von globalen Katastrophen zeigen, muss die Möglichkeit einer weltweiten Zerstörung sehr ernst genommen werden. Fast scheint es, als ob das Unbewusste selber, das heißt die Natur, eine Vernichtung der Menschheit anstrebe.[245] Doch in beinahe all diesen Träumen, denen ich bisher begegnet bin, enthält das Böse auch einen Keim des Guten, sodass sich hinter der Katastrophe neue und heilende Werte offenbaren. Sehr oft wird das Heilende in einem Bild der Natur ausgedrückt, in einer Landschaft etwa, die zukünftiges Wachstum verspricht oder in der Gestalt von Tieren, die dem Menschen beistehen. Das Tier ist auf seine Weise »frömmer als der Mensch, denn es erfüllt den göttlichen Willen besser, als es sich der Mensch je träumen ließe. Der Mensch kann vom Weg abweichen, er kann ungehorsam sein; denn er besitzt Bewusstheit. Bewusstheit ist einerseits Triumph und Segen, anderseits unser schlimmster Teufel, der uns hilft, alle nur denkbaren Mittel zu ersinnen, dem göttlichen Willen gegenüber ungehorsam zu sein« (Briefe 2, 8.1.1948, 106). Es gibt, wie M.-L. von Franz beobachtet hat, in allen Märchen der Weltliteratur nur *eine* Regel, die ohne Ausnahme gültig ist: »Wer sich den Dank und die Hilfe des Tieres erwirbt, siegt immer.« Dabei ist »die heilvolle Funktion des hilfreichen Tieres im Märchen ... nur an eine Bedingung geknüpft: dass der Held dem Tier gegenüber loyal sei.«[246] Das darf nun aber nicht in romantisierender Weise missverstanden werden. Das Tier erfüllt nämlich lediglich das Gesetz der Natur, und diese ist unerhört grausam und überwältigend schön zugleich.

Angesichts des »weltzerstörenden Feuers«, das die Seele des heutigen Menschen ergriffen hat, messen die Träume der Beachtung des animalischen Instinktes eine große Bedeutung zu, denn diese scheinen den Menschen vor einer Überwältigung durch das Böse bewahren zu können. Wer mit seiner Tierseele verbunden bleibt, lebt im Einklang mit dem Unbewussten, das immer ein Stück Natur bedeutet. Hier tritt die Körpersphäre, die Welt der anorganischen Materie und des vegetativen Wachstums ganz in den Vordergrund, denn in *dieser* Welt bewegen sich jene Ratgeber, die dem Menschen auch inmitten einer tödlichen Bedrohung Schutz verleihen. Da die Tiere der Wildnis scheue Wesen sind, auferlegen sie dem Menschen jenes Schweigen, von dem bereits früher die Rede war. In den Träumen verkörpern sie in der Regel eine Introversionstendenz, die sich dem Glauben ans Machbare widersetzt.

Der Traum eines Kollegen vermag das schön zu illustrieren: Er steht einem riesigen Elefanten gegenüber, der ihn zu überwältigen droht. Er unterwirft sich diesem, indem er sich flach auf die Erde legt. Nun spürt er, wie der Atem des Tieres und sein Atem eins werden. Da erwacht er in großer Ergriffenheit. Kompensatorisch zum Vergeistigungsideal des Christentums und zur Überbewertung des Intellekts offenbart sich die numinose Macht in diesem Traum in Gestalt eines Elefanten. Dieser könnte das dunkle Geheimnis Gottes verkörpern, dem sich der Träumer zu unterwerfen hat, wie es die Beter aller Völker seit Jahrtausenden ihren Gottheiten gegenüber getan haben. Dazu legt er sich flach auf die Erde, als ob er damit andeuten wollte, dass er deren mütterlichen Hilfe bedürfe. Das wunderbare Bild der Vereinigung des menschlichen Atems mit demjenigen des Tieres erinnert an die im Osten bekannte Vorstellung, wonach der individuelle Atem und der kosmische Wind, *Atman* und *Brahman*, auf ein und dasselbe immanente und doch transzendente, mikrokosmische und makrokosmische Geheimnis hinweisen.

Die Begegnung mit dem *dunklen Geheimnis Gottes* kompensiert die Einseitigkeit des christlichen Standpunktes und dessen Betonung der lichten Seite, die auf die Dauer nicht haltbar ist. In der Inkarnation Jahwes in Christus ist nämlich »die unentbehrliche dunkle Seite zurückgeblieben oder abgestreift worden, und der weibliche Aspekt fehlt. So wird eine weitere Inkarnation notwendig.« Wie vor allem Luther erkannt hat, behauptet Gott, wie Jung schreibt, »seine Macht durch Offenbarung seiner Dunkelheit und Destruktivität. Der Mensch ist nur ein Werkzeug in der Verwirklichung des göttlichen Planes. Natürlich will er sich nicht selber zerstören, wird aber durch seine eigenen Erfindungen dazu gezwungen ... Aus diesem Paradox könnte er lernen, dass er – nolens volens – einer höheren Macht dient und dass es höhere Mächte *gibt*, obwohl er sie leugnet. Da Gott in jedem von uns in Gestalt der *scintillae* des Selbst lebendig ist, könnte der Mensch seine ›dämonische‹, das heißt ambivalente Natur in sich selber wahrnehmen und auf diese Weise begreifen, wie er von Gott durchdrungen ist und wie Gott sich im Menschen verkörpert« (GW 18,2, § 1660).

Die fortschreitende Inkarnation

Durch seine weitere Inkarnation *im Menschen* wird Gott »für den Menschen zur furchtbaren Aufgabe, weil dieser jetzt Wege finden muss, um die göttlichen Gegensätze in sich zu vereinigen« (§ 1661). Mit diesem göttlichen Konflikt ist der Mensch am Ende des Äons der beiden Fische, zu Beginn des Wassermannzeitalters, belastet. Wenn wir mit der christlichen Botschaft, dass das Reich Gottes *in uns* ist, Ernst machen wollen, müssen wir auch die abgründigen Seiten des Göttlichen annehmen.
Die fortschreitende Inkarnation Gottes wahrzunehmen, ist nach Jung die entscheidende Aufgabe des heutigen Menschen, weil diese nur dort stattfinden kann, wo sie auch *erkannt* wird. Gott will erkannt werden. Nicht in »Kindergebeten zu einem liebenden Vater«, sondern im »ewigen Evangelium« (Offenba-

rung 14,1f.), das über die Liebe zu Gott hinaus die *Gottesfurcht* zum Inhalt hat, denn so lautet die Botschaft des apokalyptischen Engels: »Fürchtet Gott und gebet ihm die Ehre!« Wenn der Mensch seine »dämonische« Natur wahrnimmt, könnte er erkennen, wie sehr er von der göttlichen Ambivalenz durchdrungen ist; und wenn er sich vor sich selber zu fürchten beginnt, könnte er jene Gottesfurcht erlangen, in welcher schon die jüdischen Weisheitslehrer den Anfang der Erkenntnis gesehen haben (Sprüche 1,7). Der Selbstmord der menschlichen Kultur ist in unmittelbare Nähe gerückt. Auf die Frage, ob der dritte (und wahrscheinlich schrecklichste) Weltkrieg vermieden werden kann, antwortete Jung, »es komme darauf an, wie viele Individuen die Gegensätze in sich selber vereinen könnten«[247]. Die grausame Destruktivität des zweiten Weltkrieges und aller weiteren Kriege, die seither stattgefunden haben, zeigt, zu welchen entsetzlichen Taten der Mensch fähig ist, wenn er die dunkle Seite nicht wahrnimmt. Jung nannte den zweiten Weltkrieg ein »wotanisches Experiment« und äußerte die Befürchtung, dass wir uns jetzt offenbar für ein neues, diesmal aber weltweites wotanisches Experiment rüsten (Brief vom 14.9.1960). Eine solche Katastrophe wird nur möglich, wenn der »Berserker-Schatten, das heißt die Aggression, autonom bleibt und nicht in die innere Ganzheit des Menschen integriert ist«[248].

Ein Blick auf die äußerst labile ökonomische und politische Situation unserer Zeit zeigt, dass diese Integration nicht oder jedenfalls nicht in großem Ausmaß stattgefunden hat. Es waren immer nur einzelne herausragende Persönlichkeiten, von denen hier nur wenige erwähnt worden sind, die zu einer echten Integration der Gegensätze fähig waren. »Wir wissen aus Erfahrung«, schreibt Marie-Louise von Franz im eben zitieren Aufsatz über den verwandelten Berserker, »dass wir solche göttlichen Kräfte von Aggression nicht in unser gewöhnliches Ich integrieren können. All das hoffnungsvolle, wohlmeinende Gerede über die Integration der eigenen Aggressionen ist Unsinn. Nur durch Mühe und Leiden können

wir eine Integration dieser Kräfte im Selbst unterstützen. Wir können, mit andern Worten, nur unseren persönlichen Schatten integrieren, nicht aber den kollektiven Schatten des Selbst, die dunkle Seite der Gottheit. Wenn wir jedoch bis zum Äußersten an dem Problem der Gegensätze leiden und es in uns selbst akzeptieren, können wir manchmal zu einer Stätte werden, in der die göttlichen Gegensätze spontan zusammenkommen.«[249]
Der gewöhnliche Mensch war bisher von dieser Aufgabe befreit, sei es als Katholik durch die Vermittlung der Sakramente oder als Protestant durch das Wort der Heiligen Schrift als alleiniger Quelle der Offenbarung. Doch wo diese Gnadengaben hinfällig werden, ist der Mensch der furchtbaren Seite Gottes schutzlos ausgeliefert, weil ihn keine religiöse Gemeinschaft mehr davor bewahrt. Was aber kann ihn dann vor dem »Zornwein Gottes« (Offenbarung 14,10) schützen? Selbst wenn er längst nicht mehr an einer kirchlichen Gemeinschaft teilnimmt, so bleiben die christlichen Werte und Moralvorstellungen im Bewusstsein erhalten. Die Frage ist bloß, ob ihn das Vertrauen auf diese vor der Katastrophe bewahren kann. Die erwähnten Katastrophenträume jedenfalls lassen sehr daran zweifeln. Mit Vernunft und gutem Willen allein ist das Problem nicht zu lösen, und zwar darum nicht, weil es hier um Mächte geht, die dem Bewusstsein gegenüber autonom sind. Bei der sich im Menschen fortsetzenden Inkarnation Gottes handelt es sich um einen Wandlungsprozess des kollektiven Unbewussten, dem wir uns nur im eigenen Individuationsprozess annähern können. In dieser Konfrontation mit uns selbst wird deutlich, was sich in der langen Geschichte vom Deus absconditus immer klarer abzuzeichnen begann, dass das Erlösungswerk Gottes mit dessen Menschwerdung in Christus nicht abgeschlossen ist, dass vielmehr der einzelne Mensch selbst an der Selbstentfaltung Gottes *aktiv* mitzuwirken hat.
Damit tritt das göttliche Drama in ein neues Stadium ein, in welchem dem Individuum und seiner Bewusstwerdung in

merkwürdigem Kontrast zu den heutigen Globalisierungstendenzen eine große Verantwortung zukommt. Man kann ja nicht mehr übersehen, dass die Menschheit an der Schwelle zum dritten Jahrtausend näher zusammengerückt ist; dies sowohl in ökonomischer als auch in geistiger Hinsicht. Diesbezüglich bleibt die christliche Betonung der Gemeinschaft durchaus modern, wird aber dennoch relativiert. »Die Zusammengehörigkeit und das Zusammenleben der Menschheit ist eine der wichtigsten Existenzfragen«, schreibt Jung. »Sie ist aber dadurch kompliziert, dass auch das Individuum selbstständig vorhanden sein muss, was nur dann möglich ist, wenn die Gemeinschaft einen nur relativen Wert besitzt. Denn sonst überschwemmt sie und vernichtet gar das Individuum. Mit andern Worten: eine echte Gemeinschaft kann nur durch selbstständige Individuen gebildet werden, die nur bis zu einem gewissen Grade Gemeinschaftswesen sein können. Nur sie können den in jeden gelegten Gotteswillen erfüllen« (Briefe 3, 17.8.1957, 119).

Die Gemeinschaft als solche, ob religiöser oder politischer Natur, ist darum nicht mehr der tragende Grund des heutigen Menschen, denn sie vermag diesem immer weniger ein Gefühl der Geborgenheit und Heimat zu vermitteln. Heimat entsteht vielmehr dort, wo der Einzelne die numinose Gewalt seiner Seele erfährt. Niemand wird deshalb ein echtes Gemeinschaftsgefühl entwickeln, er sei denn zuvor sich selbst begegnet, und keiner ist individuiert, er besitze denn ein echtes Mitgefühl für die anderen Menschen, ja für jede Kreatur. Oder positiv ausgedrückt: Der *allein* vor Gott stehende, um ihn ringende Einzelne wird sich – gewissermaßen als Kompensation seiner Isolation – mehr und mehr der Verbundenheit und Verflechtung mit den Mitmenschen und der gesamten Umwelt bewusst.[250]

Aktiv im göttlichen Drama

Man könnte die Geschichte vom Deus absconditus unter dem Aspekt der zunehmenden Mitverantwortung des Individuums im göttlichen Drama betrachten. Seit der Gottesehe Jahwes mit seinem Volk, wie sie die alttestamentlichen Propheten des 8. Jahrhunderts vor Christus, allen voran Hosea, geschildert haben, ist das Volk der Israeliten auf Gedeih und Verderb mit Gottes Selbstentfaltung verbunden. Doch Hiob ist aus dem Gottesbund ausgebrochen, nicht als Abtrünniger und Gottloser, sondern als einer, der »das Angesicht Gottes und dessen unbewusste Zwiespältigkeit gesehen« (GW 11, § 623) und dennoch an ihm festgehalten hat. Das Wiederauftreten der Sophia in den ersten vorchristlichen Jahrhunderten weist auf kommende Schöpfungsereignisse hin. Sie war schon zu Beginn der Schöpfung Jahwes »Werkmeisterin« (Sprüche 8,30). Jetzt aber ruft sie auf Straßen und öffentlichen Plätzen nach dem Menschen (Sprüche 1,20). Wie die indische Shakti als Geliebte des Shiva, verkörpert sie das weibliche Prinzip des Gottesbildes, das zum bloßen Gedanken Gottes die stoffliche Gestalt, das heißt dessen konkrete Realisierung hinzufügt.

Worum aber geht es in dem nun bevorstehenden Schöpfungsakt? Nicht darum, sagt Jung, dass die Welt geändert werde, vielmehr will Gott sein eigenes Wesen ändern, indem er näher an den Menschen herantritt. Damit verliert er seine göttliche Souveränität, indem er künftig unausweichlich mit dem Befinden des Letzteren verknüpft ist. Seit Hiob ist der Bund Gottes mit dem Menschen keine einseitige Angelegenheit mehr, in welcher ein übermächtiger Schöpfer seinen eigenen, doch relativ hilflosen Geschöpfen gegenübertritt, sondern eine Verpflichtung, die beide Seiten gleichermaßen einschließt. In dem nun vollzogenen Schöpfungsakt soll die Menschheit »nicht, wie früher, vernichtet, sondern *gerettet* werden. Man erkennt in diesem Entschluss den menschenfreundlichen Akt der Sophia: es sollen keine neuen Menschen geschaffen werden, sondern nur Einer, der *Gottmensch*« (GW 11, § 625).

In dieselbe Richtung hat schon einige Jahrhunderte früher die Gestalt des Menschensohnes gewiesen, die sich seit Ezechiels großartiger Vision ins Bewusstsein der damaligen Menschen eingeprägt hat. In ihr bereitet sich die Geburt Gottes in seinem Sohn vor. Dieser hat sich denn auch selbst als Menschensohn verstanden. Jesus war sich seiner Identität mit dem Vater so gewiss, dass er im Unterschied zu seinen Jüngern nie den Glauben an Gott für sich proklamiert hat. Vielleicht mit der einen Ausnahme, seiner Bitte in Gethsemane, der Kelch möge an ihm vorübergehen, scheint er nie an der Güte des Vaters gezweifelt zu haben.

Beim Seher von Patmos und dessen apokalyptischen Bildern taucht der Menschensohn ein letztes Mal auf (Offenbarung 1). Doch als ob Johannes die Botschaft Jesu vom liebenden Vater gar nie vernommen oder aber völlig vergessen hätte, treten jetzt die gewalttätigen Züge Gottes wieder ganz in den Vordergrund. Der göttliche Knabe, den das Sonnenweib gebiert (Offenbarung 12) und der alsbald zum Himmel entrückt wird, um dem tödlichen Zugriff seines Verfolgers zu entgehen, während seine Mutter auf Adlersflügeln in die Wüste entflieht, zeigt, dass das Erlösungswerk Christi noch nicht abgeschlossen ist. Denn dieser Sohn ist offensichtlich dazu auserkoren, dieses dereinst zu vollenden. Die Visionen des Apokalyptikers stellen im Vergleich zu den Schriften des anderen Johannes (Johannesevangelium und -briefe) den denkbar größten Gegensatz dar. Nicht den Gott der Liebe verkünden sie, sondern dessen Furchtbarkeit, nicht das Licht der Welt, das keine Finsternis kennt, sondern goldene Schalen voll des Zorns Gottes, gerade so, als wäre dieser Zorn das höchste aller Güter (Gold). Darin zeigt sich, wie sehr diese Visionen ein Produkt des Unbewussten sind, das sich dem urchristlichen Seher ungeachtet seiner persönlichen Überzeugung und Herkunft aufgedrängt hat. Es ist zu vermuten, dass der Verfasser der Apokalypse in seinem Bewusstsein am christlichen Gottesbild vom liebenden Vater festgehalten hat, jedenfalls bis zu dem Zeitpunkt, als er von seinen Visionen heimgesucht worden ist. Denn nur so kann die heftige Gegenreaktion des Unbewussten erklärt werden. »Je christlicher (nämlich) das Bewusstsein ist, desto heidnischer gebärdet sich das Unbewusste« (GW 11, § 713). Im vorliegenden Zusammenhang ist das deshalb wichtig, weil es deutlich macht, wie sehr die sich im Menschen fortsetzende Inkarnation Gottes stets eigenständige, die kollektive Orientierung kompensierende Züge annimmt.

Ganz ähnlich ist es den mittelalterlichen Visionären der Gottesgeburt, den Mystikern und Alchemisten, ergangen, welche, gleich dem auf der Insel Patmos verbannten Johannes, oft Verfolgte waren, die ihre Gesichter und ihr Werk weitgehend im Verborgenen halten mussten beziehungsweise, wo sie dies nicht taten wie Marguerite Porete, dies mit dem Leben bezahlt haben. Sie fühlten sich dazu gedrängt, sich jenem Menschensohn, den Johannes von hinten her überfallen hat (Offenbarung 1,12), bewusst zuzuwenden, sei es wie bei den Alchemisten in Gestalt des *filius philosophorum*, als welchen sie ihren lapis bezeichnet haben, sei es in der Vision der Mystikerinnen und Mystiker von der Gottesgeburt im Menschen. Sie alle waren mit der dunklen Seite Gottes, genauer: mit dem Deus absconditus, dem zu liebenden und zu fürchtenden Gott, belastet. Nicht allen war es gleichermaßen bewusst, wie sehr sie damit am göttlichen Konflikt selbst Anteil hatten, aber viele von ihnen waren sich durchaus darüber im Klaren, dass sie aktiv in das göttliche Drama eingriffen. Die Ungeheuerlichkeit ihrer Gedanken hat, wie gesagt, viele mit dem Tode bedroht, und auch Luther hätte mit seinem Leben bezahlen müssen, wäre er nicht von den *weltlichen* Herren gegen die Kirchenfürsten verteidigt worden.

Zwar hat die Kirche alles getan, die Menschen gegen die Furcht Gottes abzusichern, doch drängt sich diese heute in einem Maße auf, das ein Ausweichen vor diesem Problem immer schwieriger macht. Die dunkle Seite Gottes tritt dem Menschen zunächst von *außen* her entgegen, in der bereits erwähnten Möglichkeit, die Welt mit menschlichen Mitteln zu zerstören. Die Schrecken

Gottes haben sich gewissermaßen materialisiert, indem sie zu Waffensystemen geworden sind, die eine vollständige Vernichtung der Erde möglich machen. Das Argument, der Mensch habe diese geschaffen und nicht Gott, ist insofern zu entkräften, als Gott selbst es war, der den Menschen diese Erfindungsgabe in den Schoß gelegt hat. So stellt sich denn die Frage, ob Gott uns vor dem Verhängnis des eigenen Charakters schützen kann oder ob nicht vielmehr wir die »Ambivalenz des göttlichen Charakters« (GW 18,2, § 1539) und seines durchaus zwiespältigen Geistes sehr ernst nehmen müssen. Es ist nämlich nicht so, dass jede Zwiespältigkeit rein persönlicher Natur wäre, vielmehr ist diese weit öfters, als wir annehmen, in der *objektiven* Tatsache begründet, dass das Unbewusste selbst durch und durch ambivalent ist. Die archetypischen Bilder konfrontieren »das Individuum mit der abgründigen Gegensätzlichkeit menschlicher Natur, womit ihm eine ganz unmittelbare Erfahrung von Licht und Finsternis, von Christus und Teufel, ermöglicht wird ... Ohne das Erlebnis der Gegensätzlichkeit gibt es keine Erfahrung der Ganzheit und damit auch keinen inneren Zugang zu den heiligen Gestalten« (GW 12, § 23f.). Wenn wir bereit sind, beide Seiten des Gottesbildes oder des Selbst zu sehen, und damit bereit, die eigene Zerrissenheit und das Leiden an ihr anzunehmen, kann das versöhnliche Werk des Heiligen Geistes beginnen. »Ich betrachte die Aufnahme des Heiligen Geistes«, schreibt Jung, »als ein ungemein revolutionäres Ereignis, das nicht stattfinden kann, bevor nicht die ambivalente Natur des Vaters erkannt ist« (GW 18,2, § 1551). Das Leiden an der Zerrissenheit ist wahrscheinlich nötig, um der stets lauernden Gefahr des Menschen zu begegnen, den eigenen Geist mit dem göttlichen Geist zu identifizieren, die Gefahr der Inflation nämlich, in welcher sich der Mensch selbst für den Urheber seiner Erfindungen und Erkenntnisse hält. »Er täte besser daran, seinen Geist und die kleine Stimme in seinem Innern, ebenso wie die Träume und Phantasien, in welchen der göttliche Geist sich manifestiert, auseinander zu setzen. Man sollte der inneren Stimme aufmerksam, intelligent und kritisch (*Probate spiritus!*) lauschen, weil die Stimme, die man hört, der *influxus divinus* (die göttliche Eingebung, A.S.) ist, der, wie die *Johannesakten* so treffend feststellen, aus ›rechten‹ und ›linken‹ Elementen, das heißt aus Gegensätzen zusammengesetzt ist« (GW 18,2, § 1662). Unterscheidungsfähigkeit ist gefordert, die Bereitschaft, sich dem göttlichen Drama bewusst, aktiv und kritisch zuzuwenden.

Dann aber tritt dem Menschen die Furcht Gottes von *innen* her entgegen, und zwar in Gestalt jener unlösbaren Konflikte, denen er bei seinem fortschreitenden Individuationsprozess zusehends mehr ausgeliefert ist. Es ist nämlich nicht so, dass die Gegensatzspannung bei wachsender Erkenntnis und Einsicht etwa abnehmen würde. Sie nimmt vielmehr zu, weil jede Differenzierung die Gegensätze *per definitionem* auseinander reißt. »Dadurch schafft die geistige Entwicklung eine gewaltige Spannung, die der Mensch nur erleiden kann« (GW 18,2, § 1553), in der Hoffnung darauf, dass deren Heilung spontan, das heißt durch ein Dazwischentreten des göttlichen Geistes eintreten werde.

In seinem Kommentar zur »Antwort auf Hiob« zitiert Edward F. Edinger Jungs Satz »Wer Gott erkennt, wirkt auf ihn«[251] und zögert nicht, in diesem einen Satz den Anbruch eines neuen Äons zu sehen: »This single sentence is enough to create a whole new aeon – the Jungian aeon«. Ich stimme insofern damit überein, als die Psychologie C.G. Jungs, vor allem dessen späte Gedanken, die man mit der Veröffentlichung des »Aion« im Jahre 1950 ansetzen könnte, tatsächlich eine neue Dimension in der Auseinandersetzung des heutigen Menschen mit dem göttlichen Drama eröffnet. Jung hat einen Weg aufgezeigt, wie derjenige, dem die alten heiligen Bilder abhanden gekommen sind, deren Numinosität im eigenen Innern, das heißt im Unbewussten, wieder entdecken kann. Dadurch gewinnen die archetypischen Bilder ihren besonderen Gefühlston zurück, den sie für die Gläubigen aller Zeiten hatten (und immer noch haben mögen) und werden so zu, wenn auch noch so bescheidenen, lebendigen und belebenden Inhalten.

Mysteria Dei

In diesem neuen religiösen Bewusstsein wird der heutige Mensch mehr denn je dazu genötigt, in religiösen Fragen seine eigenen Antworten zu finden, wobei ihm das Gefühl, das heißt die persönliche Betroffenheit zum unerlässlichen Wegweiser wird. Mit sich selbst allein steht der Einzelne vor der schwierigen Aufgabe, sich mit den göttlichen Mächten auseinander zu setzen, was ihn bisweilen jener ungeheuren kosmischen Verlassenheit aussetzt, die Martin Luther in der wiederkehrenden Todesangst erfahren hat. »Der Mensch steht isoliert im Kosmos da. Er ist nicht mehr in die Natur verwoben und hat seine emotionale Anteilnahme an Naturereignissen, die bis dahin eine symbolische Bedeutung für ihn gehabt haben, eingebüßt. Der Donner ist nicht mehr die Stimme Gottes, noch der Blitz ein rächendes Wurfgeschoss. Kein Fluss beherbergt einen Geist, kein Baum bedeutet ein menschliches Leben, keine Schlange ist die Verkörperung der Weisheit, und kein Berg ist noch von einem großen Dämon bewohnt ... (Doch) dieser gewaltige Verlust wird durch die Symbole in unseren Träumen kompensiert« (GW 18,1, § 585f.). Hier, im Unbewussten, eröffnet sich der Blick auf eine *terra incognita*, auf eine weitgehend unbekannte Seelenlandschaft, deren Erforschung nicht weniger Mut und nicht geringere Abenteuer verspricht wie jene Entdeckung neuer Kontinente durch Kolumbus und andere Abenteurer. Es bleibt zu hoffen, dass dabei nicht mit derselben Gewaltsamkeit gegenüber allem Fremdem und Unbekannten vorgegangen wird wie damals, als die geistigen Errungenschaften der archaischen Völker brutal niedergewalzt worden sind. Wer sich den in der Seele verborgenen *mysteria Dei* annähern will, braucht dazu einen leeren Geist und ein offenes Herz.
Die Seele ist einsam geworden, sie ruht nicht mehr im Schoß der Kirche und der Allbarmherzigen Mutter oder des liebenden Vaters.[252] Der Zustand der Unerlöstheit des heutigen

Menschen löst Angst aus, Angst vor der erdrückenden Einsamkeit. Doch viele haben längst realisiert, dass die üblichen Zerstreuungen keine Erleichterung zu schaffen vermögen. Da können wir uns, wie Jung vorgeschlagen hat, an die Idee des Paulus erinnern, dass Christus *in uns* Wohnung nehmen will (GW 18,1, § 638). Da Christus sich aber im Geringsten unserer Brüder zeigt (Matthäus 25,40), bedeutet das, dass wir diesen Geringsten unserer Brüder in uns selbst wahrnehmen müssen. »Das heißt, wir haben einen Schatten in uns, einen schlechten Kerl, einen ganz armen Menschen, und der muss angenommen werden« (ebenda). Mit dieser erniedrigenden Entdeckung beginnt die geistige Entwicklung, und nur der, welcher herabzusteigen bereit ist, vermag ein höheres Bewusstseinsniveau zu erreichen. Christus hat nicht das Kreuz auf sich genommen, damit wir dadurch ein für alle Mal erlöst wären, vielleicht aber, um uns Mut zu machen, nun unsererseits das eigene Schicksal auf uns zu nehmen und dem Leiden an den Gegensätzen nicht mehr länger auszuweichen. »Das ist moderne Psychologie«, beendet Jung seine Ausführungen, »und das ist die Zukunft«, und weil er kein Prophet sein will, fügt er relativierend hinzu: »das ist die Zukunft, von der ich weiß – aber die historische Zukunft könnte ganz anders aussehen« (GW 18,1, § 639).

Die Unerlöstheit des heutigen Menschen scheint jenen Satz, wonach es außerhalb der Kirche kein Heil gebe (*extra ecclesiam nulla salus*), zu bestätigen. Wo aber der Einzelne mit seiner Gotteserfahrung so allein gelassen wird wie im Protestantismus – und zunehmend auch im Katholizismus – wird sich die kirchliche Gemeinschaft aufgrund der unzähligen individuellen Meinungen früher oder später von selbst auflösen. Jung hat deshalb vorgeschlagen, »diese Manifestation des immer deutlicher hervortretenden *Individuationsprozesses* nicht mehr als *Konfession* zu bezeichnen und in eine angebliche Kirche hineinzupressen, denn (der) Protestantismus *ist eo ipso* kirchenfeindlich« (Briefe 1, 6.12.1945, 489), weil ihm im Gegensatz zu den für alle verbindlichen Dogmen und Riten die gemeinsame Grundlage fehlt (was weder die Bibel noch die Gestalt Christi sein kann). Allein vor Gott, ohne den schützenden Ritus der Kirche und ohne im Besitz eines Dogmas zu sein, welches die geistigen Errungenschaften der Vergangenheit formuliert hat, ist der Protestant, und nicht nur er, sondern mit ihm die Mehrheit der westlichen Menschen, sich selbst überlassen.

Die Reformatoren scheinen um die Gefahr der Vereinzelung im Protestantismus gewusst zu haben. Wohl in der leisen Hoffnung, dem drohenden Unheil der Zersplitterung vorzubeugen, haben sie den *christlichen Gemeinschaftssinn* mit größter Nachdrücklichkeit betont, was vielen, vom allzu weltlichen Gebaren der Kurie Verunsicherten und der Kirche Entfremdeten eine neue religiöse Heimat zu geben vermocht hat, was aber heute mehr und mehr Menschen unberührt lässt. Wie soll der in einer pluralistischen und säkularisierten Welt lebende Mensch der Gegenwart etwa Luthers Aussage verstehen, dass die *Gemeinde* die Braut Christi sei und dass jeder durch die Taufe zu ihrem Mitglied werde, in unmittelbare Nähe zu Gott stehe, beziehungsweise am Mysterium der Vereinigung mit Christus Anteil habe?[253] Spätestens nach dem Besuch in der Kirche wird er vermutlich antworten, dass das wohl möglich sei, dass er davon aber nichts spüre. So bleibt er denn allein vor Gott und allein vor der Abgründigkeit und Vielfalt der Welt, ohne sich auf eine ihn tragende religiöse Gemeinschaft berufen zu können.

C.G. Jung war davon überzeugt, dass die religiöse Entfremdung von der Gemeinschaft einen Sinn hat, indem sie den heutigen Menschen zur größtmöglichen Selbsterkenntnis, das heißt zur Konfrontation mit der Seele und ihren göttlichen Mächten zwingt. »Wer immer den Stand der geistlichen Armut, das wahre Erbe eines konsequent zu Ende gelebten Protestantismus, für sich erkoren hat, gelangt auf den Weg der Seele, der zum Wasser führt. Dieses Wasser ist nun kein metaphorisches Gerede, sondern lebendiges Symbol für die dunkle Psyche« (GW 9, 1, § 33).

Dass damit ein großes Risiko verbunden ist, lässt sich schon deshalb nicht übersehen, weil das Wasser nicht nur eine befruchtend-schöpferische, sondern eben auch eine vernichtend-zerstörerische Qualität hat, wie das alte biblische Bild von der Sintflut deutlich macht. Nicht nur die herrlichen Bilder der Weltreligionen entstammen der Seele des Menschen, sondern genauso alle möglichen Grausamkeiten, wie sie uns, oft bis zum Überdruss fast täglich vor Augen geführt werden. Entsprechend schwankt der Mensch zwischen hoch und tief, zwischen dem hybriden Übermut des »Gottmenschen«, der sich allein zum Schöpfer auserkoren hat, und dem Abgrund unvorstellbarer Hässlichkeiten. Nietzsche ist an diesem Problem zerbrochen, und es bleibt nur zu hoffen, dass sich sein Schicksal nicht noch einmal auf kollektiver Ebene wiederholen muss.

Damit komme ich auf Edingers *Hypothese* zurück, wonach Jungs Satz »Wer Gott erkennt, wirkt auf ihn« einen neuen Äon einleitet. Zunächst ist eine derartige Feststellung natürlich nicht restlos zu überprüfen, weil sich fundamentale geistesgeschichtliche Wandlungen erst im Verlauf von vielen Generationen bewahrheiten können. Da wir uns aber am Übergang vom astrologischen Fisch- zum Wassermannzeitalter befinden, sind Veränderungen großen Ausmaßes eigentlich zu erwarten. Der Durchbruch der Quantenphysik in den Zwanzigerjahren auf der einen und Jungs Entdeckungen des kollektiven Unbewussten auf der andern Seite haben das Welt- und Menschenbild aber so grundsätzlich verändert, dass tatsächlich von einer neuen Dimension gesprochen werden kann. Diese Entwicklung lässt das Gebiet der Religion nicht unberührt, sodass wir auch hier mit neuen Tatsachen konfrontiert sind. Dass Gott tot sei, wie Nietzsche und andere angekündigt haben, mag zwar im Blick auf das alte christliche Gottesbild durchaus seine Berechtigung haben, nicht aber, was Gott als numinose Macht betrifft, denn diese ist eine seelische Realität, wie jeder erfahren kann, der sich für seine unbewussten Seelenbilder offen hält. »Es ist nämlich gerade die

Spontaneität der archetypischen Inhalte, welche überzeugt« (GW 12, § 19), womit nichts über Gott an sich ausgesagt ist, wohl aber über dessen Wirkung auf die menschliche Psyche, die sich empirisch nachweisen lässt.

Nun haben aber nicht nur die Archetypen eine Wirkung auf den Menschen, vielmehr beeinflusst das menschliche Bewusstsein auch umgekehrt die archetypischen Kräfte. Das entspricht zunächst der Beobachtung, die in der Quantenphysik gemacht worden ist, dass nämlich auch das noch so exakte wissenschaftliche Experiment subjektiv bedingt ist, indem bereits die persönliche Wahl der experimentellen Anordnung die objektive Wirklichkeit verändert.[254] Das bedeutet, dass ein unauflösbarer Zusammenhang besteht zwischen dem erkennenden Subjekt und dem zu erkennenden Objekt, das auch für den Naturwissenschaftler eine letztlich unanschaubare Wirklichkeit darstellt.

Wie jeder Archetyp stellt auch Gott eine solche letztlich unanschaubare Wirklichkeit dar. Über Gott an sich lässt sich psychologisch nichts aussagen – das bleibt dem Glaubenden vorbehalten –, wohl aber über das Gottesbild, das »genau gesprochen, nicht mit dem Unbewussten schlechthin, sondern mit einem besonderen Inhalt desselben, nämlich mit dem Archetyp des Selbst« (GW 11, § 757) gleichzusetzen ist.

Einige Alchemisten haben die Wandlungsfähigkeit der archetypischen Faktoren durch das Eingreifen des Bewusstseins schon frühzeitig erkannt. »Durch die Einwirkung › von oben ‹, das heißt vom Bewusstsein, wird das kompakte, undurchdringliche Dunkel des Unbewussten allmählich aufgelockert, wodurch auch das Gefangensein der Persönlichkeit in scheinbar unwandelbaren Tatsachen aufhört und das psychische Leben › in Fluss gerät ‹ durch › eindringliches ‹ Verstehen« (GW 14,3, § 359). Die heilende Wirkung betrifft also durchaus beide Seiten, Gott und den Menschen, wie man sagen könnte. »Durch den Kontakt des Bewusstseins mit dem Unbewussten erblüht eine Welt der Phantasie und des Gefühls – die Welt des Eros leuchtet im Dunklen auf« und »du erschaust ein wunder-

bares Licht in der Finsternis«, wie sich der Verfasser der »Aurora« ausdrückt (ebd. § 371f.). Die Archetypen ihrerseits sind keine unbeeinflussbare, amorphe *massa confusa*, vielmehr dort, wo das Licht des Bewusstseins hinzutritt, unendlicher Entwicklung und Differenzierung fähig. Dabei ist die Einstellung, mit der wir dem Unbewussten entgegentreten von entscheidender Bedeutung. »Die Maske des Unbewussten«, sagt Jung, »ist bekanntlich nicht starr, sondern spiegelt jenes Gesicht, das man ihm zeigt. Feindseligkeit gibt ihm drohende Gestalt, Entgegenkommen mildert seine Züge« (GW 12, § 29).
Das sind die psychologischen Erfahrungen, die zu jenem Satz geführt haben, wonach der Mensch, der Gott erkennt, auf ihn wirkt, ihn wandelt und von seiner anfänglichen Unbewusstheit erlöst, was schon Hiob, diese herausragende Gestalt des Judentums, geahnt hat. Doch hat er es angesichts der dunklen Übermacht Jahwes vorgezogen zu schweigen, vielleicht weil er unbewusst gespürt hat, dass die Zeit für dessen Menschwerdung noch nicht reif war. Das göttliche Drama aber hat sich in all jenen Menschen fortgesetzt, die in ihren oft verzweifelten Depressionen an der Gegensatzproblematik gelitten haben und gerade dadurch zu einem Gefäß geworden sind, in welchem sich der Doppelaspekt Gottes inkarnieren kann. Einige von ihnen, Alchemisten wie Dorneus oder Khunrath und Mystiker wie Meister Eckhart oder Angelus Silesius, haben um diese Möglichkeit der Gottesgeburt im Menschen gewusst, andere haben sie ahnend vorweggenommen. Doch sie alle haben wesentlich dazu beigetragen, dass wir heute in ein neues Stadium des göttlichen Dramas eintreten, wie es sich im Individuationsprozess manifestiert.

Der fernnahe Geliebte

Seit Dionysius Areopagita und seiner *theologia negativa* ist stets die Unerreichbarkeit Gottes betont worden. Zwar hat kaum jemand diese unbestreitbare Autorität des Mittelalters infrage gestellt, zu Recht, denn wie jede archetypische Macht übersteigt Gott das menschliche Fassungsvermögen. Trotzdem wurde immer auch das Gegenteil erfahren: die intime Nähe Gottes, sei es im Liebesfeuer einer Marguerite Porete, in den intimen Zwiegesprächen von Teresa mit Christus oder »im innersten Seelengrund, wo Gott der Seele näher und inwendiger ist, weit mehr als sie sich selbst« von Johannes Tauler. Es entspricht der natürlichen Erfahrung, dass die Unermesslichkeit und Unerreichbarkeit Gottes dessen Nähe und Unmittelbarkeit nicht ausschließt, ein Paradox, das Porete in dem Namen, den sie ihrem Geliebten gegeben hat, dem *Fernnahen*, treffend erfasst hat.
Mit diesem Paradox sind wir heute konfrontiert, und das Bild vom fernnahen *Geliebten* gibt uns auch einen Hinweis, wo eine Lösung allenfalls zu finden wäre: im Bereich des Gefühls und der Liebe. Marie-Louise von Franz kommt in ihren Werken immer wieder auf dieses Problem zu sprechen. Dabei betont sie stets, dass die Differenzierung unserer Gefühle die wohl wichtigste Aufgabe der Gegenwart sei. »Die westliche Zivilisation hat seit einiger Zeit in ihrer Technologie extravertiertes Denken und Empfinden sowie in ihren theoretischen Forschungen das introvertierte Denken und Empfinden einseitig entwickelt. Die Intuition wurde zwar nicht unterdrückt, weil sie zur Entdeckung neuer kreativer Ideen gebraucht wird. Das Fühlen jedoch und die ganze Welt des Eros ist tatsächlich in einem jämmerlichen Zustand. Ich glaube sogar, dass zum gegenwärtigen Zeitpunkt alles davon abhängt, ob es uns gelingt, unser Fühlen und unseren sozialen Eros zu entwickeln oder nicht.«[255]
So sei zum Schluss versucht, die Frage zu beantworten, inwiefern die Geschichte vom Deus absconditus sich dieser Entwicklung widersetzt oder vielleicht gar umgekehrt ihr Vor-

schub geleistet hat. Trotz aller Ansätze, das paradoxe Gottesbild ernst zu nehmen, sind wir noch weit davon entfernt, dieses auch wirklich integriert zu haben. Damit aber bleibt die nicht minder paradoxe Natur des Eros weitgehend draußen, wodurch Letzterer nicht etwa erledigt ist, sondern ganz im Gegenteil beträchtliche Störungen verursacht. »Je blinder (nämlich) die Liebe«, schreibt Jung, »desto triebhafter ist sie und droht mit destruktiven Folgen, denn sie ist eine Dynamis, welche der Form und der Richtung bedarf. Deshalb ist ihr ein kompensatorischer Logos zugestellt, als ein Licht, das in der Finsternis leuchtet. Ein Mensch, der seiner selbst unbewusst ist, handelt triebhaft und wird überdies genarrt von all den Illusionen, die daraus entstehen, dass ihm das, was ihm selber unbewusst ist, scheinbar von außen, nämlich als Projektion auf den Nebenmenschen, entgegentritt« (GW 13, § 391).

Wie viel Elend und Zerstörung eine Liebe, die nicht reflektiert, was sie tut, auf der kollektiven Ebene anrichten kann, zeigen die vielen, im Zeichen der christlichen Nächstenliebe geführten Kriege ebenso, wie die oft brutale Missionierung fremder Völker und Kontinente. »Aus so genannter Liebe hat die Menschheit unzählige Verbrechen und große Zerstörungen erleiden müssen, und je sentimentaler die Liebe ist, desto brutaler ihr Schatten, der ihr nachfolgt.«[256]

In einer bereits früher zitierten Passage der »Erinnerungen« wendet sich Jung dem Eros zu. Auch wenn ihm dabei »der Mut entfällt«, »jene Sprache zu suchen, welche die unabsehbaren Paradoxien der Liebe adäquat auszudrücken vermöchte«, so fällt in dem, was Jung sagt, doch auf, wie sehr mit diesem Daimon, »dessen Wirksamkeit sich von den endlosen Räumen des Himmels bis in die finstersten Abgründe der Hölle erstreckt« (Er. 355f.), jedenfalls eine zu liebende und zu fürchtende göttliche Macht angesprochen ist. Es vermag deshalb nicht zu erstaunen, dass auch Luthers Sprachgewalt, mit welcher er den Deus absconditus beschreibt, insgeheim, das heißt unbewusst, die heilende, beziehungsweise ganzmachende Kraft eines gewissen Eros ausdrückt (GW 13, § 390).

Darum spricht Susanne Heine in ihrem Buch zur systematischen Kritik der feministischen Theologie[257] im Blick auf Luthers Denken zu Recht von einer »erotischen« Theologie. Der Begriff des Eros ist zunächst klar von der Einseitigkeit der christlichen Nächstenliebe zu unterscheiden. Letztere, im Griechischen als Agape bezeichnet, meint die fürsorgliche, ganz dem Wohle des Nächsten dienende Liebe, wobei *dessen* Bedürftigkeit im Vordergrund steht: Man gibt dem, welcher der Hilfe bedarf, und man gibt es, so das christliche Ideal, in größtmöglicher Selbstlosigkeit. Dahinter steht ein Vollkommenheitsideal, wonach der Einzelne möglichst von seinen eigenen Bedürfnissen und emotionalen Wünschen abzusehen hat, was, wie Marie-Louise von Franz schreibt, leicht eine emotionale, kindliche Sentimentalität zur Folge hat.[258] Dem hält Luther »mit der Vehemenz eines Wütenden« entgegen, dass der Mensch gar nicht imstande sei, sich so einfach für das Gute zu entscheiden, denn die Leidenschaften sitzen überall: in Leib, Seele und Geist.[259] Das Böse im Menschen lässt sich auch durch noch so viele »gute« Taten nicht ausmerzen, weil es fundamental zum Menschen gehört. Und nicht nur zu ihm, auch Gott hat, wie schon Hiob erkannt hat, eine dunkle Seite, eine Abgründigkeit, vor welcher der Mensch alle Waffen strecken muss, ganz besonders diejenige des Erkennen-Wollens. »Gott ist der andere, der Fremde, mit dem man nicht verschmelzen kann«[260], weshalb Jung einmal bekannt hat, dass er nicht wagen würde, diesen Gott »mit dem vertraulichen ›du‹ anzureden« (Briefe 2, 13.6.1955, 497).

Wenn nicht die Nächstenliebe, was ist dann das entscheidende Kriterium des Eros? Da es sich bei ihm um eine archetypische Kraft handelt, muss sich eine Gottheit finden lassen, die sein Wesen in der bestmöglichen Form ausdrückt. Ich denke dabei aber nicht an das Naheliegende, an den griechischen Gott Eros, vielmehr an einen bestimmten Typus vorderorientalischer Göttinnen wie etwa die sumerische Inanna oder die ugaritische Anat. Sie verkörpern den *élan vital*, wie er sich beispielsweise in der Sexualität oder in einer gesunden Portion von Aggressivität äußert; ihre Mythen offenbaren eine Begierde, die das Leben sucht, nicht im Sinne eines Strebens nach Vollkommenheit (das ist ein männliches Ideal!), sondern immer in einer gewissen »Gier« nach Vollständigkeit, das heißt nach dem Leben in seiner ganzen Fülle. Der Eros in diesem archaischen Sinn fordert Hingabe um jeden Preis, solange als diese dem Lebensfluss, der Vitalität und Dynamik dient.[261] Deshalb kann der Eros, wo das Leben in eine Stagnation geraten ist, bisweilen eine *kriegerische Gestalt* annehmen, weil nur ein göttlicher Zorn die Entwicklung voranzutreiben vermag. Bekanntlich hat die griechische Göttin Harmonia vier missratene Töchter auf die Welt gestellt, während aus der illegitimen Vereinigung der Liebesgöttin Aphrodite mit dem Kriegsgott Ares neben anderen Kindern auch Eros entstanden ist.

Dem Eros eignet demnach eine *weiblich archaische* Qualität, die in der vorderorientalisch-antiken Welt durch temperamentvolle und mächtige Göttinnen repräsentiert worden ist. Mit dem Einbruch des jüdischen Monotheismus ist diese nicht mehr als solche, das heißt als weibliche Qualität erkannt worden. In der Verschmelzung des jüdisch-christlichen Gottesbildes mit der patriarchal geprägten hellenistischen Philosophie hat sich dieser Prozess fortgesetzt, was im Christentum zu einer Aufspaltung des Archetyps des Weiblichen in dessen Gegensätze geführt hat: zum reinen Bild der Jungfrau Maria auf der einen und zu demjenigen der Frau als Verführerin und Urheberin von allem Bösen auf der andern Seite. Analog dazu ist auch das Gottesbild selbst in zwei unversöhnliche Seiten, in Christus und den Teufel, auseinander gebrochen. In den vom Deus absconditus gelegten Spuren allerdings, bis hin zur »erotischen« Theologie Martin Luthers, blieb etwas von der weiblich archaischen Qualität der antiken Göttinnen erhalten, oft allerdings nur im Verborgenen wie bei gewissen Alchemisten oder aber mehr oder weniger unbewusst wie bei Luther.

Die letztlich doch patriarchale Männerreligion des Protestantismus lässt keine Repräsentation der weiblichen Seite Gottes zu. Die Bezeichnung der christlichen Gemeinde als Braut

Christi durch den Reformator ist eine doch zu abstrakte Formulierung, als dass sie die Sehnsucht nach einer echten Vereinigung des Männlichen mit dem Weiblichen zu befriedigen vermöchte. Dazu bedarf es der Symbolik des Hierosgamos und seiner Repräsentanten wie etwa die Gestalten der Sulamit und ihres Geliebten, die sich ihre Liebe – süßer als Wein – nur inmitten der sprießenden und blühenden Natur schenken wollen (Hohelied 7). Psychologisch gesehen handelt es sich dabei um ein auch in den Träumen auftretendes Zielbild einer geglückten Vereinigung der Gegensätze. Diese kann nur dann gelingen, wenn beide Exponenten einander gleichwertig gegenüber stehen. Mit andern Worten, das Weibliche muss adäquat vertreten sein, wie einst durch Sophia als weibliche Schöpferkraft, die Jahwe schon vor der Schöpfung begleitet hat, oder durch die *Dea naturae*, welche die Alchemisten bei ihrem Werk begleitet und inspiriert hat. Von dieser Wertschätzung des Weiblichen ist der abendländische Mensch noch weit entfernt, ungeachtet des lautstarken Rufes nach der Gleichberechtigung der Frau. Das Problem lässt sich eben nicht nur auf der bewussten Ebene lösen, vielmehr bedarf es dazu einer Wandlung im archetypischen Bereich.

Diese Wandlung aber hat, so jedenfalls Jungs Hoffnung, bereits begonnen, sichtbare Spuren zu hinterlassen, darin nämlich, dass »der Papst (Pius XII.), sehr zum Erstaunen aller Rationalisten, das Dogma der *Assumptio Mariae* verkündet (hat): Maria ist als Braut mit dem Sohne und als Sophia mit der Gottheit im himmlischen Brautgemach vereinigt« (GW 11, § 743). Gemäß dem Dogma aus dem Jahre 1950 ist die Gottesmutter mit *Körper und Seele* zum Himmel erhoben worden, wo sie sich als himmlische Braut mit dem Bräutigam vereinigt. Auffallend dabei ist die höchst psychologische Begründung dieser Wahrheit: Neben dem Umstand, dass die heiligen (apokryphen) Schriften die Himmelfahrt der Maria schon längst erwähnt haben, gründet sich die päpstliche Deklaration auf der Tatsache, dass die Gläubigen aller Zeiten schon immer daran geglaubt haben. Das Dogma entspricht also einem natürlichen Bedürfnis der Seele,

dem tiefen Wunsch der Menschen, »die Fürbitterin und Mediatrix möge endlich ihren Platz bei der Heiligen Trinität einnehmen« (ebenda § 748).
Dass das Dogma den Argumenten der Vernunft widerspricht, braucht uns nicht zu beunruhigen. Ganz im Gegenteil, es entspricht dies der fortschreitenden Inkarnation Gottes im *gewöhnlichen Menschen*, die sich, wie jede Vereinigung der Gegensätze, jeder Logik entzieht. Der Standpunkt des Protestantismus mit seiner radikalen Trennung von Gott und Mensch ist umso weniger einleuchtend, als er die angekündigte Menschwerdung Gottes im Grunde genommen verhindert, denn wie soll, was nach menschlichem Willen getrennt bleiben muss, zusammenkommen? Der Grund für diese echt protestantische Problematik liegt in einer Prämisse des Glaubens, an der entgegen aller psychologischen Erfahrung festgehalten wird: dass uns Christus durch seine einmalige Heilstat ein für alle Mal erlöst habe. Ganz abgesehen davon, dass wohl kaum jemand ernsthaft von sich behaupten wird, dass er erlöst sei – es sei denn, er missachte alle Zeichen des Unbewussten –, führt diese Haltung, konsequent zu Ende gedacht, in eine Aporie, in welcher Gott und Mensch endgültig auseinander gerissen werden. Dieser Riss hat heute bedrohliche Ausmaße angenommen und geht durch die ganze Menschheit hindurch: Einer wachsenden Mehrheit, die sich kaum mehr um das Irrationale und irgendwelche Fragen kümmert, steht ein apokalyptisches Zerstörungspotential gegenüber, dessen unberechenbare Wirkungen den Zornschalen Gottes, wie sie der Apokalyptiker schildert (Offenbarung 16), um nichts nachsteht.
Schon Johannes hat diesen Konflikt, in den das einseitige christliche Gottesbild vom liebenden Vater hineinführt, erfahren und die Entwicklung der Zukunft vorausgeahnt. Deshalb deutet er an, dass Gott sich im *gewöhnlichen Menschen* inkarnieren will. »Darum wohl hat Johannes in der Vision eine zweite Sohnesgeburt aus der Mutter Sophia, die durch eine *coniunctio oppositorum* gekennzeichnet ist, erlebt, eine Gottesgeburt, die den *filius sapientiae*, den Inbegriff eines *Individuationsprozesses*

vorwegnimmt« (Offenbarung 12; GW 11, § 739). Der protestantische Standpunkt mit seiner Trennung dessen, was Gottes und was des Menschen ist, muss ergänzt werden. Jungs Hinweis auf den Individuationsprozess macht auch deutlich, in welcher Richtung dies geschehen könnte: in der sorgfältigen Berücksichtigung des Unbewussten. Hier liegen jene numinosen Inhalte verborgen, welche die Religionen aller Völker in so wunderbarer Weise ausgedrückt haben, und hier treten die Ganzheitsbilder auf, die, unabhängig vom Bewusstsein, aus den Tiefen der seelischen Natur aufsteigen.

Ganzheitsbilder – Raum für den dunklen Gott

Wie die Erfahrung zeigt, entstehen solche Ganzheitsbilder in der Regel aber nur bei dem Menschen, der in einer ausweglosen Situation gefangen ist, nachdem alle bewussten Lösungsversuche versagt haben. Es scheint, dass der Deus absconditus einer gewissen Dunkelheit, ja Desorientierung des Menschen bedarf, um sich in ihm zu manifestieren. »Gott, der unsere Gebete nicht erhört, will auch Mensch werden«, schreibt Jung, »und dazu hat er sich durch den Heiligen Geist den kreatürlichen Menschen mit dessen Dunkelheit ausersehen; den natürlichen Menschen, den die Erbsünde befleckt, und den die gefallenen Engel die Wissenschaften und Künste gelehrt haben. *Der schuldige Mensch ist geeignet und darum ausersehen*, zur Geburtsstätte der fortschreitenden Inkarnation zu werden, nicht der unschuldige, der sich der Welt vorenthält und den Tribut ans Leben verweigert, denn in diesem fände der dunkle Gott keinen Raum« (GW 11, § 746).

Nur in dem mit Schuld beladenen Menschen also findet der dunkle Gott einen Raum, in dem er einwohnen kann. Es ist die Repräsentantin der weiblichen Schöpferkraft – einst dargestellt in herrlichen Gestalten wie Inanna, Shakti, Sophia und anderen Göttinnen –, die vom Menschen ihren Tribut ans Leben abfordert, indem sie diesen mit ihrem Schleier der Maya in die Welt der zehntausend Dinge verwickelt. Sie tritt dem Mann als Anima und der Frau in jeglicher Form des Weiblichen entgegen. Hier wie dort ist eine Gefühlsbeziehung gemeint, welche, ob Mann oder Frau, von dem Verhaftetsein in bloßen Phantasien und Ideen befreit, indem sie diese in die Realität umsetzt.[262] Mit dem Schritt von der virtuellen Welt schöner Ideale in die Wirklichkeit ist notwendig eine gewisse Schuld verbunden, was die Tradition mit dem Gedanken der Erbsünde ausgedrückt hat. Zu Recht hat deshalb das Christentum, wie andere Religionen auch, vom Menschen die besten moralischen Kräfte abverlangt. Dies geschah in Anerkennung der Wirklichkeit des Bösen, die umso wichtiger ist, wo wir mit der dunklen Seite Gottes konfrontiert sind. Doch ein höheres Bewusstseinsniveau befreit keinen von seiner Schuld; es kann ihn höchstens davor bewahren, und auch das nur mit Gottes Hilfe, der eigenen Dunkelheit allzu unbewusst zu verfallen.

Die päpstliche Deklaration der Erhöhung der Maria in die Sphäre der Gottheit hat dem Mangel einer weiblichen Repräsentantin im christlichen Gottesbild Abhilfe geschaffen. Dazu noch einmal Jung: »Durch die Dogmatisierung der Assumptio Mariae wird auf den Hierosgamos im Pleroma (auf die Vereinigung der Gegensätze im kollektiven Unbewussten, A.S.) hingewiesen, und dieser seinerseits bedeutet, wie gesagt, die zukünftige Geburt des göttlichen Kindes (des Selbst, A.S.), welches, entsprechend der göttlichen Tendenz zur Inkarnation, den empirischen Menschen zur Geburtsstätte erwählen wird. Dieser metaphysische Vorgang ist der Psychologie des Unbewussten als *Individuationsprozess* bekannt« (GW 11, § 755).

In Jungs Ausführungen wird wohl besonders dessen letzte Bemerkung, die den metaphysischen Vorgang der Individuation parallel setzt, Widerspruch erregen. Verschiedene Theologen haben dagegen den Vorwurf erhoben, dass die Angelegenheiten des Glaubens damit in unzulänglicher Weise mit empirischen Tatsachen vermischt würden. Doch, so ist zu fragen, wie soll das Göttliche erfahren werden, wenn nicht in der und durch die Wirklichkeit der Psyche? Dem Menschen bleibt, wie Meister Eckhart erkannt hat, nur diese Möglichkeit: die Gottesgeburt *in sich selbst* wahrzunehmen. Das ist die unumgängliche Konsequenz der fortschreitenden Inkarnation Gottes, die mit Christus angehoben hat, jenes Begehrens Gottes, sich auf den Menschen verbindlich einzulassen. Die psychologische Erklärung rüttelt in keiner Weise am Geheimnis dessen, was sie erklärt. Sie stellt nur fest, dass diese Prozesse beobachtet werden können, woraus gewisse Strukturen und Bilder der Ganzheit resultieren, die in ihrem symbolischen Gehalt von numinoser Wirksamkeit sind.

Das Selbst, für welches das göttliche Kind, neben vielen andern, eine mögliche Darstellungsform ist, stellt, wie jedes *Symbol*, einen letztlich unbekannten Tatbestand dar. Im vorliegenden Zusammenhang des Hierosgamos und der daraus resultierenden Geburt bezeichnet es den teleios anthropos des Paulus (1 Korinther 2,6), den vollständigen Menschen, der aus einer irrationalen Vereinigung hervorgeht, wie sie der Apostel in seiner Begegnung mit Christus erfahren hat und wie sie dem heutigen Menschen in der Konfrontation des Bewusstseins mit dem Unbewussten widerfahren kann.

Im Deus absconditus ist diese Vereinigung der Gegensätze schon immer angedeutet worden, doch blieb diese vor den Entdeckungen der Psychologie des Unbewussten mehr oder weniger im Dunkeln. Angesichts des apokalyptischen Ausmaßes des Zerstörungspotentials, seien es die Gefahren der Umweltzerstörung oder diejenigen der martialischen Waffensysteme, mit denen der heutige Mensch konfrontiert ist, wird die *bewusste* Zuwendung zur Gegensatzproblematik eine vordringliche Aufgabe. Jung war, wie Marie-Louise von Franz schreibt, davon überzeugt, »dass jeder Einzelne, der damit anfängt, sich mit dem Bösen in sich selbst auseinander zu setzen einen wirkungsvollen Beitrag zur Rettung der Welt leistet, als äußere idealistische Machenschaften es tun können.«[263] Dabei geht es nicht nur um die Einsicht in den persönlichen Schatten, sondern auch um ein Ringen mit der dunklen Seite Gottes oder des Selbst.

Durch die Aufnahme der Gottesmutter in die bisher rein männliche Domäne der göttlichen Sphäre ist der Archetyp der Göttin belebt worden. Das erweckt die Hoffnung, dass das weibliche Prinzip künftig mehr Beachtung finden könnte. So weit ich sehe, stellt dieses, wegen seiner Affinität zum Eros, die einzige Möglichkeit dar, die Gegensätze in einem schöpferischen und mit dem Gefühl verbundenen Akt miteinander zu versöhnen.

Damit ist das Motiv der *coniunctio* berührt, der Hochzeit des Lammes, mit welcher die Offenbarung des Johannes schließt. Bei dieser wahrscheinlich höchsten Stufe der Individuation geht es, wie Marie-Louise von Franz sagte,»um eine *unio mystica* mit dem Selbst, welche als Einswerdung der kosmischen Gegensätze erlebt wird«[264]. Jung beschreibt in den »Erinnerungen«, im Rückblick auf die Zeit nach seinem Herzinfarkt im Jahre 1944, ein mystisches Erlebnis, für das ihm immer wieder die Worte fehlen. »Ich fühlte mich, als ob ich im Raum schwebte, als ob ich im Schoß des Weltraumes geborgen wäre – in einer ungeheuren Leere, aber erfüllt von höchstmöglichem Glücksgefühl« (Er. 297). Die Hochzeit selbst entzieht sich jeder Beschreibung, sodass Jung nur die »unbeschreibbaren Seligkeitszustände« andeuten kann, die er dabei erfahren hat.

Wohl »nur wenige Menschen erleben heute diese Stufe der Individuation, aber es ist das treibende Motiv hinter aller auch mehr vordergründigen Bewusstwerdung und hinter allen tiefergehenden Analysen, wo es sich zuerst als Problem der Übertragung und Gegenübertragung manifestiert«[265], wahrscheinlich aber auch das treibende Motiv hinter jeder ernsthaften Liebesbeziehung, in welcher sich zwei Menschen in den Dienst der wechselseitigen Individuation stellen.

Dahinter aber steht, wie mir scheint, der Deus absconditus oder, wie wir vielleicht auch sagen können, die *Dea abscondita*, eine Gottheit jedenfalls, deren Segen und Schrecken die Sehnsucht nach der Vereinigung des Getrennten weckt. Darum schließt die Apokalypse des Johannes nach all den durch die Zornschalen Gottes ausgelösten Katastrophen mit der Hochzeit des Lammes, die keines irdischen Lichtes mehr bedarf, »denn der Lichtglanz Gottes erleuchtet sie« (Offenbarung 21,23).

Anhang

Anmerkungen

1 M.-L. von Franz, Aurora consurgens, in: Mysterium coniunctionis, Ergänzungsband, C.G. Jung, GW 14, 3, Olten ²1982, § 70.
2 Briefe 3 (30.6.1956 an Elined Kotschnig), 42f.
3 Bhagavadgita, 11,38ff. Aus dem Sanskrit übersetzt von R. Boxberger, neu bearbeitet von H. von Glasenapp, Stuttgart 1997.
4 Briefe 3, 30.6.1956, 42.
5 Vgl. etwa: Jung, Briefe 3, (2.7.1960) 323.
6 Briefe 3, 42 (Hervorhebung AS).
7 Jung, GW 18,2, § 1539.
8 M.-L. von Franz, Der unbekannte Besucher in Märchen und Träumen, in: Archetypische Dimensionen der Seele, Einsiedeln 1994, 73. Zum Folgenden ebenda, 72f.
9 R C. Zaehner, Der Hinduismus. Seine Geschichte und Lehre, Goldmann Verlag, 1986, 39.
10 Ebenda, 40 (Hervorhebungen A.S.). Zu Shiva als Gott, der schlechthin alle Gegensätze in sich vereint (coincidentia oppositorum), vgl. Bettina Bäumer, Abhinavagupta – Wege ins Licht, Zürich 1992, 41ff.
11 Zu Isis: Maria Münster, Untersuchungen zur Göttin Isis im Alten Reich bis zum Ende des Neuen Reiches, in: Münchner Ägyptologische Studien 11, Berlin 1968; zu ihrer Auffassung als Zauberin, 192ff. Zum Mythos »Die List der Isis« siehe: E. Brunner-Traut, Altägyptische Märchen, Köln ⁶1983, 115ff.
12 Zu Mercurius vgl. Jung, Der Geist Mercurius, GW 13, sowie: ders., GW 12, § 404, 460 u.ö.
13 Pseudo(?)-Philon, Über die Gottesbezeichnung »wohltätig verzehrendes Feuer«, übersetzt von F. Siegert, Drei hellenistisch-jüdische Predigten. Wissenschaftliche Untersuchungen zum Neuen Testament 20, Tübingen 1980, 84ff.
14 K. Kerényi hat ihm eine schöne Studie, Der göttliche Arzt. Studien über Asklepios und seine Kultstätte, Basel 1948, gewidmet.

15 Vgl. dazu Marie-Louise von Franz, Nike und die Gewässer der Styx, in: Archetypische Dimensionen der Seele, Einsiedeln 1994, 302f.
16 Die folgenden Seitenangaben beziehen sich auf die im Insel-Verlag erschienene Ausgabe von 1962, R.M. Rilke, Gesammelte Gedichte, Frankfurt a. M. 1962.
17 M.-L. von Franz, Nike, 303.
18 Zitiert nach: Jung, GW 12, § 386.
19 C.G. Jung, GW 12, § 384. Siehe: Rosarium philosophorum. Ein alchemisches Florilegium des Spätmittelalters, Faksimilie der illustrierten Erstausgabe, Frankfurt 1550, herausgegeben und erläutert von J. Telle, ins Deutsche übersetzt von L. Claren und J. Huber, Bd. 1, p. 29 und Bd. 2, 30.
20 H. Zimmer, Philosophie und Religion Indiens, Frankfurt a. M. 1973, 139f.
21 H. Zimmer, ebenda, 50; R.C. Zaehner, Hinduismus, 3. Kapitel, 63ff.
22 Zit. nach: H. Zimmer, ebenda, 346. Bhagavadgita, 2,47.
23 M.-L. von Franz, GW 14,3, § 246; vgl auch § 465.
24 »Die Prophetin Isis an ihren Sohn Horus«, Codex Marcianus, in: M. Berthelot, Alch. grecs, I, XIII, 1ff., p. 28ff.; zur Deutung siehe: M.-L. von Franz, Alchemy. An Introduction to the Symbolism and the Psychology, Toronto 1980.
25 Übersetzung aus dem Englischen nach: M.-L. von Franz, Alchemy, 46f.
26 Rosarium philosophorum, 17.
27 Briefe an F.X. Kappus, 12.8.1904, Briefe, Frankfurt a. M. 1950, Tb. 1987, Bd. 1, 97 f.
28 Jung GW 9,2, § 252; 14,2, § 15 und § 346.
29 In dieser Vorstellung ist die ganze Lehre der Upanishaden in nuce enthalten. »Wie diese Beziehung im Einzelnen zu verstehen war und welchen Raum – wenn überhaupt – sie Gott beließ: dieses Problem sollte den klassischen Hinduismus ununterbrochen beschäftigen« (R.C. Zaehner, Hinduismus, 56).
30 H. Zimmer, 303f. Tat twam asi: Das bist du, worin »das« (tat) das ewige und grenzenlose Selbst bezeichnet. Ders., Der Weg zum Selbst. Lehre und Leben des Shir Ramana Maharshi, München ^{7}1991, 99.
31 M.-L. von Franz, Die alchemistische Makrokomos-Mikrokosmos-Idee im Lichte der Jungschen Psychologie, in: Psyche und Materie, Einsiedeln 1988, 205. Jung gebrauchte dafür später (1946) den Begriff des Psychoiden. (GW 8, § 417) Vgl. auch: M.-L. von Franz, Einige Überlegungen zur Synchronizität, in: Psyche und Materie, 305.
32 D.T. Suzuki, Koan, Der Sprung ins Grenzenlose (Essays on Zen Buddhism), Bern, München, Wien ^{2}1994, 9ff.

33 H. Khunrath, Vom hylealischen Chaos der naturgemäßen Alchymiae und Alchymisten, Nachdruck der Frankfurter Ausgabe von 1708, Graz 1990, 139.
34 Bes. GW 9, 2, Aion und M.-L. von Franz, Nike und die Gewässer der Styx, in: Archetypische Dimensionen der Seele, 284 ff.
35 Luther Deutsch. Die Werke Luthers in Auswahl, Hg. von Kurt Aland, 10 Bde., Göttingen 1991; Bd. 1, 201 (WA 56, 376), Vorlesung über den Römerbrief.
36 In: Archetypische Dimensionen der Seele, 284ff.
37 Lao-tse, Tao te king, Übersetzung von V. von Strauss, Manesse Verlag, Zürich 1959.
38 Jaques Lusseyron, Das wieder gefundene Licht, München ^{6}1994, 212.
39 G. Ebeling, Dogmatik des christlichen Glaubens, Bd. III, Tübingen 1979, 488.
40 Zur sumerischen Inanna und zur sumero-babylonischen Innanna-Ischtar: vgl. A. Schweizer, Das Gilgamesch-Epos. Die Suche nach dem Sinn, München 1997, II. Teil: Inanna-Ischtar – eine unmütterliche Göttin, 124ff; zum Folgenden: L. Perlitt, Die Verborgenheit Gottes, in: H.W. Wolff (Hg.), Probleme biblischer Theologie, FS G. von Rad zum 70. Geb., München 1871, 367f.
41 A. Falkenstein/W. von Soden, Sumerische und akkadische Hymnen und Gebete, Artemis Verlag Zürich, 1953, 328-333.
42 Vgl. Perlitt, ebenda, 372.
43 C.G. Jung, Nietzsche's Zarathustra, Reprinted London 1994, Vol. 1, p. 555, Übersetzung aus dem Englischen AS.
44 Zum Folgenden: M. Granet, Das chinesische Denken, dtv 4392, München 1980, 86ff.
45 H. Zimmer, Philosophie und Religion Indiens, 21ff.
46 H. Zimmer, ebenda, 26.
47 Atharva-Veda, 10,8; zit. Nach: R.C. Zaehner, ebenda, 55f.
48 R.C. Zaehner, ebenda, 55.
49 »Wer das brahman im Menschen kennt, kennt den höchsten Gott.« (Atharva-Veda, 10,7.17); zit. nach: R.C. Zaehner, ebenda 53.
50 Die Einwanderung von nomadisch-arischen Rinderhirten aus Nordwesten nach Indien fand vermutlich im 2. Jahrtausend v. Chr. statt. Nach anfänglicher Unterdrückung der alten religiösen Traditionen kam es schon bald zu einer eigentlichen Wiedergeburt derselben und zu einer fruchtbaren Verbindung von beiden.
51 H. Zimmer, ebenda, 222.
52 J. Miles, Gott. Eine Biographie, München, Wien 1996, 51.
53 In diesem Sinn ist H.G. Gadamers Begriff der Wirkungsgeschichte zu verstehen. In: Hermeneutik I, Wahrheit und Methode, Grundzüge ei-

ner philosophischen Hermeneutik, Bd. 1, Tübingen 1986. Vgl. A. Schweizer, Gilgamesch, Wissenschaftliches Nachwort, 234ff.
54 Zur jüdischen Weisheitslehre vgl.: G. von Rad, Weisheit in Israel, Neukirchen ³1985. Ich verweise für das Folgende auf dieses grundlegende Werk.
55 Plotin, Die Natur, die Betrachtung und das Eine, in: R. Harder, Plotins Schriften, Bd. III, 30, S. 9 (Enn. III,8,4).
56 H. von Beit, M.-L. von Franz, Symbolik des Märchens, Bd. I, 396.
57 G. von Rad, Weisheit, 92-95.
58 P. Volz, Das Dämonische in Jahwe, Tübingen 1924. Den Hinweis auf dieses Buch sowie andere wichtige Anregungen verdanke ich meinem Kollegen Dr. René Malamud.
59 P. Volz, ebenda, 18.
60 Bereschit Rabba XXXIX,6; zit. nach: GW 9,2, § 108.
61 H. Khunrath, Chaos, 166.
62 Hom. 8, 22,4-23,1, zit. nach: G. Quispel, Makarius, das Thomasevangelium und das Lied von der Perle, Leiden 1967, 59f.
63 Philo, Legum Allegoriae III,69: »Er wusste wohl, dass der dermatinos ogkos (die lederne Last), unser Körper böse ist und arglistig der Seele gegenüber und ein Leichnam und für ewig tot.« Zit. nach: G. Quispel, ebenda, 53.
64 Rosarium, Bd. 2,17: »Du sollst freilich wissen, dass die Kunst der Alchemie eine Gabe des Heiligen Geistes ist.«
65 H. Khunrath, Chaos, 25.
66 H. Khunrath, Chaos, 242.
67 Vgl. dazu: M.-L. von Franz, Wissen aus der Tiefe, 27f.
68 Dorneus, Speculative philosophia, in: Theatrum chemicum (1602) I, p. 266; zit. nach: GW 14,2, § 14.
69 Die Bhagavadgita, Sanskrittext mit Einleitung und Kommentar von S. Radhakrishnan. Mit dem indischen Urtext verglichen und ins Deutsche übersetzt von S. Lienhard, Baden-Baden 1958, 172. Zum tremendum angesichts der Schau Krishnas, Bhagavadgita 11,23f.; ebenda 318.
70 Rosarium Bd. 2,31. »Für den, der in diese Kunst und in diese geheime Wissenschaft eingeführt werden will, gebührt es sich, dass er das Laster des Hochmuts von sich vertreibe und fromm, rechtschaffen und von tiefem Verstand sei, ferner menschlich zu Menschen und von heiterem Antlitz und fröhlich, immer bestrebt, freundlich zu grüßen ... Mein Sohn! Vor allem anderen mahne ich dich, Gott zu fürchten.« (29f.).
71 Zu dieser Deutung als Sphingen vgl.: O. Kehl, Mit Cherubim und Serafim, in: Bibel heute, 4/1992,173.
72 Vgl. dazu C.G. Jung, Antwort auf Hiob, GW 11, § 739.
73 Dazu W. Dietrich und M.A. Klopfenstein (Hrsg.), Ein Gott allein?

Jhwe-Verehrung und biblischer Monotheismus im Kontext der israelitischen und altorientalischen Religionsgeschichte, Freiburg 1994.

74 Vgl. R. Alberts, Der Ort des Monotheismus in der israelitischen Religionsgeschichte, in: Ein Gott allein?, 92f. Das in sich geschlossene Bild des Alten Testamentes von Jahwe, der sein Volk aus Ägypten herausgeführt hat, wurde erst sekundär, d.h. nach dem Exil, auf die gesamte Geschichte Israels projiziert. Aus historischer Sicht ist es »kaum berechtigt, weiterhin von der Historizität der Erzväter zu reden oder vom Aufenthalt Israels in Ägypten oder von der Wüstenzeit. Die alttestamentlichen Überlieferungen, die diesen Epochen gewidmet sind, ... sind Fiktionsliteratur, nicht Geschichtsquellen.« N.P. Lemche, Kann von einer »israelitischen Religion« noch weiterhin die Rede sein? Perspektiven eines Historikers, in: Ein Gott allein?, 63f.

75 Ein Schritt, den bekanntlich die Gnostiker gemacht haben.

76 C.G. Jung, GW 9,2, § 74. Zur Gesamtproblematik § 68ff.

77 Zur Problematik von Ost und West vgl.: C.G. Jungs Kommentar zu Richard Wilhelms Veröffentlichung »Das Geheimnis der goldenen Blüte«, GW 13.

78 S. Radhaskrishnan, ebenda, 207.

79 Zu Gottes Mütterlichkeit, S. Heine, Wiederbelebung der Göttinnen?. Zur systematischen Kritik einer feministischen Theologie, Göttingen 1987, 32ff.

80 Abgesehen von der kurzen Episode unter dem ägyptischen Pharao Echnaton, nach welcher sich der monotheistische Gedanke nicht nachhaltig durchzusetzen vermochte. Zu Echnatons Monotheismus: E. Hornung, Echnaton. Die Religion des Lichts, Zürich 1995, bes. 97ff.; sowie: A. Schweizer, Echnatons Sonnenglauben. Die religiöse Dimension der Bewusstwerdung, in: Analytische Psychologie 1991, 201-228.

81 Das Hitpael mistatter hat reflexive oder Intensiv-Bedeutung.

82 Vgl. etwa M. Dijkstra, Zur Deutung von Jesaja 45,15ff., in: ZAW 89 (1977), 215-222; klarer dagegen: L. Perlitt, 381f.

83 Vgl. dazu: A. Schweizer, Das Gilgamesch-Epos, 100 und 163.

84 Schon lange vor dem Exil sind solare Elemente in die Jahwereligion eingeflossen. So war der vorisraelitische Jerusalemer Tempel ein Sonnentempel (vgl. 1 Kg 8,12). Zwar hat Jahwe die Sonnengottheit aus deren Heiligtum verdrängt, gleichzeitig aber deren Züge weitgehend übernommen. So wandelte sich der Gott der Israeliten von einem lokal verehrten kriegerischen Wüstengott der südlichen Wüste zu einem Wetter- und Sonnengott und wurde zum Schöpfer und Erhalter der Erde. Am schönsten sind all diese Züge seines Wesens in Psalm 104 vereinigt. (O. Kehl, Chr. Uehlinger, Jahwe und die Sonnengottheit von Jerusalem, in: Ein Gott allein?, 269-306. Ebenso: H. Niehr, Jhwh in der Rolle des Baalschamem, ebenda, 307-326 u.a.)

85 Aus psychologischer Sicht vgl. A. Schweizer, Seelenführer durch den verborgenen Raum, München 1994
86 S. Heine, Wiederbelebung der Göttinnen? Zur systematischen Kritik einer feministischen Theologie, Göttingen 1987, 65ff. »Von der Gewalttätigkeit des Eros«.
87 Die christliche Lehre von Gott als dem absolut Guten bzw. die Auffassung vom Bösen als Abwesenheit des Guten, wodurch ihm keine Realität eingeräumt wird. Siehe dazu: GW 9,2, § 68 ff.
88 Philo von Alexandria, Legum Allegoriae III,69. Philo mit englischer Übersetzung von F.H. Colson in 10 Bänden, Bd. I, 346f., London 1962.
89 Siehe dazu: A.F. Segal, Paul the Convert, The Apostolate and Apostasy of Saul the Pharasee, London 1990, 41ff.
90 Siehe: K. Vorländer, Philosophie des Altertums. Geschichte der Philosophie I, 1966, 178.
91 E. Norden, Agnostos theos, Leipzig-Berlin, 1913, 97: »Der Hellene sucht seine Weltanschauung auf spekulativem Wege, ... sein Ziel war intellektuelles Begreifen auf verstandesmäßigem Wege, das mystisch-ekstatische Element ist wenigstens im Prinzip ausgeschaltet. Der Orientale erwirbt sich seine Gotteserkenntnis nicht auf dem Wege der Spekulation, sondern ein in der Tiefe der Seele schlummerndes und durch ein religiöses Bedürfnis erwecktes Gefühlsleben lässt ihn zu einer Einigung mit Gott gelangen ... so tritt Glauben und erleuchtetes Schauen an die Stelle von Wissen und Begreifen, ein tiefinnerliches Erlebnis an die Stelle der Reflexion ...«.
92 Apostelgeschichte 9,1-19; 22,1-21; 26,12-23.
93 Galater 1,16f.; dann 1 Korinther 9,1; 15,8-10 und Philipper 3,4-11. Siehe dazu: A.F. Segal, ebenda, 3ff.
94 Vgl. M.-L. von Franz, Die Visionen des Niklaus von Flüe, Zürich ²1959, 18.
95 Zit. nach: W. Schneemelcher, Neutestamentliche Apokryphen, Bd. I, Tübingen ⁵1987, Das koptische Thomasevangelium, 102. Vgl. J. Leipoldt, Das Evangelium nach Thomas, Koptisch und Deutsch, Berlin 1967.
96 Zit. nach: E. Pagels, Versuchung durch Erkenntnis, Die gnostischen Evangelien, suhrkamp taschenbuch, Frankfurt a. M. 1987, 207.
97 GW 8, § 389. Hier stellt Jung erstmals (1946) die Hypothese multipler Luminositäten des Unbewussten auf. Kap. F: Das Unbewusste als multiples Bewusstsein.
98 So die befreiende These des Buches von Alan F. Segal, Paul the Convert. Wie die Funde der Schriften von Qumran zeigen, haben die jüdisch-mystischen Strömungen bereits in den ersten Jahrhunderten vor Christus begonnen.

99 Dazu: A.F. Segal, 34ff. und Anm.5, p. 313. Segal spricht von der merkabah-Mystik, das ist die Thronwagen-Mystik, die auf die Vision von Ezechiel 1 zurückgeht. »In this general atmosphere (der merkabah-Spekulationen, AS), Paul is an important witness to the kind of experience that apocalyptic Jews were reporting and an important predecessor to merkabah mysticism« (p. 40).
100 Das Buch Henoch 60,10. E. Kautzsch, Die Apokryphen und Pseudoepigraphen des Alten Testaments, Tübingen 1900, Bd.2, 269.
101 Vgl. auch Henochs Himmelfahrt und Einsetzung zum Menschensohn, Henoch 71.
102 Zit. nach: E. Pagels, Gnosis, 72.
103 M. Berthelot, Alch. Grecs, I,XIII, p. 28ff. Siehe M.-L. von Franz, Alchemy, p. 43ff., wo die Verfasserin ausführlich auf diesen Text eingeht.
104 Syrische Baruchapokalypse 51, 5. E. Kautzsch, ebenda, Bd. 2, 431.
105 Ich verdanke diesen Hinweis dem Vortrag von A. Schimmel, Liebe – sinnlich und übersinnlich, gehalten an der Eranos Tagung in Ascona am 17.8.1997.
106 Vgl. dazu S. Radhakrishnan's Kommentar sowie R.C. Zaehner, Hinduismus, 99ff.
107 Zum Folgenden: G. Sellin, Das »Geheimnis« der Weisheit und das Rätsel der »Christuspartei« (zu 1 Korinther 1-4) in: ZNW, 73. Band, 1982, 69-96; sowie U. Wilckens, Weisheit und Torheit, Tübingen 1959; ders., Zu 1 Korinther 2, 1-16, in: Theologia crucis – signum crucis, FS E. Dinkler, 501-537. Zur paulinischen Theologie des Kreuzes: H. Weder, Das Kreuz bei Paulus. Ein Versuch, über den Geschichtsbezug des christlichen Glaubens nachzudenken, Göttingen 1981. In der Frage des religionsgeschichtlichen Hintergrundes von 1 Korinther 1-4 schließe ich mich Sellin an. Mit der Apollos-Partei sind nicht gnostische Strömungen gemeint, sondern die hellenistisch-jüdische Weisheitslehre im Sinne Philos.
108 Zit. nach: C.G. Jung, ETH Lectures Alchemy, p. 162.
109 H. Weder, Neutestamentliche Hermeneutik, Zürich 1986, 87. Zum paulinischen Begriff der Sünde: ders., Gesetz und Sünde, in: NTS (New Testament Studies) 31, 1985, 356ff.
110 Teresa von Avila, Seelenburg, 141.
111 M.-L. von Franz, Psyche und Materie in Alchemie und moderner Wissenschaft, in: Psyche und Materie, 181.
112 K. Ruh, Meister Eckhart, München 1985, 55ff.
113 K. Ruh, ebenda, 87.
114 Vgl. R. Harder, Plotin, Frankfurt 1958, 20f.
115 Plotin, Das Gute (das Eine), in: Plotins Schriften, übersetzt von R. Harder, Hamburg 1956, Bd. I, 9,26f., S. 183 (Enn. VI,9,4).

116 G. Ebeling, Einführung in sein Denken, Tübingen ⁴1981, 89.
117 G. Ebeling, ebenda, 87f.
118 K. Ruh, Meister Eckhart, 49f.
119 K. Ruh, ebenda, 50.
120 Dâ diu crêatûre endet, dâ beginnet got ze sînne. Nû begert got niht mê von dir, wan daz dû dîn selbes ûzgangest in crêatiurlîcher wîse und lâzest got got in dir sîn. (Eckhart, DW 1,92,7-9.) – »Wo die Kreatur endet, da beginnt Gott zu sein. Nun begehrt Gott nichts mehr von dir, als dass du aus dir selbst ausgehest deiner kreatürlichen Seinsweise nach und Gott Gott in dir sein lässt.« In: J. Quint, Meister Eckehart, Deutsche Predigten und Traktate, München ⁵1978, Pred. Nr. 6, 180.
121 H. Khunrath, Chaos, 17. Mit der Christusanalogie des Lapis hat sich Jung an verschiedenen Stellen seines Werkes auseinander gesetzt. Vgl. etwa GW 12, § 447ff.: »Die Lapis-Christus-Parallele«; GW 13, § 143 u.a.
122 M.-L. von Franz, Aurora, Jung, GW 14,3, § 249.
123 Rosarium philosophorum, Bd. 2, 147.
124 Dazu: Alois M. Haas, Johannes Tauler, Vom unaussprechlichen Abgrund Gottes, in: Sermo mysticus, Studien zu Theologie und Sprache der deutschen Mystik, Freiburg 1979, 274; sowie H.J. Genthe, Martin Luther, Sein Leben und Denken, Göttingen 1996, 107f.
125 G. Ebeling, Luther, 24.
126 Zu Luther und seiner Berührung mit der Mystik vgl. R. Schwarz, Mystischer Glaube. Die Brautmystik Martin Luthers, in: W. Böhme (Hg.), Zu dir hin. Über mystische Lebenserfahrung. Von Meister Eckhart bis Paul Celan, Frankfurt a. M. ²1989, 125ff.
127 W. Nigg, Große Heilige, Zürich ⁶1958, 244.
128 Margareta Porete, Der Spiegel der einfachen Seelen, Wege der Frauenmystik, übertragen und mit einem Nachwort und Anmerkungen versehen von Louise Gnädinger, Zürich und München 1987. [M = Miroir des simples âmes. Die erste Ziffer bezieht sich auf das Kapitel, die zweite auf die Seitenangabe.]
129 G. Ebeling, Luther, 160.
130 Ich zitiere Tauler nach der Übersetzung von G. Hofmann, Johannnes Tauler, Predigten , 2 Bde., mit einer Einführung von Alois M. Haas, Einsiedeln 1987. H = Hofmann; die erste Zahl bezieht sich auf die Nummer der Predigt, die zweite auf die Seitenangabe.
131 Ebeling, Luther, 229; WA 5, 163, 28
132 Dazu und zum Folgenden: Kurt Ruh, Geschichte der abendländischen Mystik, Bd. II, Frauenmystik und Franziskanische Mystik der Frühzeit, München 1993, 366ff.
133 A. Hilka, Altfranzösische Mystik und Beginentum. Zs. f. rom. Philol. 47 (1927), S. 160; zit. nach: K. Ruh, Geschichte, 368. Zum Folgenden: ebenda, 367.

134 Der Gedanke der Vergöttlichung der Seele wird traditionell auf 1 Johannes 3,1-3 zurückgeführt.
135 Weitere Stellen, wo die mystische Erfahrung zur Sprache kommt, sind: M 82, 127; 117, 169. Doch im Allgemeinen zieht Marguerite wie Paulus es vor, darüber zu schweigen.
136 Zur Geschichte der Lehre von der Gottesgeburt im Menschen vgl. Hugo Rahner, Die Gottesgeburt. Die Lehre der Kirchenväter von der Geburt Christi im Herzen der Gläubigen, in: Zs. f. kath. Theol. 1935, 333-418.
137 Lukashomilie 21. Zit. nach H. Rahner, ebenda, 253.
138 Jeremiashomilie, 9,4; zit. nach H. Rahner, ebenda, 358. Im Folgenden berufe ich mich auf Rahner.
139 Ps.-Chrysostomus, zit. nach: H. Rahner, ebenda, 367f.
140 Vgl. dazu: H. Rahner, ebenda, 383ff.
141 De virginitate 4,20; zit. nach: H. Rahner, ebenda, 387.
142 Für die weitere Entwicklung der abendländischen Mystik über Johannes Scotus Eriugena, Bernhard von Clairvaux und Richard von Sankt Viktor verweise ich auf H. Rahner, ebenda, 393ff., sowie auf den Anhang in L. Gnädingers Ausgabe des »Spiegels«, 240ff.
143 Dazu K. Ruh, Geschichte, 357f.
144 Dionysius Areopagita, De Divinis Nominibus, übersetzt von J. Stiglmayr, in: Bibliothek der Kirchenväter, Zweite Reihe, Bd. II, Kösel Verlag München 1933, I,1, 19.
145 Apostelgeschichte 9,3 und 2 Korinther 12,2-4.
146 Dazu L. Gnädinger, Spiegel, Anm. 126.
147 La vraye cognoyssance qu'elle a de la pouvreté d'elle mesmes. (M 23, 52; Anm. 48)
148 Shizuteru Ueda, Die Gottesgeburt in der Seele und der Durchbruch zur Gottheit, Gütersloh 1965, 43f.; Zitat: Pf. 158,7.
149 Das ist paulinische Theologie, wie sie im so genannten Philipperhymnus zu Wort kommt: Philipper 2,7f. »indem er (Jesus Christus) Knechtsgestalt annahm (ekenosen) und den Menschen ähnlich wurde ..., erniedrigte er sich selbst und wurde gehorsam bis zum Tode, ja, bis zum Tode am Kreuz.«
150 Inner City Books, Toronto 1999, 106f.
151 Dazu und zum Folgenden: Paul Michel, »Formosa deformitas«, Bewältigungsformen des Hässlichen in mittelalterlicher Literatur, Bonn 1976, 17.
152 Enn. IV, 8,2 und 3, R. Harder, Plotins Schriften, Bd. I, 134f. Wie Plato (Georias 493a; Kratylos 400c) sieht Plotin den Leib als Fessel und Grab der Seele. Siehe: P. Michel, ebenda, 83f. Plotin schreibt in seinem Werk »Über das Schöne«: »So dürfen wir wohl mit Recht die Hässlichkeit der Seele als eine fremde Beimischung, eine Hinwendung

zum Leib und Stoff bezeichnen ... entfernt man nur die Schlacke, so bleibt das Gold zurück und ist schön, sobald es vom Fremden losgelöst nur mit sich selbst zusammen ist; so ergeht es auch der Seele: löst sie sich von den Begierden, die sie durch zu innige Gemeinschaft mit dem Leib erfüllen, befreit sie sich von den andern Leidenschaften und reinigt sich von Schlacken der Verkörperung und verweilt allein mit sich, dann hat sie das Hässliche, das ihr aus einem fremden Sein kommt, (gänzlich) abgelegt« (Enn. I,6,5, in: R. Harder, Bd. 1, 13ff.).

153 Wenn Paulus vom natürlichen (sarkikos) und vom geistigen (pneumatikos) Menschen spricht, so ist damit keinerlei Körperfeindlichkeit verbunden, weil beide zum ganzen Menschen gehören, wie der Apostel ja auch die Auferstehung des Leibes (sarx), das heißt eben des ganzheitlichen Menschen erwartet.
154 A.M. Haas, »Die Arbeit der Nacht«, Mystische Leiderfahrung nach Johannes Tauler, in: Mystik als Aussage, Frankfurt a. M. 1996.
155 Zur »Arbeit der Nacht« siehe: A. Haas, ebenda, 411ff. und L. Gnädinger, Johannnes Tauler, Lebenswelt und mystische Lehre, München 1993, 165ff.
156 L. Gnädinger, Tauler, 147ff.; dies., Johannes Tauler, Zeugnisse mystischer Welterfahrung, Olten 1983, 36ff.
157 L. Gnädinger, Zeugnisse, 38.
158 L. Gnädinger, Tauler, 160.
159 Die Schönheit und Lebensfreude, welche die ersten drei Stunden des ägyptischen Unterweltsbuches Amduat prägen, ehe die Sonnenbarke in die finstere Region der von unzähligen Schlangen bewohnten vierten Stunde eintritt, entsprechen der Phase der jubilacio in Taulers Dreierschema. Dazu: A. Schweizer, Seelenführer durch den verborgenen Raum.
160 Siehe auch: A. Haas, Sermo mysticus, 265ff.
161 Vgl. dazu: A. Haas, Sermo mysticus, 278; ders., Nim din selbes war, Freiburg 1971, 110, Anm. 91.
162 A. Haas, Nim din selbes war, 147.
163 Der Anfang in der Übersetzung von Louise Gnädinger, Tauler, 160.
164 A. Schimmel, Jesus und Maria in der isalmischen Mystik, München 1996, 71.
165 Rosarium, Bd. 2, 17.
166 Rosarium, Bd. 2, 30.
167 Rosarium, Bd. 2, 46.
168 Rosarium, Bd. 2, 56.
169 Rosarium, Bd. 2, 157.
170 Dazu und zum Folgenden: C.G. Jung, GW 13, Der philosophische Baum, Kap. B. Das Motiv der Qual, § 439ff.; bes. § 445 sowie § 139, Anm. 216.

171 L. Gnädinger, Tauler, 231.
172 A. Haas, Mystik als Aussage, 441.
173 Ein im Corpus Hermeticum wiedergegebener Schöpfungsmythos mit dem eigenartigen Titel Kore Kosmou besagt, dass »die Ordnung des Himmlischen vollkommener ist als die Ordnung dessen, was darunter liegt ... Deshalb seufzte das Untere voller Furcht angesichts der wunderschönen und ewigen Beständigkeit dessen, was sich über ihm befindet. Es lohnt nämlich die Betrachtung und die damit verbundene Angst, zu sehen, wie sich die Schönheit des Himmels dem noch unbekannten Gott zeigte ... Und so gab es ununterbrochene Furcht und nicht enden wollende Fragen« (Kore Kosmou, Stobaios-Exzerpte XXIII,2f., in: Das Corpus Hermeticum Deutsch, übersetzt und eingeleitet von J. Holzhausen, Stuttgart 1977, 421, Hervorhebungen AS). Wie dieser Text zeigt, ist der seit der Schöpfung der Materie innewohnende agnostos theos (unbekannter Gott) erlösungsbedürftig, eine Erkenntnis, die offenbar einige Furcht auszulösen vermag.
174 Vgl. dazu: M.-L. von Franz, Wissen aus der Tiefe, 27f.
175 Zu Nikodemus siehe: R. Schweizer-Vüllers, Das Bild Gottes. Deutung der mittelalterlichen Legende von der Entstehung des Volto Santo durch Nikodemus, in: Jungiana Reihe A, Bd. 6, Küsnacht 1996.
176 Zit. nach: C.G. Jung, Alchemy, p. 162; Übersetzung aus dem Englischen A.S.
177 Zur Tal-Metaphorik: L. Gnädinger, Tauler, 258ff. Letztlich ist bei Tauler die Demut immer von Christus her begründet: »Beuge dich demütig und innerlich unter das Vorbild des Heilandes, und blicke in dein Nichts, das du bist; je mehr du dich niederbeugest, umso höher wirst du erhoben werden; denn die sich erniedrigen, werden erhöht werden« (H 61, 471).
178 A. Haas, Sermo mysticus, 289f.
179 A. Schimmel, Rumi, 192f.
180 Vgl.: L. Gnädinger, Tauler, 175.
181 D.T. Suzuki, Koan, Der Sprung ins Grenzenlose, ²1994, 97.
182 A. Schimmel, Sonne zur Mitternacht. In: Strukturen des Chaos, Neue Folge Bd. 2, München 1994, 18.
183 Zur Tradition der scintillae animae siehe: K. Ruh, Meister Eckhart, 139-149.
184 F. Blanke, Bruder Klaus von Flüe. Seine innere Geschichte, Zürich 1948, 92f. Zit. nach: Jung, GW 9,2, § 13, Anm. 13.
185 Auch der Osten kennt dieses Phänomen der absoluten Grenze, wo der Sprung in den Tod zum Leben führt. Suzuki beschreibt denjenigen, der sich in diesem Zustand befindet, mit den folgenden Worten: »Er hat das Ende eines Durchgangs erreicht, und vor ihm gähnt ein schwarzer Abgrund. Hier gibt es kein Licht, das ihm den Weg weisen könnte, und um-

kehren kann er auch nicht. An diesem Punkt gibt es nichts mehr zu tun als zu springen – ins Leben oder in den Tod. Vielleicht ist es der sichere Tod, aber so weiterleben wie bisher, ist gänzlich unmöglich. Und in dieser äußersten Verzweiflung hält irgendetwas ihn doch immer noch zurück; er kann sich dem Unbekannten noch nicht gänzlich ausliefern.« Schließlich bleibt nur die eine Möglichkeit: den Sprung zu wagen und sich in den Abgrund zu werfen. D.T. Suzuki, Koan, 55.
186 L. Gnädinger, Tauler, 395.
187 Vgl. dazu P. Michel, Formosa deformitas, 40ff.
188 R. Schweizer-Vüllers, Die Heilige am Kreuz. Studien zum weiblichen Gottesbild im späten Mittelalter und in der Barockzeit, Bern 1997, 220.
189 Vgl. C.G. Jung, GW 11, Anhang, Olten ²1973, S. 666.
190 »Gloria mundi«, anonymer Text im Museum hermeticum, p. 246f. Zit. nach: Jung, GW 9,2, § 200, Anm. 23. Siehe auch § 191 sowie GW 12, § 446.
191 Ich zitiere nach der Gesamtausgabe in 6 Bänden, Kösel-Verlag, jeweils mit römischer Ziffer den Band, mit arabischer die Seite bezeichnend. Bd. I: Das Leben der Heiligen Teresia von Jesu ⁸1994; Bd. V: Die Seelenburg ⁸1992; Bd. VI: Weg der Vollkommenheit ⁵1990.
192 J.W. Goethe, Wilhelm Meisters Lehrjahre, Hamburger Ausgabe, Bd. VII, ⁷1968, 422.
193 Zur Biographie der Heiligen: W. Nigg, Große Heilige, 207ff.
194 C.G. Jung im Gespräch, Zürich 1986, 198-204.
195 Zuletzt nach der Übersetzung von Erika Lorenz, Der nahe Gott, Freiburg im Br. 1985, 151.
196 R. Schweizer-Vüllers, Die Heilige am Kreuz, 97f. Zum Folgenden: ebenda, 98, Anm. 1.
197 Zur Symbolik der Edelsteine vgl.: A. Schweizer, Das Gilgamesch-Epos, 208ff.
198 Der Ochs und sein Hirte. Eine altchinesische Zen-Geschichte, erläutert von Meister D.R. Ohtsu mit japanischen Bildern aus dem 15. Jh., übersetzt von K. Tsujimura und H. Buchner, ⁶1988, Pfullingen 1988.
199 J. Quint (Hg.), Meister Eckhart, Deutsche Predigten und Traktate, 300. Zum Folgenden, 57.
200 Etwa Jeremia 15,18f.: (Jeremia zu Gott:) Warum ward mein Schmerz denn ewig, ward meine Wunde unheilbar und will nicht gesunden? Wie ein Trugbach wardst du mir, wie ein Wasser, auf das kein Verlass ist! Darum sprach der Herr also: Wenn du umkehrst, darfst du wieder vor mir stehen, und redest du Edles nicht Gemeines, so darfst du mein Mund sein.
201 Blasius Vigenerus, De igne et sale, in: Theatr. chem. VI, p.76. Zit. nach: GW 13, § 445.

202 A.M. Haas, Nim din selbes war, 95.
203 Zit. nach: W. Nigg, Große Heilige, 254. Ich konnte diese Stelle im Original nicht finden.
204 Kritische Gesamtausgabe der Werke D. Martin Luthers, Weimar 1883ff., Weimarana. [WA]. Mit LD bezeichne ich die zehnbändige Ausgabe von Kurt Aland, Luther Deutsch. Die Werke Martin Luthers in Auswahl, Göttingen 1991. Zu Luther allgemein: G. Ebeling, Luther. Einführung in sein Denken, Tübingen ⁴1981 [EL]; ders., Luthers Seelsorge an seinen Briefen dargestellt, Tübingen 1997 [LS]. Wo die Übersetzung eines Lutherzitates von Ebeling stammt, ist dies mit EL bzw. LS + Seitenzahl erwähnt.
205 G. Ebeling, Luthers Seelsorge, 326. Zum Folgenden ebenda: 327ff.
206 G. Ebeling, ebenda, 332.
207 Zur Problematik der theologischen und psychologischen Hermeneutik vgl.: A. Schweizer, Gilgamesch, Zürich 1991, Wissenschaftliches Nachwort, 203-261, bes. 233ff.
208 Das hat Alois M. Haas schön herausgearbeitet. A.M. Haas, Der Kampf um den Heiligen Geist – Luther und die Schwärmer, in: Wolfgang Stammler, Gastprofessur f. germ. Philologie, Heft 7, Freiburg 1997.
209 A.M. Haas, ebenda, 16f.
210 Ebenda, 29.
211 R. Schwarz, Mystischer Glaube, 135, spricht von einer Glaubensmystik, denn »nur der Glaube, nichts anderes, bezeichnet in Luthers Brautmystik die Erlebnissphäre«.
212 Siehe G. Ebeling, Luther, 14f.
213 C.G. Jung, Zarathustra, Vol. 1, p. 703f. Übersetzung aus dem Englischen: A.S.
214 Vgl. dazu: H.J. Genthe, Martin Luther, 94ff.
215 Zur Bedeutung der individuellen Erfahrung für die Neuzeit: W. Mostert, »Erfahrung als Kriterium der Theologie«, in: ZThK, 72. Jg. 1995, 427ff.; besonders 435-437.
216 GW 18, 1, Das symbolische Leben, § 632.
217 H.J. Genthe, ebenda, 113-119. Der Ablasshandel war eine willkommene Möglichkeit der Kirche, die eigenen Finanzen zu sanieren beziehungsweise den eben begonnenen Neubau der Peterskirche in Rom zu finanzieren. Je größer die Geldsumme, umso mehr Bußleistungen wurden dem Spender erlassen.
218 Vgl.: M.-L. von Franz, Wissen aus der Tiefe, 87.
219 C.G. Jung im Gespräch, 199.
220 M.-L. von Franz, Nike, 285.
221 Zum opus alienum, das sich auf Jesaja 28,21 – »seltsam sein (Gottes) Tun! ... befremdlich sein Werk!« – bezieht, vgl.: H.F. Geisser, Zur Hermeneutik der Verborgenheit Gottes, in: Annahme der Endlich-

keit. Aufsätze zur theologischen Anthropologie und zur Dogmeninterpretation, hg. von H.J. Luibl, Zürich 1993, 78f.
222 G. Ebeling, Luther, 261.
223 Zu dieser dem Sokrates zugeschriebenen Sentenz vgl.: E. Jüngel, Quae supra nos, nihil ad nos, in: Entsprechungen: Gott – Wahrheit – Mensch, München 1980, 202-251.
224 G. Ebeling, Dogmatik, Bd. I, 168f.
225 G. Ebeling, Existenz zwischen Gott und Gott, in: Wort und Glaube, II, 1969, 281f.. Zitiert nach: H.F. Geisser, Zur Hermeneutik der Verborgenheit Gottes, 78.
226 G. Ebeling, Dogmatik, I, 256.
227 G. Ebeling, ebenda.
228 G. Ebeling, Dogmatik III, 488.
229 G. Ebeling, Dogmatik III, 486.
230 WA 23, 713. Zu Luthers Konfrontation mit dem Tode: G. Ebeling, Des Todes Tod, in: ZThK 1987, 162-194; Zitat: 178.
231 So Luther in: WA 23, 714; siehe dazu: G. Ebeling, Des Todes Tod, 178.
232 Zit. nach: A. Schimmel, Träume im Islam, in: G. Benedetti, E. Hornung, (Hg.), Die Wahrheit der Träume, Eranos Neue Folge, Bd. 6, München 1997, 39.
233 Vgl. G. Ebeling, Lutherstudien, Bd. II, Disputatio de homine, 3. Teil, Tübingen 1989, 564f.
234 WA 40 II, 330; 29, 672. Predigt vom 26. Dezember 1529, nachmittags.
235 Die Bestimmung des Menschen, Stuttgart 1966, Drittes Buch, Glaube, 126.
236 WA 11, 57, 26; zitiert nach: G. Ebeling, Dogmatik III, 497.
237 WA 41, 37; Predigt 1535; zitiert nach: G. Ebeling, Lutherstudien, Bd. III, 102f. Ebenda auch zum Folgenden.
238 K. Nishitani, Was ist Religion?, Frankfurt am Main 1982, 55.
239 GW 10, § 874. Vgl. auch Briefe I, 432 (22. IX. 1944): »Dieses ›Selbst‹ ist nie und nimmer an Stelle Gottes, sondern vielleicht ein Gefäß für die göttliche Gnade.« sowie GW 11, S. 675.
240 A. Schweizer, Das Gilgamesch-Epos, 63-70.
241 Nikolaus von Kues (Cusanus), Philosophisch-theologische Schriften, herausgegeben von Leo Gabriel, übersetzt von D. und W. Dupré, Bd. I, Wien 1964; Zitate 304f.
242 Cusanus, ebenda, 326-329.
243 G. Ebeling, Dogmatik I, 172.
244 G. Ebeling, Luther, 115.
245 M.-L. von Franz, Die religiöse Dimension der Analyse, in: Psychotherapie, Einsiedeln 1990, 195f.

246 M.-L. von Franz, Das Problem des Bösen im Märchen, 108f.
247 M.-L. von Franz, Die religiöse Dimension der Analyse, 195.
248 M.-L. von Franz, Der verwandelte Berserker: Die Vereinigung psychischer Gegensätze, in: Archetypische Dimensionen, 61.
249 M.-L. von Franz, ebenda, 61f.
250 Mein Kollege Franz-Xaver Jans spricht in seinem gemeinsam mit Leta Vonzun herausgegebenem Buch »Tore zum Licht«, München 1996, viel von der Vernetzung und sieht darin sicher zu Recht ein wesentliches Merkmal der neuen Spiritualität.
251 Edward F. Edinger, Transformation of the God-Image, Inner City Books, Toronto 1992, 61. Jungs Zitat: GW 11, § 617.
252 Vgl. dazu: Jungs Seminarvortrag vom 5. April 1939 in der Guild of Pastoral Psychology, London. In: GW 18,1, § 608ff., bes. § 632-639.
253 So sagt Luther in einer Predigt über das Gleichnis von den törichten und den klugen Jungfrauen (Matthäus 25,1ff.):»Seht, hier im Evangelium nennt Christus alle Christen zusammen ein Gespons oder (eine) Braut, und er ist der Bräutigam« (WA 10 III, 357). Entsprechend seiner Lehre vom Priestertum aller Glaubenden eröffnet sich allen Christen durch die Taufe und in gleicher Weise ein unmittelbarer Zugang zu Gott. Siehe: R. Schwarz, Mystischer Glaube, 127ff.
254 Vgl. dazu ausführlicher: A. Schweizer, Gilgamesch, Wissenschaftliches Nachwort, Die Hypothese vom kollektiven Bewusstsein und die moderne Physik, 223ff.
255 M.-L. von Franz, Der verwandelte Berserker, 65.
256 M.-L. von Franz, ebd., 64f.
257 Susanne Heine, Göttinnen, 77ff.
258 M.-L. von Franz, Rehabilitation der Gefühlsfunktion, 28.
259 S. Heine, Göttinnen, 80.
260 S. Heine, ebenda, 81.
261 Dazu: A. Schweizer, Das Gilgamesch-Epos, II. Teil: Inanna-Ischtar – Eine unmütterliche Göttin. Gedanken zur Dynamik von Leben und Tod, 124-177.
262 Vgl. dazu: M.-L. von Franz, Cat, 79f.
263 Dazu und zum Folgenden: M.-L. von Franz, Die religiöse Dimension der Analyse, 194.
264 M.-L. von Franz, ebenda, 197.
265 M.-L. von Franz, ebenda, 198.

Literaturverzeichnis

Alberts, R., Der Ort des Monotheismus in der israelitischen Religionsgeschichte, in: Ein Gott allein?, Freiburg 1994
Bäumer, Bettina, Abhinavagupta – Wege ins Licht, Zürich 1992
Bernet, Walter, Gebet, Stuttgart 1970
Bhagavadgita, aus dem Sanskrit übersetzt von R. Boxberger, neu bearbeitet von H. von Glasenapp, reclam Stuttgart 1997
Bhagavadgita, Sanskrittext mit Einleitung und Kommentar von S. Radhakrishnan. Mit dem indischen Urtext verglichen und ins Deutsche übersetzt von S. Lienhard, Baden-Baden 1958
Blanke, Fritz, Bruder Klaus von Flüe. Seine innere Geschichte, Zürich 1948
Brunner-Traut, E., Altägyptische Märchen, Köln [6]1983
Corpus Hermeticum Deutsch, übersetzt und eingeleitet von J. Holzhausen, Stuttgart 1977
Cusanus siehe Kues, Nikolaus von
Dietrich, W. und Klopfenstein, M.A. (Hg.), Ein Gott allein?. Jhwe-Verehrung und biblischer Monotheismus im Kontext der israelitischen und altorientalischen Religionsgeschichte, Freiburg 1994
Dijkstra, M., Zur Deutung von Jesaja 45, 15ff., in: ZAW 89 (1977)
Dionysius Areopagita, *De Divinis Nominibus* (pori theion onomaton, übersetzt von J. Stiglmayr, in: Bibliothek der Kirchenväter, Zweite Reihe, Bd. II, Kösel Verlag München 1933
Dorneus, Speculativa philosophia, in: Theatrum chemicum, 1602
Ebeling, Gerhard, Existenz zwischen Gott und Gott, in: Wort und Glaube, II, 1969
ders., Dogmatik des christlichen Glaubens, Bd. III, Tübingen 1979
ders., Luther, Einführung in sein Denken, Tübingen [4]1981
ders., Des Todes Tod, in: ZThK 1987
ders., Lutherstudien, Bd. II, *Disputatio de homine*, 3. Teil, Tübingen 1989
ders., Luthers Seelsorge an seinen Briefen dargestellt, Tübingen 1997
Edinger, Edward F., Transformation of the God-Image, Toronto 1992
Falkenstein, A./W. v. Soden, Sumerische und akkadische Hymnen und Gebete, Zürich 1953
Fichte, J.G., Die Bestimmung des Menschen, Stuttgart 1966
Franz, Marie-Louise von, Die Visionen des Niklaus von Flüe, Zürich [2]1959
dies., Alchemy. An Introduction to the Symbolism and the Psychology, Toronto 1980
dies., Aurora consurgens, in: Mysterium coniunctionis, Ergänzungsband, C.G. Jung, GW 14, 3, Olten [2]1982
dies., Wissen aus der Tiefe, Über Orakel und Synchronizität, München 1987
dies., Die alchemistische Makrokomos-Mikrokosmos-Idee im Lichte der Jung'schen Psychologie, in: Psyche und Materie, Einsiedeln 1988

dies., Einige Überlegungen zum Wesen des Psychischen, in: Psyche und Materie, Einsiedeln 1988

dies., Die religiöse Dimension der Analyse, in: Psychotherapie, Einsiedeln 1990

dies., C.G. Jungs Rehabilitation der Gefühlsfunktion in unserer Zivilisation, in: Jungiana Reihe A, Bd. 3, Küsnacht 1991

dies., Nike und die Gewässer der Styx, in: Archetypische Dimensionen der Seele, Einsiedeln 1994

dies., Der unbekannte Besucher in Märchen und Träumen, in: Archetypische Dimensionen

dies., Das Problem des Bösen im Märchen, in: Archetypische Dimensionen

Gadamer, H.G., Hermeneutik I, Wahrheit und Methode, Grundzüge einer philosophischen Hermeneutik, Bd. 1, Tübingen 1986

Geisser, H.F., Zur Hermeneutik der Verborgenheit Gottes, in: Annahme der Endlichkeit. Aufsätze zur theologischen Anthropologie und zur Dogmeninterpretation, hg. von H.J. Luibl, Zürich 1993

Genthe, Hans Jochen, Martin Luther. Sein Leben und Denken, Göttingen 1996

Glasenapp, H. von, Bhagavadgita, aus dem Sanskrit übersetzt von R. Boxberger, neu bearbeitet von H. von Glasenapp, Stuttgart 1997

Gnädinger, Louise, Johannes Tauler, Zeugnisse mystischer Welterfahrung, Olten 1983

dies., Margareta Porete. Der Spiegel der einfachen Seelen, Wege der Frauenmystik, übertragen und mit einem Nachwort und Anmerkungen versehen von L. Gnädinger, Zürich und München 1987

dies., Johannnes Tauler. Lebenswelt und mystische Lehre, München, 1993

Harder, R., Plotins Schriften, übersetzt von R. Harder, Hamburg 1956ff.

ders., Plotin, Hamburg 1958.

Haas, Alois Maria, Nim din selbes war. Studien zur Lehre von der Selbsterkenntnis bei Meister Eckhart, Johannes Tauler und Heinrich Seuse, Freiburg 1971

ders., Johannes Tauler, Vom unaussprechlichen Abgrund Gottes, in: Sermo mysticus, Studien zu Theologie und Sprache der deutschen Mystik, Freiburg 1979

ders., »Die Arbeit der Nacht«. Mystische Leiderfahrung nach Johannes Tauler, in: Mystik als Aussage, suhrkamp tb, Frankfurt a. M. 1996

ders., Der Kampf um den Heiligen Geist – Luther und die Schwärmer, in: Wolfgang Stammler, Gastprofessur f. germ. Philologie, Heft 7, Freiburg 1997

Heine, Susanne, Wiederbelebung der Göttinnen?. Zur systematischen Kritik einer feministischen Theologie, Göttingen 1987

Hilka, A., Altfranzösische Mystik und Beginentum, Zs. f. rom. Philol. 47 (1927)

Hofmann, G. (Hg.), Johannnes Tauler, Predigten , 2 Bände, mit einer Einführung von Alois M. Haas, Einsiedeln 1987
Hornung, Erik, Echnaton. Die Religion des Lichtes, Zürich 1995
Jans, Franz-Xaver/Vonzun, Leta, Tore zum Licht. Engel sprechen, München 1998
Jung, Carl Gustav, Gesammelte Werke, Olten und Freiburg im Breisgau, 1971ff.
ders., Briefe, Drei Bände, Olten und Freiburg im Breisgau 1972ff.
ders., Nietzsche's Zarathustra, 2 Bände, Reprinted London 1994
ders., C.G. Jung im Gespräch, Zürich 1986
Jüngel, E., Quae supra nos, nihil ad nos, in: Entsprechungen: Gott – Wahrheit – Mensch, München 1980
Kautzsch, E., Die Apokryphen und Pseudoepigraphen des Alten Testaments, 2 Bände, Tübingen 1900
Keel, Othmar, Mit Cherubim und Serafim, in: Bibel heute, 4/1992
ders., Uehlinger, Christoph, Jahwe und die Sonnengottheit von Jerusalem, in: Ein Gott allein?, Freiburg 1994
Kerényi, Karl, Der göttliche Arzt. Studien über Asklepios und seine Kultstätte, Basel 1948
Khunrath, H., Vom hylealischen Chaos der naturgemäßen Alchymiae und Alchymisten, Nachdruck der Frankfurter Ausgabe von 1708, Graz 1990
Kues, Nikolaus von (Cusanus), Philosophisch-theologische Schriften, herausgegeben von Leo Gabriel, übersetzt von D. und W. Dupré, Bd. I, Wien 1964
Lao-tse, Tao te king, Übersetzung von V.V. Strauss, Manesse Verlag, Zürich 1959
Leipoldt, J., Das Evangelium nach Thomas, Koptisch und Deutsch, Berlin 1967
Le Saux, H., Abhishiktananda. Die Spiritualität der Upanishaden, München ²1994
Lusseyron, Jaques, Das wieder gefundene Licht, dtv München ⁶1994
Luther Deutsch. Die Werke Luthers in Auswahl, Hg. von Kurt Aland, 10 Bände, Göttingen 1991
Michel, Paul, »Formosa deformitas«. Bewältigungsformen des Hässlichen in mittelalterlicher Literatur, Bonn 1976
Miles, Jack, Gott. Eine Biographie, München, Wien 1996
Mostert, Walter, »Erfahrung als Kriterium der Theologie«, in: ZThK, 72. Jg. 1995
Münster, Maria, Untersuchungen zur Göttin Isis im Alten Reich bis zum Ende des Neuen Reiches, in: Münchner Ägyptologische Studien 11, Berlin 1968
Nigg, Walter, Große Heilige, Zürich ⁶1958
Niehr, H., Jhwh in der Rolle des Baalschamem, in: Ein Gott allein?

Nishitani, K., Was ist Religion?, Frankfurt am Main 1982
Norden, E., Agnostos theos, Leipzig-Berlin, 1913
Der Ochs und sein Hirte, Eine altchinesische Zen-Geschichte erläutert von Meister D.R. Ohtsu mit japanischen Bildern aus dem 15. Jh. übersetzt von K. Tsujimura und H. Buchner, Pfullingen ⁶1988
Pagels, E., Versuchung durch Erkenntnis. Die gnostischen Evangelien, Frankfurt a. M. 1987
Perlitt, L., Die Verborgenheit Gottes, in: H.W. Wolff (Hg.), Probleme biblischer Theologie, FS G. von Rad zum 70. Geb., München 1971
Philo von Alexandria, mit englischer Übersetzung von F.H. Colson in 10 Bänden (The Loeb Classical Library), Legum Allegoriae, Bd. I, London 1962
Plotin: siehe: Harder, R.
Pseudo-Philon, Über die Gottesbezeichnung »wohltätig verzehrendes Feuer«, übersetzt von F. Siegert, Drei hellenistisch-jüdische Predigten, Wissenschaftliche Untersuchungen zum Neuen Testament 20, Tübingen 1980
Quint, Josef (Hg.), Meister Eckehart. Deutsche Predigten und Traktate, München ⁵1978
Quispel, L., Makarius, Das Thomasevangelium und das Lied von der Perle, Leiden 1967
Rad, Gerhard von, Weisheit in Israel, Neukirchen ³1985
Radhakrishnan, S., Die Bhagavadgita, Sanskrittext mit Einleitung und Kommentar von S. Radhakrishnan. Mit dem indischen Urtext verglichen und ins Deutsche übersetzt von S. Lienhard, Baden-Baden 1958
Rahner, Hugo, Die Gottesgeburt. Die Lehre der Kirchenväter von der Geburt Christi im Herzen der Gläubigen, in: Zs. f. kath. Theol. 1935
Rilke, Rainer Maria, Gesammelte Gedichte, Frankfurt a. M. 1962
ders., Briefe in 3 Bänden, Frankfurt a. M. 1950, Insel Tb
Rosarium philosophorum, Ein alchemisches Florilegium des Spätmittelalters, Faksimilie der illustrierten Erstausgabe, Frankfurt 1550, herausgegeben und erläutert von J. Telle, ins Deutsche übersetzt von L. Claren und J. Huber, Weinheim 1992, Band 1 und 2
Ruh, Kurt, Meister Eckhart, München 1985
ders., Geschichte der abendländischen Mystik, Bd. II, Frauenmystik und Franziskanische Mystik der Frühzeit, München 1993
Schimmel, Annemarie, Sonne zur Mitternacht, in: Strukturen des Chaos, Neue Folge Bd. 2, München 1994
dies., Jesus und Maria in der isalmischen Mystik, München 1996
dies., Träume im Islam, in: G. Benedetti, E. Hornung, (Hg.), Die Wahrheit der Träume, Eranos Neue Folge, Bd. 6, München 1997
dies., Liebe – sinnlich und übersinnlich, Vortrag gehalten an der Eranos Tagung in Ascona am 17.8.1997

Schneemelcher, Wilhelm, Neutestamentliche Apokryphen, 2 Bände, Tübingen ⁶1990/97

Schwarz, R., Mystischer Glaube. Die Brautmystik Martin Luthers, in: W. Böhme (Hg.), Zu dir hin. Über mystische Lebenserfahrung. Von Meister Eckhart bis Paul Celan, Frankfurt a. M. ²1989

Schweizer, Andreas, Gilgamesch. Von der Bewusstwerdung des Mannes, Eine religionspsychologische Deutung, Zürich 1991

ders., Echnatons Sonnenglauben. Die religiöse Dimension der Bewusstwerdung, in: Analytische Psychologie 1991

ders., Seelenführer durch den verborgenen Raum. Das ägyptische Unterweltsbuch Amduat, München 1994

ders., Das Gilgamesch-Epos. Die Suche nach dem Sinn, München 1997

Schweizer-Vüllers, Regine, Das Bild Gottes. Deutung der mittelalterlichen Legende von der Entstehung des Volto Santo durch Nikodemus, in: Jungiana Reihe A, Bd. 6, Küsnacht 1996

dies., Die Heilige am Kreuz. Studien zum weiblichen Gottesbild im späten Mittelalter und in der Barockzeit, Bern 1997

Segal, A.F., Paul the Convert. The Apostolate and Apostasy of Saul the Pharasee, London 1990

Sellin, G., Das »Geheimnis« der Weisheit und das Rätsel der »Christuspartei« (zu 1 Korinther 1-4), in: ZNW, 73. Band, 1982

Suzuki, D.T., Koan. Der Sprung ins Grenzenlose (Essays on Buddhism), Bern, München, Wien ²1994

Theresia von Jesu, Sämtliche Schriften, München:
Bd. 1: Das Leben der Heiligen Theresia von Jesu, ⁸1994
Bd. 2: Das Buch der Klosterstiftungen, ⁴1989
Bd. 5: Die Seelenburg; Gedanken über die Liebe Gottes; Rufe der Seele zu Gott; Kleinere Schriften, ⁸1992
Bd. 6: Weg der Vollkommenheit, ⁵1990

Ueda, Shizuteru, Die Gottesgeburt in der Seele und der Durchbruch zur Gottheit, Gütersloh 1965

Volz, Paul, Das Dämonische in Jahwe, Tübingen, 1924

Vorländer, Karl, Philosophie des Altertums. Geschichte der Philosophie I, 1966

Weder, Hans, Das Kreuz bei Paulus. Ein Versuch, über den Geschichtsbezug des christlichen Glaubens nachzudenken, Göttingen 1981

ders., Gesetz und Sünde, in: NTS (New Testament Studies) 31, 1985

ders., Neutestamentliche Hermeneutik, Zürich 1986

Wilckens, U., Weisheit und Torheit, Tübingen 1959

ders., Zu 1 Korinther. 2,1-16, in: Theologia crucis – signum crucis, FS E. Dinkler, Tübingen 1979

Zaehner, R.C., Der Hinduismus, Seine Geschichte und Lehre, München 1986

Zimmer, Heinrich, Philosophie und Religion Indiens, Frankfurt a. M. 1973

ders., Der Weg zum Selbst, Lehre und Leben des Shir Ramana Maharshi, München ⁷1991

Abkürzungen

BhG   Bhagavadgita

GW   C.G. Jung, Gesammelte Werke

EL   G. Ebeling, Luther, Einführung in sein Denken

Er.   C.G. Jung, Gedanken, Erinnerungen, Träume

Enn.   Plotin, Enneaden

FS   Festschrift

H   G. Hofmann, Johannes Tauler, Predigten, 2 Bände

LD   K. Aland, Luther Deutsch, Die Werke Luthers in Auswahl, 10 Bände

LS   G. Ebeling, Luthers Seelsorge – an seinen Briefen dargestellt

M   Margareta Porete, Mirour des simples âmes. Der Spiegel der einfachen Seelen, hrsg. von L. Gnädinger

Pf.   Meister Eckhart, hrsg. von F. Pfeiffer 1924

WA   Luther, Weimarana, Weimar 1883ff.

Register

A

Abgrund 116, 128, 141, 145, 157, 158, 160
 göttlicher 150, 153
Ablass 204, 205
Ablassthesen 218
Adam 91
 alter 61, 102, 140, 144
Ägypten 17, 53, 70, 77, 186
Aktive Imagination 179
Alchemie 16, 19, 31, 34, 38, 61, 62, 72, 87, 100, 114, 115, 132, 147, 148, 151, 189, 219
 und Mystik 113
Anat 247
Angst 159, 175, 195, 240
Anima 9, 252
 afflictio animae 23
 anima mundi 115
Anthropos 63, 217
Antichrist 194
Antinomie 59
 des Gottesbildes 161
 Gottes 69
 Jahwes 56, 58, 123
Aphrodite 248
Apokalypse
 des Henoch 90
 des Johannes 59, 109-111, 123, 130, 140, 250
Apokalyptik 89
 hell.-jüd. 88
 jüdische 88, 89, 109
Archetyp 38, 99, 243
 at. Ordnungsfaktoren 65
 des göttlichen Arztes 21
 des Selbst 243
 Gott als 243

Archetypenlehre 215
Aristoteles 148
Arjuna 25, 97
Arkansubstanz 34
Armut 119, 122
 geistige 24, 141
Arzt
 göttlicher 17
Askese 185
Atman 32, 50, 97, 229
Aufklärung 165, 206
Aufstieg der Seele 133
Aufstiegsmystik 199
Augustinus 30, 72, 126, 137, 177
Auschwitz 212

B

Babylon 110
Begehren 129, 155, 156
Begierde 91, 137
 sexuelle 91
Beginen 120
Beginenmystik 127
Beginentum 119
Beichtvater 171, 172, 173, 185
Bekehrung 84, 87, 88, 179
Berg 64, 128, 133
Besessenheit 101
 religiöse 178
Bettler 138, 209
Bewusstsein 23, 24, 33, 47, 72, 84, 87, 111, 115, 151, 174, 208, 222, 228
 Differenzierung des 99
 Erhellung des 27, 35
 Hybris des 28, 52, 146
 neuzeitliches 195

277

religiöses 180, 239
Überschwemmung des 89
Bewusstseinseinstellung 171
Bewusstwerdung 11, 29, 33, 52, 218
Bhagavadgita 11, 25, 73, 97, 176
Bilderverbot 62
Blei 189
saturnisches 149
Blitz 37, 46, 127
Blühen 185, 186
Blumen 184, 186
Böhme, Jakob 111, 124
Böse, das 13, 24, 59, 60, 67, 71, 74, 91, 99, 110, 123, 137, 163, 195, 253
Realität des Bösen 130, 215, 252
brahman 31, 38, 229
Braut 9, 115, 131, 185
Christi 248
Gemeinde als Braut Christi 241
Bräutigam 9, 189, 191
Buddha 50, 81
Burg 64

C
Chaos 196
Christentum 13, 52, 132, 200, 252
Christologie 130
Christus 15, 20, 69, 96, 125, 151, 179, 214, 219, 229, 237, 240, 253
als Selbstsymbol 220
gekreuzigter 99, 193
in uns 203, 219, 222
Menschheit Christi 179
Christusbild 99, 180
Einseitigkeit des 219
coincidentia oppositorum 20, 124

complexio oppositorum 19
Cusanus 124, 204, 224

D
Dämonie 56
Jahwes 43, 59, 130
Deflation 175
Demut 73, 128, 175, 209
Depression 46, 149, 152, 189, 244
Deus absconditus 14, 20, 38, 39, 41, 42, 56, 60, 69, 75, 76, 78, 93, 105, 106, 139, 187, 190, 192, 200, 212, 232, 253
als Archetyp 103
als Mercurius 20
bei Luther 216
Geschichte vom 234
in materia 61, 219
Deus gloriosus 211
Deus humanus 211, 218, 220, 223
Deus nudus 213
Deus terrestris 114
Deuterojesaja 73, 74, 79, 95, 207
Dieb 206
Dionysius Areopagita 107, 127, 150, 161, 244
Dirne 70
Dogma 86, 109, 164, 240
Dogma der Assumptio 249
Dogmatismus 73
Dorneus 30, 31, 64, 71, 72, 86, 113, 132, 190, 219, 244
Drache 19, 110
Dunkelheit 114, 213, 217, 251, 252
der Materie 219
Durst 154, 155, 156, 158
Gottes 156
Dynamik
dynamis Christou 94

E

Eckhart 107, 111, 112, 122, 130, 188, 203, 244, 253
Edelstein 137, 219
　in Teresas Vision 181
Edelsteine 64
Einsamkeit 170, 175, 177, 200, 202, 208
　Gottes 208
Einssein mit Gott 153, 154
Einswerden
　mit Christus 97
　mit Gott 122
Elefant 229
Emanationslehre 150
Empedokles 27
Enantiodromie 29, 111, 216
Engel 90, 192, 251
Entfremdung 175
Entrückung 88, 110, 122, 127, 167, 191, 192
Erasmus 200, 206
Erbsünde 252
Erde 110, 153, 163, 170, 180, 201
　heilige 64
Erfahrung 86, 117
　religiöse 159
Erleuchtung 184
Erlöser 67, 125, 180
Erlösung 72, 154, 193
Erlösungswerk Christi 111
Erneuerung 16, 68, 77, 152, 197, 201, 202, 206, 219
　des Zeitgeistes 36
Eros 79, 96, 126, 129, 137, 185, 211, 243, 246, 247, 254
　zum Geistigen 106
Erotik 139
Evangelium 85, 92, 197, 199
　ewiges 230

Exil 58, 68, 70, 76, 140, 168
　babylonisches 43, 66, 75
Ezechiel 12, 68, 81, 84, 140, 181, 235

F

Faust 181
Fegefeuer 142, 164, 166, 194
Fernnahe, der 126, 128, 244
Feuer 34, 44, 58, 114, 129, 164, 191, 228
　Jahwes Zornfeuer 67
　schöpferisches 20
Feuermeer 90
Feuersee 111
Feuertod 205
filius philosophorum 63, 113, 175, 217, 236
filius regius 177
Finsternis 109, 150, 153, 156, 160, 175, 196, 201
　göttliche 149
Fischäon 111
Fleisch 91, 95
Frau 32
　als sündiges Wesen 90
Frauenmystik 111, 119
Freie Geister 120
Freiheit 29, 96, 127, 178, 186, 201, 206
Fremde 74, 77, 154, 171
Furcht 42
　Gottes 15, 238

G

Ganzheit 95, 237, 251, 253
Gebet 43, 45, 67, 127, 177, 179, 182
Geburt 47, 84, 126 s. Gottesgeburt
　göttliche 152

279

Gefäß 182
Gefühl 103
Gefühlsbeziehung 171, 252
Gefühlsbezogenheit 178, 186, 208
Gegenreformation 165
Gegensatzproblem 231, 253
Gegensatzproblematik 244
Geist 83, 151, 196, 198, 207
   Heiliger 12, 15, 144, 147, 154, 165, 196, 198, 251
   östlicher 184
Gelassenheit 120, 149, 176, 183, 188
Gemeinschaft 233, 241
Gämsensteiger 217
Gerechtigkeit 210, 225
   Gottes 199
Gesamtpersönlichkeit 211
Geschöpf 51, 126, 156
Gift 72
Gilgamesch 223
Glaube 13, 41, 68, 75, 98, 108, 132, 199, 225, 250
Gnade 94, 108, 152, 154, 172, 196, 207, 221, 225
   Selbst als Gefäß der 222
Gnosis 85, 108, 110
Gott 13, 25, 28, 33, 65, 73, 167
   Abbild Gottes 87
   als *coincidentia oppositorum* 20, 204
   als Retter 20
   als *summum bonum* 60, 83
   als verzehrendes Feuer 20
   Ambivalenz Gottes 56, 71
   Antinomie 12, 109
   dämonische Seite 62, 64
   der *eine* 65, 74
   der Gequälte 189
   dunkler 40, 46, 59, 65, 75, 96, 164, 190, 212, 251
   eifersüchtiger 20, 78, 83
   Einwohnung Gottes im Menschen 182
   Entwicklungsprozess Gottes 27
   Erkenntnis Gottes 27
   Furcht vor 59
   Gott hassen 199
   gekreuzigter 219
   Gewalt Gottes 75
   gnädiger 192
   Name Gottes 17
   Nichterkennbarkeit Gottes 134, 244
   Reich Gottes 100, 151
   Reich Gottes im Menschen 27, 145
   Reich Gottes in uns 219
   sein Schweigen 44, 46
   tötender 59, 208
   verborgener 22, 28, 27-41, 47, 61, 62, 64, 68, 75, 94, 136, 149, 168, 172, 182
   Vereinigung mit 199
   zerstörend und heilend 19
   Zorn Gottes 17, 45, 47, 52, 58, 68, 109, 193, 196, 202, 207, 235, 248
Gottesbeziehung 163
Gottesbild 10, 21, 22, 36, 42, 58, 65, 77, 79, 103, 109, 118, 124, 139, 140, 154, 164, 199, 215, 220, 223, 242
   Antinomie des 109
   Erneuerung des 10, 70, 76
   jahwistisches 44, 58
   jüdisches 73
   scholastisches 219
   Wandlung des 12, 53, 81
   weibliches 9, 177, 178
Gotteserfahrung 87

Gotteserkenntnis 30, 71, 129
Gottesfurcht 66, 110, 231
Gottesgeburt 105-116, 111, 203, 236
  im Menschen 9, 111, 126, 236, 244
Gottesknecht 113
Gottesschau 167
Gottessohn 90
Gottheit
  weibliche 177
Göttin 70
Gottmensch 131, 188, 203, 217, 223, 235, 242
Gottverlassenheit 170, 200

H
Häretiker 85
Harmonia 248
Harmonia mundi 162
Hässliche, das 107, 162
Heilbringer 111
heilig 63, 64
Heilige, das 58
heiliger Bezirk 64
Heilsgeschichte 168
Heilsweg 69, 80, 201
Heilung 154
Held 55
Hellenismus 82, 85, 137
Henoch 88, 90, 91
Heraklit 37
Herrlichkeit 220
  Gottes 58, 89, 213
Hexenwahn 139
Hierosgamos 249, 252
Himmel 192, 212
Himmelfahrt 94
Himmelsreise 88
Hinduismus 16
Hiob 14, 16, 43, 53, 54, 56, 59, 69, 109, 142, 164, 180, 193, 234, 238
Hiobs Schweigen 24, 55
Hirsch 155
Hochzeit, heilige 148
Hohelied 189, 191
Hölle 41, 94, 122, 143, 164, 192, 193, 208, 213
Höllenfeuer 164
Höllenpein 119
Höllenvorstellungen 110
Horus 26, 91
Hosea 59, 70, 71
Humanismus 202
  jüdischer 53
Hybris 213
  des Bewusstseins 226

I
I Ging 198
Ich 99, 152, 175, 183, 184, 206, 211, 216, 222
  Kreuzigung des 99
  Vergewaltigung des 155
Ichbewusstsein 26, 47, 123, 142, 145, 183, 188, 190
Ichfestigkeit 26, 90
Ichhaftigkeit 26, 29, 57, 178, 217
ignis infernalis s. Höllenfeuer 20
Inanna 247, 252
Indien 31, 51, 77
Individuation 27, 33, 35, 72, 77, 80, 85, 141, 184, 209, 210, 217, 254
  Weg der 142
Individuationsprozess 36, 232, 238, 240, 244, 250, 252
ineffabile, das 116
Inflation 29, 90, 93, 139, 174, 175, 201, 211, 237

Inkarnation 81, 111, 112, 229, 232, 236, 251, 253
  im Menschen 230
Innerlichkeit 87, 116, 168, 182, 198
Inquisition 112, 139
Inspiration 174
Introspektion 25
Irenäus 86
Ischtar 45
Isis 17, 24, 26, 91, 148
Islam 92, 214
Israel 16, 42, 53, 56, 59, 63, 66, 68, 70, 74, 130

J
Jahwe 17, 24, 37, 42, 66, 130, 161, 234
  als Schöpfer 55
  Doppelnatur 54
  Jahwes Abwesenheit 44
  Jahwes Gegensätzlichkeit 55, 69
  Jahwes Mütterlichkeit 73
  Jahwes Zorn 24, 69, 90
Jakob 193, 216
Jeremia 16, 44, 59, 69
Jeremiashomilie 125
Jesaja 66, 68, 69, 73
  s. auch Deuterojesaja 73
Jesus 235
Johannes, der Apokalyptiker 235
Johannes vom Kreuz 182
Judentum
  hellenistisches 88

K
Karma 25
Katholizismus 117, 240,
Khunrath 34, 61, 72, 100, 113, 152, 174, 219

Kind
  Kind, göttliches 125, 186, 253
Kindheit 84
  Teresas 169
Kirche 85, 86, 113, 116, 163, 165, 194, 202, 205, 236, 239, 240, 241
  hl. Kirche, die Große 138
  hl. Kirche, die Kleine 120, 138
Kirchenväter 85, 197
  griechische 124, 126
Kleid 61
Konflikt 23, 36, 123, 183
  göttlicher 164
  moralischer 175
König 191
  Christus als 180
Kopernikus 163
Körper 133, 163, 185, 190
  Abwertung des 62
  und Geist 148
  Verachtung des 137
  kosmisch 101
  k.er Charakter des Eros 254
Kosmos 49, 52, 56, 141, 158, 162, 184, 239
  bei Plato 107
Kreuz 12, 176, 180, 200, 218, 240
  bei Luther 200, 208
  Christi 149
  Theologie des 223
Kreuzzüge 103
Krieg 45, 74
Krishna 25, 97, 98

L
Lamm 110
Lapis 61
lapis philosophorum 20, 38, 113
Lebensmitte 32, 200

Leerwerden 144, 158, 188
Leib 83, 123, 137, 179, 247
Leibfeindlichkeit 101
Leichnam 162
Leiden 47, 48, 56, 93, 96, 123,
  148, 149, 166, 169, 175, 176,
  178, 180, 200, 201, 218
  an den Gegensätzen 240
  an sich selbst 25
  Christi 179
  Gottes 164
  moralisches 164
  neurotisches 47
  überpersönliches 47
Licht 16, 65, 86, 109, 202
  göttliches 84
  Überfülle des 160
  Lichtfunke 87
Liebe 92, 96, 174, 185, 209
  Gott der 109
  Gottes 71, 97
  göttliche 118, 122
  Vereinigung in der 126
  zu Christus 120
  zu Gott 92, 121, 167
Liebesbeziehung 175, 254
Liebesbrand 154
Liebeserfahrung 154, 156
Liebesfeuer 129, 134, 154, 157,
  183, 244
Liebesglut 129
Liebeskrieg 190
Liebesmystik 188
Liebespein 183
Liebessehnsucht 155, 156
lumen naturae 87
Lusseyron 40
Luther 37, 41, 94, 117, 118,
  192-226, 239, 247

M
Makrokosmos 51, 61, 85
Mandala 63
Marduk 76
Maria 114, 126, 248
  Assumptio Mariae 249, 252
massa confusa 34, 43, 244
Massenmensch 52, 86
Massenphänomene 36
Materie 61, 83, 107, 163, 215
  Weltgeist, verborgen in 113
Mechthild von Magdeburg 119
Meer 154
Mensch 59, 71, 111, 112, 115,
  194, 208
  äußerer und innerer 137
  Entwertung des 29
  ganzer 137
  Gottähnlichkeit des Men-
    schen 30
  großer 171, 183, 192, 217
  innerer 63, 146
  kosmischer 51
  schöpferischer 209, 210
  westlicher 47, 52
Menschenbild
  abendländisches 137
Menschensohn 12, 69, 89, 90,
  92, 110, 180, 181, 235, 236
Menschwerdung
  Christi 112
  Gottes 131, 226, 227, 250
Mercurius 20
  als »deus terrestris« 20
  als feuriger Geist 24
  als Luzifer 20
  Doppelnatur des 19, 39
  und Christus 20
Mesopotamien 53, 77
Midrasch 60
Mitte 16, 187

283

Mittelalter 107, 145, 162, 180, 202, 227
Monotheismus 70, 74, 76, 124, 248
Monstrum 159
Moral 79, 137, 221
Morienus 23, 24
mors mystica 133, 214
Mose 58, 62, 63
Mutter 91
 Christi 125
Mutus liber 174
Mystik 85, 105-161, 111
 abendländische 123
 bei Luther 194, 198, 221
 franziskanische 141
 islam. Liebesmystik 155
 islamische 96
 jüdische 89
 mystische Erfahrung 85
Mystiker 26, 37, 79, 86, 87, 102, 236
Mythologie
 griechische 38
 hinduistische 17

N
Nächstenliebe 184, 203
Nacht, Arbeit der 141, 145, 142-149
Natur 55, 60, 71, 72, 141, 147, 152
Naturwissenschaften 163
Neuplatonismus 128, 150
Neurose 47, 172
Neuzeit 161, 162-226, 190, 202, 205, 219
 Geist der 183
Nicht-Ich *(alter Ego)* 152
Nichts, das 129, 134, 138, 145, 150, 195

 bei Tauler 145
Nietzsche 47, 52, 181, 242
Niklaus von Flüe 85, 160
Nikodemus 100, 122, 151, 152, 161
Nous 151

O
Ochs und Hirte 184
Offenbarung 64, 93, 108, 109, 113, 114, 127, 196, 198, 212
 des Johannes 164
 Gottes 96
Opfer 35, 66, 67
opus alienum 208, 212
Origenes 124, 126

P
Papisten 193, 198
Papsttum 205, 207
Paradies 169, 192, 199, 218
Paradoxie 79, 94, 123, 197
 Gottes 69, 78, 140, 181
Paradoxon 19, 23, 58, 75, 96, 98, 99, 100, 118, 138, 216, 230
Paulus 123, 137, 153, 170, 192, 196, 197, 199, 223, 253
 als Jude 84
 als Mystiker 88
peccatum radicale s. Sünde 194
Perle 128, 148
Persönlichkeit 24, 52, 61, 115, 218
Philemon und Baucis 15
Philo 62, 83, 100
Pietismus 165
Plato 82, 106
Platonismus 112
Plotin 55, 106-108
Polarität 131
Polytheismus 12, 70, 71

Porete 113, 116, 117, 140, 163, 166, 236, 244
prima materia 20, 114, 189
privatio boni 72, 82, 137
Propheten 59, 67, 70, 71, 75, 140, 234
Heilspropheten 68
Protestantismus 226, 240, 241, 248, 250
Psyche 31, 57, 62, 76
Geist der 174, 190
objektive 29, 35, 53, 89, 115, 132, 152, 179, 208, 222
Psychoide, das 215
Psychologie
des Mittelalters 146
des Unbewussten 253
weibliche 225

Q
Qual 123, 128, 134, 138, 142, 148, 170, 189, 200
Höllenqualen 92
Quantenphysik 242
Quelle 24, 63, 107, 156, 158
Quintessenz 181

R
Rationalismus 29
Re 17
Reformation 136, 140, 165, 192-226, 193, 227
regeneratus 101, 122
Religion 206
polytheistische 16
Renaissance 165, 202, 205, 227
resignatio ad infernum 134
Rilke 22, 24, 26, 28
Rosarium 23, 147, 148
Rudra 17, 24
Rumi 92, 155

S
Satan 59, 81, 194
Engel Satans 93
Satori 33
Schatten 24, 93, 144, 201, 231, 240
kollektiver 80, 232
Schicksal 36, 39, 47, 169, 170, 218
Schicksalsgemeinschaft 130
Schisma 204
Schlange 17
Schmetterling 182
Scholastik 107, 197, 217
Schöne, das 83, 107, 137, 162
Schöpfer 201
Schöpfergott 77, 124, 138
Schöpfung 55, 90, 124, 141
Schöpfungsbericht 51
Schrecken 58, 78, 105, 159, 160, 191
Gottes 196
Schrift
Heilige 122, 127, 197, 198, 207
Schriften
der Gnostiker 87
des AT 53
des NT 109
hl. Schriften 21, 25
katholische 165
östliche 101
Platos 107
Schuld 47, 66, 101, 123, 211
Hiobs 54
Israels 66, 69, 71
Schwachheit 89, 94, 214
Schwärmer 198
Schweigen 55, 62, 138, 173, 175
Hiobs 24, 43
scintillae 158, 230

Seele 83, 103, 122, 137, 148, 154, 171, 177, 182, 208
  Leiden der 24
  vernichtete 112, 119, 122, 127, 129, 137
Seelenburg 178, 182, 187
Seelenhintergrund 29, 175
Sehnsucht 120, 178, 193, 204
  nach Bewusstheit 157
  nach Gott 83, 128, 167, 169, 183
Selbst 25, 26, 31, 33, 50, 57, 63, 124, 152, 177, 184, 186, 202, 206, 211, 216, 217, 222, 237
  als *complexio oppositorum* 197
  Erkenntnis des 27
  geistiges 65
Selbsterkenntnis 30, 31, 56, 57, 93, 129, 141, 145, 146, 172, 188, 226
  Höllenfahrt der 112
Selbstgerechtigkeit 221
Selbstvergessenheit 183, 184
Selbstverwirklichung 13
  göttliche 13
  Zwang zur 200
Senfkorn 112
Septuaginta 82
serpens mercurialis 114
Sexualität 91, 139, 247
Shiva 17, 234
Silesius, Angelus 111
Sintflut 11, 52, 90, 94, 226, 242
Sohn 45, 131 s. Menschensohn
  der Erde 114
  der großen Welt 61
  Gottes 89, 115, 180, 195, 218
Sonnenweib 110, 235
Sophia 234, 249, 252
Soror mystica 174, 191
Spanien 185

Speichel 17
Spiritualität 84, 119, 120, 210
spiritus absconditus 113, 114, 147, 152
Stagnation 23, 152, 175, 248
Stein 64, 181
  glühender 67
  philosophischer 148
Stoa 162
Stotius 209
Styx 38, 39
Sünde 91, 101, 102, 107, 133, 172, 190, 194, 221
Sündenbewusstsein 192
Sünder 201
Symbolbildung
  archaische 164

T
Tal 128, 133, 138, 153
Tao 39, 41, 42, 48, 95, 103, 133
Taoismus 16, 184
Tauler 111, 116, 118, 140-161, 166, 244
Teresa 84, 104, 116, 117, 166-192, 244
Teufel 20, 41, 110, 146, 163, 171, 175, 187, 195, 210, 212, 213, 224, 237
  Kinder des 213
theologia crucis 167
theologia negativa 134, 150
Theologie
  erotische 247
  mystische 182
  scholastische 206, 212
Thomas a Kempis 165
Thomas von Aquin 108, 154
Thomasevangelium 86, 87
Thron 90
Tier 28, 55, 66, 159, 228

Tiger 49
Tod 58, 101, 133, 140, 178, 191, 193, 196
  Christi 130
  mystischer 178
  süßer 182, 183
Todesangst 193, 195, 196, 239
Todfresser
Christus als 214
Trägheit 23
Transzendenz 13, 98
Traum 32, 63, 65, 93, 142, 159, 220, 223, 229, 237
Katastrophenträume 228
Kinderträume 14, 159
Trinität 9, 12
Tugend 121, 131, 164
Verabschiedung der 137
Tugendwerke 122, 134
Turmerlebnis 199

U
Unbewusste, das 10, 21, 25, 30, 47, 63, 219, 237
  archetypische Faktoren im 46
  Belebung des 157
  kompensatorische Tendenz des 13, 33
  Luminosität des 35, 87
Unbewusstes
  kollektives 32, 36, 76, 80, 99, 157, 190, 210, 220, 232
Unbewusstheit 34, 67
  göttliche 130
Unfassbare, das 42, 92
Unfassbarkeit Gottes 79, 187, 200
Unheil 67, 73, 74
Unheilsprophetie 69
unio corporalis 132
unio mentalis 132

unio mystica 122, 124, 127, 131, 141, 156, 191, 254
Unsterblichkeit 31, 202
Unterwelt 38, 67, 77, 114
unus mundus 133
Urerfahrung 75
  autochthone 159
  religiöse 44, 75, 84, 86
Uroboros 19, 151

V
Verborgenheit 153, 205, 221
  Gottes 30, 42, 53, 78, 101, 143, 150, 176, 178, 212
Vereinigung 49, 120, 126, 129, 138, 177
  der Gegensätze 19, 131, 249
  mit Gott 150-155, 182 s. *unio mystica*
  mit sich selbst 19
  von Sol und Luna 175
Vergeistigungsideal 163, 229
Vergöttlichung
  der Seele 127
Vernunft 56, 65, 76, 108, 117, 118, 161, 220, 224
  bei Porete 120
  in der Scholastik 108
Vierzahl 181
Vision 59, 65, 66, 171, 173. 212
  der Teresa 180, 191
  des Apokalyptikers 110
  des Ezechiel 68, 89, 207
  des Jesaja 66
  des Niklaus von Flüe 85
  des Paulus 84, 89, 92, 100, 127
  des Zosimos 61, 189
Visionär 168
Vollkommenheit 99, 134, 247

W

Wahnsinn 42, 70, 76, 189, 190, 191
Wallfahrt 146
Wandlung 30, 36, 115, 149, 210, 226
  des Gottesbildes 53
  des Zeitgeistes 210
Wandlungsprozess der Natur 47
Wasser 44, 151, 154, 156, 241
Wassermann 230, 242
Weg 225
  mystischer 141, 142, 149, 150, 156, 187
weiblich 49, 185, 248
Weibliche, das 91, 139, 249
weibliche Gottheit 39, 115, 131, 225
weibliches Gottesbild 114, 177-178, 260
weibliches Prinzip 18, 91, 254
Weisheit 27, 91, 137, 189, 191
  Gottes 181
  Israels 43, 52
  verborgene 153
  verrückte 152
Weisheitslehre 50
  jüdische 52, 53, 98

Weltenrichter 193
Weltkrieg 41, 231
Werk 72, 102, 134, 145, 164, 214, 222, 225
  Gottes 37, 54, 66, 120, 156, 208
  gutes 125, 185, 201
Wiedergeburt 114, 152, 161
Wildnis 156
Wille 108, 128, 152, 153, 165, 186, 196, 206, 211
  Gottes 28, 52, 128, 202, 206, 207, 216
Wunden
  Christi 181
Wüste 63, 64, 78, 114, 150, 153, 208

Z

Zarathustra 47
Zeitgeist 36, 37, 42, 115, 164, 207, 220
  kollektiver 28, 47
Zen 33, 157
Zerstörung 220, 226
Zerstückelung 189, 201
Zorn s. Gott: Zorn Gottes
Zosimos 61, 87